JN067184

ヨシヤの改革

申命記とイスラエルの宗教

David Tabb Stewart・Adam L. Porter 著

魯 恩碩 編訳

博英社

キャラクターシート ダウンロード URL

https://bit.ly/30gvdUZ

編訳者まえがき

　本書はDavid Tabb Stewart & Adam Porter, *The Josianic Reform: Deuteronomy, Prophecy, and Israelite Religion, Instructor's Manual*, Version 3.0の日本語翻訳版であり、Reacting to the Past（RTTP）という教育ゲームを行うための講師用教本です。RTTPは、米国で開発され、世界的に活発に利用されているActive Learning系の教育ツールです。現在、私は聖書学関連の授業でRTTPを使用して、旧約聖書を教えていますが、その教育的効果が非常に高いことを実感しています。下記のコメントは私の授業でRTTPを通して旧約聖書を学んだ学生たちの声です。

　「私は冬学期に旧約聖書概論を取るまでは、ほとんどキリスト教や聖書について知らなかったし、ましてやそれがアカデミックに研究されていて色々な学説が今も議論されているということも知りませんでした。だから授業の前半は、背景知識が少ないために理解が難しい部分もありました。しかしこのゲームを始めて、何度も何度も聖書を開いたり文献を読むうちに、『授業で言っていたことはこういうことなのか、ここにつながるのか』と分かることが増え、理解が深まりました。」

　「各キャラクターなりに聖書や様々な文献から調査し、その考察を発表するというスタイルはとても勉強になりました。単なる知識を得るだけではなく、当時のユダヤ民族がどのような生活・議論・葛藤をしてきたのかを体験することができ、聖書の理解・読み方が深まりました。毎回の祭儀や音楽・過越祭などのイベントも、ゲームを和ませて良い印象でした。」

「このGAMEは授業やテストだけでは分からない事や、調べようと思わないことも進んで探せる良い機会を、生徒たちに与えてくれました。これからも、ぜひこのGAMEを続けて欲しいです。こんなに自由が許される授業は初めてでした。このGAMEは誰一人欠けてはならないものです。そんな最高の舞台に参加出来たことは、本当に良い思い出となりました。」

「与えられたキャラクターの属性に合わせてそれぞれ聖書にまつわる文献に触れ、各々の主張を論理的に展開し議論していくことが楽しかったです。ゲームを通じて聖書や神の解釈に様々な立場があることを、身を持って痛感することができました。」

「一番楽しかったこと、うれしかったことはクラスの人と仲良くなれたことです。それが最大でした。旧約文書時代の文献を読んだのでそれも勉強になりました。特に私の役は将軍だったため、軍事関係の文章を重点的に読み、高度な軍事技術をアッシリアが持ったことに驚きでした。」

RTTPは過去の出来事や歴史をゲーム形式で学ぶ斬新なアプローチですが、その適用可能範囲は全ての学問分野に及び、ほぼ無限であると言えるでしょう。RTTPに関する詳細な説明や他のRTTP教本を読むためには、下記のリンクを参照してください。

https://reacting.barnard.edu/

RTTPの一種である*The Josianic Reform: Deuteronomy, Prophecy, and Israelite Religion*の講師用教本を日本語に訳し、日本の教育現場におられる方々に提供できることを嬉しく思います。

この教本は英語からの翻訳ですが、文字通りの翻訳ではなく、原著者であるDavid Tabb Stewart博士とAdam L. Porter博士の許可を得て日本の文化的環境や大学の状況に合わせ、大幅な改訂を行いました。日本の大学に特化した改訂版といっても良いでしょう。全体的な内容は、原文と同様ですが、ゲームの流れを分かりやすくするために原文にはない内容も追加し、難解なコンセプトや文章などは意訳しました。この新しい試みが大学で聖書を学問的に教える方々がより楽しく、そしてより深く聖書学の魅力を学生たちに分からせるための助けとなり、刺激となれば私にとってこれ以上の喜びはございません。

特に、神学と聖書学、そして歴史学の分野において、日本の教育現場に新しい風を吹き込んでくれることを心より願っております。

なお、本書における聖書箇所の日本語訳については私訳でなければ新共同訳に従いましたことを記しておきます。

最後に本書の翻訳作業を手伝ってくれた国際基督教大学の学部生、廣橋契さん、鶴田あす海さん、副島基輝さん、江川裕士さん、校正作業を手伝ってくれた国際基督教大学の大学院生、豊田祈美子さん、編集実務を担当された博英社スタッフの方々に感謝の念を表したいと思います。

2020年3月
国際基督教大学の研究室にて
魯 恩碩

v

目次

はじめに

　ヨシヤの改革ゲームでは、今まで誰も知らなかった、新しい方法で
聖書を紹介します。クラスの中には聖書に全く触れたことがない学生も
いれば、ある学生たちは記憶から聖書の一節を引用することができるぐ
らい豊富な聖書知識を持っているかもしれません。しかし、ヨシヤとそ
の宗教改革について聞いたことがある人は数少ないでしょう。たとえい
たとしても、社会経済史的な観点からこの改革について考えたことがあ
る人はほとんどいないでしょう。このような状況には1つの利点があり
ます。それは、学生たちがヨシヤについて先入観や偏見なしで考えるこ
とが出来るということです。

　聖書を「知っている」学生は、これまでとは異なる仕方で聖書に
ついて考えることを要求されるかもしれません。例えば、聖書の執筆者
にとってヨシヤは英雄です。しかし、ゲームではヨシヤの改革によって
悪影響を受けたであろう人々の役を演じることを求められる学生もいま
す。聖書の中ではその声が語られることのない、このような人々にとっ
ては、ヨシヤは恐ろしい王かつ悪人であったでしょう。またおそらく何
人かの学生は、聖書がイデオロギー的な意図を持っているなどというこ
とは一度も考えたことがないでしょう。

　聖書を一度も読んだことがない学生にとっては、聖書とはおかしな
（また発音しにくい）名前と奇妙な思想に満ち溢れている厄介な書物に
過ぎないかもしれません。こうした学生たちは、特にテキストの中に足
場を見つけようとするとき、さまざまな課題に直面するでしょう。

　この章は、異なる考え方を持ついくつかの分派（またはグループ）
と派閥を学生に紹介するために書かれています。申命記的な宗教改革が

行われる前の状況において、その宗教改革に対してさまざまなグループが多様な反応を表していたことが分かりやすく説明されています。

ヨシヤの改革ゲームは参加するプレイヤーに、多くのテキストを読むことを求めます。著者の観点、読者の観点、そしてテキストそのものという3つの主要なレンズを通して聖書の背後にある歴史の現実を想像することは、プレイヤーたちを目覚めさせ、聖書学の古典的な問いに答えを求めることへと駆り立てます。これら聖書学の古典的な問題は講師によって演繹的かつ一方的に教えられると、学部生には耐え難いほど退屈に感じられるようなものばかりです。このゲームは、資料批判、神の霊感、預言の本質、聖書形成における人間の貢献度、書記官の活動、聖書著者たちの社会的位置などの問題と深く関わります。特に、このゲームでは、聖書学における資料批判の古典的な仮説の一つが前提として採用されます。その仮説は18世紀の聖書学者デ・ヴェッテ（De Wette）によるもので、ヨシヤ王の宗教改革の際にエルサレム神殿で見つかった「律法の書」は申命記法典、すなわち申命記12–26章だとしています。

読者は皆、社会的位置、教育課程、また個々の人生経験に影響されて聖書を解釈します。このゲームをプレイするためには、自分自身の観点に基づき聖書を読んで解釈することが求められます。また、このゲームは、歴代誌の著者たちが行ったことと同様の営み、つまり、申命記主義的歴史書を再解釈することを要求します。「改革」そのものが新しい聖書解釈を必要とするからです。

学生たちは皆、自分の勝利のために、もしくは少なくとも体裁を整えるために聖書のテキストを調べ、注意深く読まなければなりません。テキストの意味は、学生が丁寧に読むことによって無限に広がります。学生が「聖書」を解釈する際に、謙虚になりつつも大胆になることがこのゲームの教育目標です。

講師の準備

・一日目

　　ゲームの中心となるコンセプトは、列王記下23章1–3節に書かれた出来事、つまりユダの長老たちと人々が集まって律法が読み上げられる際に起きたことと関連します。ヨシヤの改革ゲームはこの時間を延長し、そこにいる人たちが契約に同意する前に、神殿で発見された「律法の書」を真剣に検討するよう招きます。この検討に関する記述は列王記下にのみ見られ、歴代誌下には類似した記述がありません。第2ラウンドは、列王記下23章の残りの部分に基づいて構成されています。このように、ヨシヤの改革がもたらした契約に人々が合意する前の時期に焦点を当てれば、古代イスラエル宗教の様々な慣習が次々と姿を現すようになります。

　　ゲームの初日に、講師はゲームのコンセプトとやり方を学生たちに教える必要があります。そのために、講師は学生用教本と講師用教本に精通していなければなりません。初回のゲームセッションで最も大切なことは、ゲームの登場人物の役を割り振ることです。役柄、派閥、および分派が書かれた紙を一つの封筒に入れて、一人一人の学生に配ると便利です。全員への配布が終了するまで封筒を開けないよう、学生たちに指示します。

　　学生数は何人でしょうか？　ゲームを動かすには少なくとも12人のプレイヤーが必要です。12人の必要不可欠な登場人物以外の登場人物をどのような順番で追加していくかに関しては、後ほど詳しく説明することにします。役の追加順序においては、秘密派閥間の力のバランスを維持

することが大事です。もし41人以上の学生がいる場合には、余分な学生のために一般的な役をいくつか作ると良いでしょう。

　役をランダムに割り当てるか、それとも計画によって(つまり、講師が決めたり、学生の希望による先着順で決めたりして)割り当てるのかについても講師が事前に考えておかなければなりません。ゲームの経験からは、どちらも長所と短所があることが示されていますが、私はだいたいランダムに割り当てる方が良いと思います。ランダムにすることよって、学生に対するあらゆる偏見が避けられます。そこには学生たちの潜在力を信じることさえできればという前提が必要ではありますが。私の経験によると、この方法で、聖書に触れたことが全くなかった学生、内気でシャイな学生、またGPAが非常に低かった学生などが、予想もつかない素晴らしい仕方でこのゲームの様々な課題を成し遂げました。一方で、もっと活躍してくれると期待していたのに、存在感が薄かったプレイヤーもいました。登場人物の役にはプレイする際に担う準備量において差があります。それゆえ、リーダー的な役をプレイする登場人物には補完する人物がついています。例えば、アザルヤはヒルキヤを補完できる人物であり、シャファンはアサヤを補完できる人物です。リーダー的な登場人物の様子を見ながら、場合によってはこのような補完人物も活用しましょう。

　しかし、学生が他の義務、例えば、スポーツの試合、または卒業論文などのためにゲームで重要な役を担当できないことがあるかどうかを尋ねることは有用です。重要な役(アサヤ、シャファン、ヒルキヤ、フルダ、アブネルなど)にはより大きな責任が課されますが、利点もあります。例えば、そのような重要な役をプレイすると活躍する機会が増え、結果的により良い成績を手にする可能性が高まります。そこで、重要な役をプレイしたいと申し出る学生も通常2、3人いることでしょう。その場合には、できる限り公平性を損なわないように、学生のやる気や希望を尊重しましょう。また時には、自分とは違う性別の役を演じるこ

とに違和感を覚える学生も出てくることでしょう。その場合にもその学生と相談し、別の学生と役を交換するか、あるいは新しい役を与えるかなどして対応しましょう。

　4人の年代記著者(書記)の役（アクボル、アブドン、ハンナ、タマル）には、講師にとって特別な意味があります。つまり、特定の役を演じることを宗教的および道徳的に困難だと感じる学生がいるならば、彼らには年代記著者の役を任せることにしても良いでしょう。ゲームでの演技が「うそをつくこと」あるいは、不敬虔なことであると感じる学生も実際にいるわけです。そのような学生にはゲームの年代記を記録するという中立的な役目を与えることによって違和感なしにプレイさせることが出来ます。彼らには授業の成り行きを書き記す歴史家となるよう頼みましょう。そういった記録は最初の数回の授業後にこれまでの経過を忘れてしまうという問題を解決することにも役に立ちます。いつ何があったのかを忘れてしまうような状況に備えて、歴史家の役を少なくとも一人は確保しておいてください。ゲームが進むにつれて、ゲームの記録はますます重要になっていきます。ある学生はこのように言いました。「もしゲームの記録を残されなければ、そのことは起こらなかったということに等しいです。」学生たちはゲームの記録を使って過去の出来事や主張を参照しながら、またこれからの議論の対象となっているものについて主張や反対を述べることができます。

　それでは講師の役割は何でしょうか。講師は「ゲームの天使」あるいは「ゲームマスター」（Game Master、省略するとGM）です。つまり、講師は「ゲームの天使」（私はゲームのために送る電子メールの全てにそう署名します）になるか、あるいは「ゲームマスター」という存在になります。ヨシヤ王の存在は通常舞台裏に留まりますが、講師はその存在をゲーム進行のために活用することもできます。つまり、講師自身がヨシヤ王になり、ゲームが難関に陥ってしまった時に、即座に現れそ

の問題を解決する役目を果たしても良いでしょう。講師は「ゲームの天使」、「ゲームマスター」、あるいは「ヨシヤ王」としていくつかの責務を遂行することになります。まず、第一に、講師はゲーム進行中にオストラコンを使って登場人物に対してコーチ、アドバイス、指示、あるいは提案などを提供することが期待されます。そのような活動は授業の中だけではなく、講師のオフィスで、または電子メールを通じても行われます。ゲームセッション中にアドバイスのためのメモを学生たちに自由に渡して下さい。

　学生からメモを受け取る場合もあるでしょう。そのメモにも丁寧に答えてください。

　ゲームの最後の日に学生の一人が「過越祭のハガダ」を読み終わった後に、講師は次のようにゲームの終了を宣言しても良いでしょう。「皆さん、お疲れさまでした。実は、今は過越祭を祝う時期ではないので、その代わりに楽しいパーティを開くことにしましょう。」事前に皆で準備した軽食や料理を持って来るよう手配しましょう。講師の他の特別な務めは、追放された、または処刑を受けた人物に代わりの新しい役を与えることです。その学生たちは新しい人物としてゲームに戻り、ゲームをプレイし続けることができます。あるいはエン・ドルの女がサムエルの霊を呼び出したのと同じように、霊媒師によってこの人物たちの霊を呼び出すこともできるでしょう。もちろんその霊媒師が後で裁判を受けて追放される恐れはありますが。

・ 二日目(と三日目)：関連する聖書箇所

　下記の情報は、ゲーム前の一回もしくは複数回の準備セッションのために役立ちます。ゲームで用いるために好ましい聖書は次のとおりです。

　　新共同訳聖書、日本聖書協会

他の聖書があればそれを使っても構いませんが、ただし、この教本や学生用教本に出てくる人名や地名、そして聖句などは新共同訳聖書に基づいていることに留意してください。聖書の訳本によっては節の番号付けが新共同訳聖書と異なる場合があることにも注意してください。

　この授業の主なテキストは申命記です。申命記はトーラー（旧約聖書における最初の5冊の本を表す用語）の5冊目の書物です。申命記は、ヨルダン川の東岸で、イスラエルの民が川を渡って約束の地に入る直前、その準備をしている際にモーセが行った最終勧告および説教です。

　ゲームのための準備セッションで、あなた（講師）は申命記を学生に紹介し、その際に下記のアウトラインを参考にして下さい。学生は申命記12-26章と32章に焦点を当てるでしょうから、その部分のアウトラインは他の部分よりも詳細な情報を提供しています。ゲームの中で特に重要なのは太字の部分です。講師はこのアウトラインをただ単に復唱するのではなく、司祭とレビ人、王族、伝統主義者そしてユダヤの庶民たち、また軍人、商人、牧場主といったさまざまな社会層の人々に彼らの利益になるような聖書箇所を引用しながら、より広い観点からゲームのためのアドバイスを与えることが期待されます。どんな学生でも裁判の陪審員を務めるために召還される可能性がありますから、皆は古代ユダの司法制度における基本的なルールについて知りたいと思うでしょう。

I.　　イントロダクション（1:1－5）

II.　　**モーセの最初の説教**（1:6－4:43）
　　　A. 歴史の回顧（1:6-3:29）
　　　B. 律法に従うように勧告（4:1-40）
　　　C. 付録：逃れの町（4:41-43）

III.　　**モーセの第二の説教**（4:44－28:68）
　　　A. はじめに（4:44-49）

B. シナイ/ホレブで明らかにされた10の戒め（5:1－30）

C. 法律の前文：神への忠誠の要求（6:1－11:32）

　1. ホレブで明らかにされた戒めの確認（6:1－3）

　2. 神への従順（6:4－25）

　3. 征服戦争（7章）

　4. 神の賜る良い土地（8章）

　5. 破られまた更新された契約（9:1－10:11）

　6. 約束の地での繁栄のために必要な服従（10:12－11:32）

D. 申命記法典（12:1－26:15）

　1. 適切な礼拝（12:1－16:20）

　　a. 礼拝の集中化（12:1－14）

　　b. 動物の世俗的な畜殺（12:15－28）

　　c. 偶像崇拝：預言の真偽を評価する方法（12:29－13:18、6:4－25も参照）

　　d. 死者のための自傷行為の禁止（14:1－2）

　　e. 汚れた動物（避けるべき食べ物）（14:3－21）

　　f. 十分の一税の用法（14:22－29）

　　g. 安息年（15:1－18）

　　h. 初子の犠牲（15:19－23）

　　i. 三大祝祭日：**過越祭を含む祭り**（16:1－17）

　2. 政治制度に関連する法律：（16:18－20:20）

　　a. 司法の組織：裁判の方法（16:18－20、17:1－13）

　　b. アシェラを祭った柱の禁止（16:21－22）

　　c. 王に関する規定（17:14－20）

　　d. レビ人である祭司（18:1－8）

　　e. 占い師と預言者に関する規定 （18:9－14）

　　f. 逃れの町、故殺、殺人、公開処刑（19:1－13、21:1－9、22、4:41－43も参照）

g. 正当な司法制度のための規定：不当な虚偽の証言に対する処罰（19:15－21、24:16、25:1－3、11）

h. 戦争を行う際の規則（20章、21:10－14、23:10－15、25:17－19）

3. 行動規定（21:1－25:19）

このセクションはさまざまな法律の集まりです（上記のトピックと重なる規定もあります）：

　　a. 性倫理と家族倫理（21:15－21、22:5、22:13－23:9、24:1－5、16、25:5－11）

　　　禁止された階級としての聖所労働者（23:18-19）。最近の聖書学界では「神殿娼婦」という用語はあまり使われなくなったことに注意してください。

　　b. 貧困や奴隷制度などに関わる経済倫理（22:1－4、8－11、23:6－7、16－17、20－21、25－26、24:6－7、10－15、17－22、25:4、13－16）

　　　i. 動物の世話（23:6－7、25:4）

　　　ii. 禁じられた混合物（22:9－11）

　　c. 礼拝と献身（22:12、23:22－24、24:8－9、26:1－15）

　　　皮膚病のための清浄規定（24:8－9）

4. 申命記法典のまとめ（26:16－19）

E. ヨルダン川を渡った後に行われたシェケムでの儀式（27章）

F. 従順と不従順の結果

　1. 祝福（28:1－14）

　2. 呪い（28:15－68）

IV. モーセの第三の説教：契約の批准（28:69－30:20）

A. イスラエルの歴史の回顧（29:1－8、1:6－3:29も参照）

B. 契約に忠実であるように勧告（29:9－28）

C. 回復への約束（30:1－10）

D. 戒めの実行への勧誘（30:11－14）

E. 民に与えられた選択肢：神に従うか否か（30:15－30）

V. モーセの死とトーラーの形成（31−34章）

    A. モーセが自分の死について語る（31:1−29）

    B. モーセの歌（31:30−32:44）

    C. 歌の結論（32:45–47）

    D. 死ぬよう命じられるモーセ（32:48–52）

    E. モーセの祝福（33章）

    F. モーセの死（34章）

    申命記5:1–26:19におけるモーセの説教は、「レビ人のトーラー説教（Levitical Torah Speech）」と呼ばれる様式です。この勧告的な説教形式はレビ人が民に対して祭儀あるいは律法に関わる問題に関して指導を行う際に使用していたと思われます。興味深いことに、申命記におけるこの様式は、レビ記と比較すると「レビ人の権利を制限するために」（Sweeney 2001: 142–43）使用されています。

    ルンドボム（J. R. Lundbom）は、申命記32章が神殿で発見された「律法の書」であると考えました。この理論を受け入れて、このゲームで前提されたデ・ヴェッテの仮説（「律法の書」が申命記12–26章を含むという仮説）に反論する賢い学生もいるかもしれません。

    このゲームにとって特に興味深いもう1つのテキストはレビ記です。レビ記は主に宗教的慣習の方面に関係があります。司祭分派の人々はこのテキストの重要性を切実に感じるはずです。司祭分派はレビ記と申命記の違いに注意する必要があります。レビ記のトピックの概要は下記のとおりです。

I. 祭司のマニュアル（レビ記1−16章）

    A. 献げ物についての規定とそれに関連する儀式（1–7章）

    B. 祭司の任職式（8章）

    C. 臨在の幕屋での宗教的「儀式」の初執行（9章）

D. アロンの息子たちの罪と罰（10章）

　　祭司たちの臨在の幕屋での飲酒禁止（10:8－10）

E. 汚れた動物。避けるべき食べ物（11章）

F. 漏出がある体を浄化する儀式：出産についての規定、皮膚病の診断とその回復後の儀式についての規定、衣服と家屋のカビの診断（およびそのための儀式）についての規定、生殖液との接触 － 精液、経血、およびハンセン病患者の排泄物についての規定（12章から15章）

G. 大祭司による贖罪日の儀式（16章）

II. 神聖法典（レビ記17－26章）

A. 世俗的な屠殺の禁止、血液の処理（17章）

B. 性的犯罪：モレク崇拝禁止、死者の召喚や霊との交流禁止（18章、20章）

C. 神聖規定による解説：死者のための自傷行為禁止（19章）

D. 祭司の聖潔：服喪の制限、結婚相手、障害のある祭司（21章）

E. 祭司が献げ物から食べられないとき：いけにえにする動物の条件（22章）

F. 安息日や祭日に関する規定（過越祭を含む）（23章）

G. 臨在の幕屋に備える灯油と供えのパンについての規定（24:1－9）

H. 神を冒涜する者の罪と罰（24:10－16、23）

I. 時間と空間に関する法：土地の所有権、安息日、安息年とヨベルの年（貧者への言及あり）（25:1－26:2）

J. 祝福と呪い（26:3－46）

III. 神聖法典の付録

付録：誓願と十分の一税の規定　（27章）

「臨在の幕屋」という用語は、「幕屋」をより文字通りに翻訳したものです。

クンティレット・アジュルド（Kuntillet Ajrud）で発見された古代ヘブライ語碑文ではアシェラがヤハウェの配偶者として表れます。申命記はそのような偶像礼拝的な慣習を禁じることに神学的な情熱を注ぎます

が、レビ記は死者崇拝を根絶することに主な関心を持っているように見えます。「モレク崇拝」が「メレク(君主)崇拝」の一種として解釈出来るとすれば、それは厳密に言うと、別の神への偶像崇拝を示すのではないかも知れません。モレクを「王または主権者」を意味するメレクの誤読として解釈することによって、「モレク崇拝」が実は、イスラエルの神ヤハウェへの非標準的な礼拝であった可能性が開かれるからです。したがって神聖法典も申命記法典も、もはや伝統的なヤハウェ礼拝を許容しなくなった当時の状況と関係していますが、これらは部分的には異なる神学的な関心を表現します。さらに、レビ記が世俗的な屠殺を禁止することにも注目する必要があります。レビ記によれば、いけにえとして捧げることのできる清い動物の屠殺は全て聖別されます。猟獣と家禽の血は敬意を持って取り扱われなければなりません。それは神々に捧げられた動物の血を飲むことが一般的であった当時の古代近東における祭儀のあり方と鋭いコントラストをなします。

　申命記はエルサレム神殿に礼拝や祭儀を集中させるため、世俗的な屠殺を容認しています。つまり、家庭でヤギや羊を屠ることが可能になるわけです。そこで、学生たちが自然にこのような祭儀制度の変化に気づくように、注意深く議論を進めていくと良いでしょう。

　学生が読むべき他の重要なテキストには、「律法の書」の発見とその施行に関する事柄が記されている聖書箇所です。学生が、「律法の書」を公布し施行するための王令に賛成するかどうかに関わらず、これらの聖書箇所は、その巻物が発見される前のエルサレム神殿で通常行われていた宗教的慣習がどのようなものであったかについて証言しています。例えば、列王記下22–23章はその証言のより古いバージョンであり、その記録によれば、ヨシヤ王は巻物が神殿で発見された時まで、つまり彼が26歳くらいになるまでの間、「不法」な礼拝と祭儀を容認していたということになります。より新しいバージョンは歴代誌下34–35章の描写であり、それはおそらく列王記下の記事に基づいています(一部の学者はその仮説に

反対し、歴代誌下34–35章の方がより古いと主張していますが．．．）。もし、そのような想定が正しければ、歴代誌下34–35章の著者は、以下に挙げたいくつかの興味深い変更を加えています（こちらの方がより独創的、もしくは歴史に即した記事であると考える学者もいます）。

1. ヨシヤは16歳の頃、「神を求め」始め、「不法な」聖所があるユダとエルサレムを浄化しました。

2. ユダの地とエルサレム神殿を清めた後、ヨシヤは神殿の修理を命じましたが、その際に神殿で巻物が発見されました。それはヨシヤが26歳の時でした。

3. 過越祭の説明がより詳細に書かれており、歴代誌によくあることですが、レビ人や他の祭司たちにとりわけ注意が向けられています。

　　　講師が年代記著者にゲームの歴史を書かせる場合、歴代誌の記述方法やその思想から1、2ページ程度を引用してもよいでしょう。

　　列王記下17章において、聖書の著者は、なぜ神がアッシリア人を用いて北イスラエル王国を滅ぼし、その民を捕囚としたのかを説明しています。その理由は全く宗教的なものです。つまり、イスラエル人は正しい礼拝を行っていなかったから滅亡したのです。そのため、申命記派は、法令が公布されなければならない理由の一としてその箇所を使うことができます。つまり、次のように他のプレイヤーを説得するのです。「我々は宗教改革を行わなければならない。さもなければ、神はサマリヤとイスラエルにされたのと同じように、ユダとエルサレムを滅ぼし、約束の地から追放するであろう。」

箴言には、王宮での正しいふるまいについてのアドバイスが多く含まれています。また優雅な女性の行動に対する洞察や若い青年が受ける娼婦の誘惑についても示しています。箴言という言葉は「含蓄のあることわざ」または「崇高な言葉」を意味しており、聖書の箴言には3つのタイプがあります。それは、教訓、謎かけ、そして寓話です。箴言は、7つの小冊子を含む6つのコレクションで構成されています。

- コレクション1もしくは小冊子1：　箴言1–9:18「イスラエルの王、ダビデの子、ソロモンの箴言」
- コレクション2もしくは小冊子2：　箴言10:1–22:16「ソロモンの格言集」
- コレクション3もしくは小冊子3：箴言22:17–24:22「賢人の言葉」
- 小冊子4（付録）：　箴言24:23–34「これらもまた、賢人の言葉である。」
- コレクション4もしくは小冊子5：箴言25:1–29:27「これらもまた、ソロモンの箴言である。ユダの王ヒゼキヤのもとにある人々が筆写した。」
- コレクション5もしくは小冊子6（非イスラエル的なコレクション）：箴言30:1–33「ヤケの子アグルの言葉、託宣」
- コレクション6もしくは小冊子7：　箴言31:1–9の教訓＋31:10–31の詩「レムエル王が母から受けた諭しの言葉」女性が執筆した非イスラエル的な教訓とアクロスティック的な折句形の詩。最後のこれら2つのコレクションは、箴言における付録のようなものです。

　最初と最後のコレクション（特に7–9章、31章）は、女性として表れる知恵、異邦の女、有能な女などについて述べています。箴言の最初と最後の両方で、女性は子供や息子の教育において特別な役割を果たしています。さらに、知恵それ自体が女性として人格化されます（箴言

1:20、3:13-16、4:6-9、8-9章）。女性として人格化された知恵は神の特別な助け手として天地創造においてその力を発揮しました（箴言3:19、8:22-31）。知恵は箴言の中で王子の教師にもなっています。知恵の役割と本質は後代の（このゲームの時代枠の後に書かれた）「ソロモンの知恵」や「ベン・シラの知恵」といった外典の中でさらに称賛されます。前述した箴言の章は、このゲームにおける女性登場人物の重要性を物語るものでしょう。

　ベルンハルト・ラング（Bernhard Lang）が提唱する「実際的な要約（Pragmatic Digest）」は30の格言を含んでいます。「**賢人の言葉**（箴言22:17-24:22）」は、紀元前1200年頃に書かれた、古代エジプトの「アメンエムオペトの訓戒」（Hello and Younger 1、2003:115-22）のうち30の格言を非常によく真似て言い換えています。言わば、「アメンエムオペトの訓戒」の改訂版です。これは聖書と聖書以外の文献の間に存在する「相互関係（intertextuality）」の立派な一例です。この30の格言と次に挙げるもう一つの格言集は、ゲーム内でエジプトの文化に憧れ、エジプトとの同盟を求めるすべての登場人物にとって、特別な関心事となるでしょう。

　「敬虔な要約（Pious Digest）」は「ソロモンの格言集」（10:1-22:16）を含んでおり、より一般的な形で「アメンエムオペトの訓戒」を選集にしています。

- 第1部（10:1-15:32）には183の格言が含まれます。
- **中心部（15:33－16:9）には10の格言が含まれており、これは10のヤハウェの箴言と呼ばれます。**
- 第2部（16:10-22:16）には「～にまさる」の文体を含む182の格言が含まれます。
- 183＋182＝365（1年の毎日に1つ）＋10（十戒のように？）

　学生は、王の前でのふるまいなどに関する注意事項などを聖書から

手に入れるために、聖書索引やオンライン聖書検索エンジンを利用することができます。聖書からきちんと引用された適切な言葉は、主張を揺るぎないものにするでしょう。

　預言者ナホムまたはゼファニヤの役を割り当てられた学生は、その名を冠する預言書をきちんと読まなければなりません。エレミヤには特別な問題があります。というのは、エレミヤ書の表題によると、エレミヤの預言者としての働きはヨシヤの治世の13年目（紀元前627年）に始まりますが、その後も長く続いたからです。エレミヤと他の登場人物は、少なくとも部分的にはゲームの直前の時代に由来すると思われるエレミヤ書2–6章と30–31章を引用することができます。エレミヤは、エレミヤ書から何かしらを「預言する」ことができますが、ゲームのコンセプト上、その言葉は後代にエレミヤの書記バルクが記録するまでは書き留められていません。しかし、エレミヤが預言し、エレミヤもしくはゲームの記録係がそれをクラスに投稿するならば、他の学生が引用のためにその預言を利用できるようになります。すべての預言者は、紀元前8世紀の預言者アモスの書（特に第2章）を調べ、ユダに下される究極の裁きについてアモスが何と言っているかを考察し、さらにユダ王国と同じような運命を辿るイスラエルに対して彼がどのように預言したかを確認するとよいでしょう。

• 古代近東世界の一次資料

　古代近東における聖書以外の史料については、特に、ゲリー・ベックマン（Gary Beckman）の *Hittite Diplomatic Texts* ではハッティのプドゥヘパ女王とエジプトのラムセス2世の間で交わされた外交文書の例が示されています。紀元前13世紀に交わされたハッティのムルシリ2世（Mursili II）とウガリトのニクメパ（Niqmepa）の間の条約文は、聖書の法典がそこからいくつかの要素（例：祝福と呪い）を模倣した文学様式の一例です。これは強大国との宗主権条約（Suzerain–Vassal Treaty）を結ぶことを提

案したがっている諸同盟派にとって有用なものとなるでしょう。

　　Mordechai Coganの「The Raging Torrent」には、紀元前701年から627年までの間に在位した新アッシリアの王たち、つまり、センナケリブ（Sennacherib）、エサルハドン（Esarhaddon）、またアッシュル・バニパル（Ashurbanipal）によって書かれた歴史的公文書が含まれています。これらの文書は、いくつかの軍事行動について詳細に語っています。新バビロニアの文書には、紀元前727–669年の「新バビロニアの年代記」と紀元前616–609年にわたる「ナボポラッサルの統治」が含まれます。HalloとYoungerの*Context of Scripture* IIでは、「エルサレムの包囲」（紀元前701年）と「バビロンの征服」（紀元前689年）に関するセンナケリブの碑文と、紀元前727–605年にわたって書かれたバビロニア年代記と紀元前635–539年にかけての新バビロニア王朝時代の「新バビロニア法典」を含んでいます。ちなみに、ナボポラッサル（紀元前625–605年在位）はこの時代における重要な支配者の一人です。ナボポラッサルの後継者であるネブカドネザル二世（紀元前604–562年在位）はエルサレムを征服し、紀元前587年にユダを捕囚とすることで有名な君主です。Martha Rothは、紀元前11世紀のいくつかの古代近東の法典を翻訳しました。中期アッシリア法典から、なぜユダがこの衰えつつあった強大国と戦わなければならなかったのかについていくつかのヒントを得ることが出来ます。さらに、これらの法律資料は申命記12–26章との比較対象になります。もちろん、ハンムラビ法典などを見ることもできますが、前述した古代近東の史料が時代的には申命記法典に最も近いものです。

　　ジェームズ・B・プリチャード（James B. Pritchard）による*Ancient Near Eastern Texts Relating to the Old Testament*では、ヨシヤの時代に書かれた手紙の翻訳が紹介されています。この手紙は財産を没収された貧しい刈り取り人夫の嘆願書です。この訴えは、軍司令官もしくは農業地域を管掌する王政官吏に送付されました。

　　HalloとYoungerの*Context of Scripture* IIは、聖書学に関連する古代近東文

書の最新翻訳を提供します。精選された文書には、ヨシヤ時代のテキストも含まれていて、それを読むと、当時ユダ王国を支配および侵入した主要な強大国の状況などをより深く理解することが出来ます。ゲームプレイヤーにとっては大切な参考資料です。下記はゲームのために役に立つ資料のリストです。

• 一次資料のリスト

Beckman, Gary M. *Hittite Diplomatic Texts*. Atlanta: Scholars Press; 1996. pp. 59–64; 122–31.

Cogan, Mordechai, Translated and annotated by. *The Raging Torrent: Historical Inscriptions From Assyria and Babylonia Relating to Ancient Israel*. A Carta Handbook. Jerusalem: Carta, 2008. Sennacherib texts, pp. 110–27; Esarhaddon texts: pp. 143–47; Ashurbanipal texts: pp. 148–65; Neo-Babylonian texts: pp. 177–99.

Hallo, William W. and K. Lawson Younger, Jr., eds. *The Context of Scripture*, vol. 1: *Canonical Compositions from the Biblical World*. Leiden; Boston: Brill; 2003. "Amenemope," 115–22; "Ilu on a Toot," 302–05; "The Babylonian Chronicle," 467–68.

_____. *The Context of Scripture*, vol. 2: *Monumental Inscriptions from the Biblical World*. Leiden: Brill; 2003. "Kuntillet Ajrud Inscriptions," 171–72; "Sennacherib's Siege of Jerusalem," 302–05; "Sennacherib's Capture and Destruction of Babylon," 305; "Neo-Babylonian Laws," 360–61.

_____. *The Context of Scripture*, vol. 3: *Archival Documents from the Biblical World*. Leiden; Boston: Brill; 2003. Hebrew letters and ostraca including letters from Lachish and a royal decree fragment, 77–86; Kalach letter, 245.

Hanson, K. C. "The Ekron Inscription." *K.C. Hanson's Collection of West Semitic Inscriptions*. 2 Apr 2007. 20 Aug 2008. <http://www.kchanson.com/ANCDOCS/westsem/ekron.html>.

Pritchard, James B. *Ancient Near Eastern Texts Relating to the Old Testament*. 3rd ed. Princeton, NJ: Princeton UP; 1969. p. 568.

Roth, Martha T. "Middle Assyrian Laws." Law Collections from Mesopotamia and Asia Minor. Atlanta: Scholars; 1997. pp. 154–59.

• ヨシヤの改革ゲームのための二次資料

　　Marvin Sweeneyの *King Josiah of Judah: The Lost Messiah of Israel*は、現在のところヨシヤ王に関する単行本の中で最も包括的な書物です。この本はヨシヤの改革ゲームのために読ませるには少し専門的過ぎるかもしれませんが、期末レポートとしてヨシヤの改革に関する研究論文を書く学生にとっては間違いなく有用であるでしょう。経済的なトピックに関しては Marty F. Stevensの *Temples, Tithes, and Taxes: The Temple and the Economic Life of Ancient Israel*と Eugene Claburnの "The Fiscal Basis of Josiah's Reforms" が最も助けにな

るでしょう。それぞれのキャラクターシートには各登場人物が読むべき
参考文献が記されていますが、それらは全て下記のリストから選ばれた
ものです。

・ 二次資料のリスト

アルベルツ、R.　『ヨシヤの改革』　高橋優子 訳、教文館、2010年。

池田裕『旧約聖書の世界』岩波書店、2001年。

池田裕／大島力／樋口進／山我哲雄　『新版　総説　旧約聖書』　日本キリスト教団出版
　　　　局、2007年。

大住雄一「旧約法研究の展開と諸問題」、『神学』(52号、1990年)、257-88頁所収。

大住雄一「汝の神に向かって備えをせよ、イスラエルよ: 旧約の法における唯一の神」、『神
　　　　学』(55号、1993年)、89-122頁所収。

大住雄一「申命記の重心」、『聖書学論集』(28号、1995年)、53-78頁所収。

大住雄一「神の臨在の保証: 出エジプトの目的とモーセの派遣」、『神学』(63号、2001
　　　　年)、50-64頁所収。

大住雄一「モーセ五書批判概観」、『新版　総説　旧約聖書』日本キリスト教団出版
　　　　局、2007年、136-73頁所収。

大住雄一『神のみ前に立って:十戒の心』　教文館、2015年。

大野恵正『旧約聖書入門1:現代に語りかける原初の物語』新教出版社、2013年。

大野恵正『旧約聖書入門2:現代に語りかける父祖たちの物語』新教出版社、2015年。

オットー、E.　『モーセ:歴史と伝説』　山我哲雄 訳、教文館、2007年。

角間太郎　「申命記法:その存在の根拠と前提」、　『金沢美術工芸大学学報』(17
　　　　号、1973年)、27-37頁所収。

加藤潔「申命記におけるゲール(寄留の他国人)」、『稚内北星学園短期大学紀要』(1
　　　　号、1988年)、5-20頁所収。

木幡藤子「最近の五書研究を整理してみると」、『聖書学論集 28』(28号、1995年)、1-52
　　　　頁所収。

クレメンツ、R.E.　『神の選民:申命記の神学的解釈』　船水衛司 訳、1984年。

クロス、F. M.「列王記の主題と申命記学派歴史の構造」、『カナン神話とヘブライ叙事詩』
　　興石勇 訳、日本基督教団出版局、1997年、328－45頁所収。

ケール、O.『旧約聖書の象徴世界：古代オリエントの美術と「詩編」』山我哲雄訳、教文
　　館、2010年。

古代オリエント博物館編 『古代オリエント論集 ： 江上波夫先生喜寿記念』 山川出版
　　社、1984年。

左近淑『旧約聖書緒論講義』教文館、1998年。

シュミット、W. H. 『旧約聖書入門』上・下、木幡藤子 訳、教文館、1994／2003年。

杉勇 [他]『古代オリエント集』 筑摩書房、1978年。

シュミット、W. H.『旧約聖書入門』上・下、木幡藤子 訳、教文館、1994／2003年。

鈴木佳秀『申命記の文献学的研究』日本キリスト教団出版局、1987年。

鈴木佳秀『ヘブライズム法思想の源流』創文社、2005年。

関根清三『旧約聖書の思想：24の断章』岩波書店、1998年。

関根清三『旧約聖書と哲学：現代の問いのなかの一神教』岩波書店、2008年。

関根清三『ギリシア・ヘブライの倫理思想』東京大学出版会、2011年。

関根正雄『旧約聖書文学史』上・下、岩波書店、1978年／1980年。

関根正雄『聖書の信仰と思想：全聖書思想史概説』教文館、1996年。

髙橋優子 「『ヨシヤ改革』研究史：タイナト版『エサルハドン王位継承誓約文書』発見を受け
　　て」、『宗教研究』(91巻、2017年)、1－23頁所収。

月本昭男『目で見る聖書の時代』日本キリスト教団出版局、1994年。

月本昭男『詩篇の思想と信仰 I：第1篇から第25篇まで』新教出版社、2003年。

月本昭男『詩篇の思想と信仰 II：第26篇から第50篇まで』新教出版社、2006年。

月本昭男『詩篇の思想と信仰 III：第51篇から第75篇まで』新教出版社、2011年。

月本昭男『詩篇の思想と信仰 IV：第76篇から第100篇まで』新教出版社、2013年。

並木浩一『旧約聖書における社会と人間』教文館、1982年。

並木浩一『ヘブライズムの人間感覚:<個>と<共同性>の弁証法』新教出版社、2001年。

並木浩一 『並木浩一 著作集1：ヨブ記の全体像』日本キリスト教団出版局、2013年。

並木浩一 『並木浩一 著作集2：批評としての旧約学』日本キリスト教団出版局、2013年。

並木浩一『並木浩一 著作集3：旧約聖書の水脈』日本キリスト教団出版局、2014年。

日本オリエント学会編 『古代オリエント事典』 岩波書店、2004年。

ノート、M.『旧約聖書の歴史文学：伝承史的研究』 山我哲雄 　 訳、日本基督教団出版局、1988年。

野本真也「モーセ五書」、『総説旧約聖書』日本キリスト教団出版局、1984年、81－214頁所収。

長谷川修一『旧約聖書の世界と時代』 日本キリスト教団出版局、2011年。

長谷川修一『聖書考古学：遺跡が語る史実』 中央公論新社、2013年。

秦剛平／守屋彰夫 『古代世界におけるモーセ五書の伝承』京都大学学術出版会、2011年。

樋口進『預言者は何を語るか』新教出版社、2005年。

平山郁夫シルクロード美術館 ／ 古代オリエント博物館編 『メソポタミア文明の光芒：楔形文字が語る王と神々の世界』山川出版社、2011年。

ビエンコウスキ、P. ／ ミラード、A.『図説古代オリエント事典：大英博物館版』 池田潤 ／ 山田恵子 ／ 山田雅道 訳、東洋書林、2004年。

フィンケルシュタイン、I. ／ シルバーマン、N.『発掘された聖書：最新の考古学が明かす聖書の真実』越後屋朗 訳、教文館、2009年

春名苗「旧約聖書における障害者：時代的背景と解釈」、『聖隷クリストファー大学社会福祉学部紀要』(1号、2002年)、77-85頁所収。

前田徹 [他]『歴史学の現在：古代オリエント』山川出版社、2000年。

守屋彰夫『聖書の中の聖書解釈：第二神殿時代の聖書思想』日本聖書協会、2004年。

山我哲雄『聖書時代史：旧約篇』 岩波書店、2003年。

山我哲雄『海の奇蹟：モーセ五書論集』聖公会出版、2012年。

山我哲雄『一神教の起源：旧約聖書の「神」はどこから来たのか』 筑摩書房、2013年。

山我哲雄「申命記史家(たち)の王朝神学」、『旧約学研究』(13号、2017年)、1－36頁所収。

山我哲雄／佐藤研 『旧約新約聖書時代史』 改訂版、教文館、1997年。

レヴィン、C.『旧約聖書：歴史、文学、宗教』山我哲雄 訳、教文館、2004年。

レーマー、T. C.『申命記史書：旧約聖書の歴史書の成立』 山我哲雄 訳、日本キリスト教団出版局、2008年。

魯 恩碩 『旧約文書の成立背景を問う：共存を求めるユダヤ共同体』増補改訂版、日本キ
リスト教団出版局、2019年。

ワルケンホースト、K. 「申命記による御言の神学」、『カトリック神学』(1967年)、284－314
頁所収。

Abba, Raymond. "Priests and Levites in Deuteronomy." *Vetus Testamentum* 27, no. 3 (1977): 257–67.

Ackerman, Susan. "Asherah, the West Semitic Goddess of Spinning and Weaving?" *Journal of Near Eastern Studies* 67, no. 1 (2008): 1–29.

_____. "Why Is Miriam Also Among the Prophets? (And Is Zipporah Among the Priests?)." *Journal of Biblical Literature* 121, no. 1 (2002): 47–80.

_____. "The Queen Mother and the Cult in the Ancient Near East." In *Women and Goddess Traditions in Antiquity and Today*. Ed. Karen L. King. Minneapolis: Fortress, 1997. pp. 179–209.

Albertz, Rainer. *A History of Israelite Religion in the Old Testament Period, V.1: From the Beginnings to the End of the Monarchy*. Louisville: Westminster/John Knox, 1994. pp. 204–27.

Barrick, W. Boyd. "Dynastic Politics, Priestly Succession, and Josiah's Eighth Year." *Zeitschrift für die alttestamentliche Wissenschaft* 112, no. 4 (2000): 564–82.

_____. *The King and the Cemeteries: Toward a New Understanding of Josiah's Reform*. VTSup 88. Leiden: Brill, 2002.

Begg, Christopher T. "The Death of Josiah in Chronicles: Another View." *Vetus Testamentum* 37 (1987): 1–8.

Bibb, Bryan D. ""Be Mindful, Yah Gracious God" Extra-Biblical Evidence and Josiah's Reforms." *Koinonia* 12 (2000): 156–74.

Breslauer, S. Daniel. "Scripture and Authority: Two Views of the Josianic Reformation." *Perspectives in Religious Studies* 10 (1983): 135–43.

Bronstein, Herbert. *A Passover Haggadah*. Rev. ed. Drawings by Leonard Baskin. New York: Central Conference of American Rabbis; 1993.

Christensen, Duane L. "Zephaniah 2:4–15: a Theological Basis for Josiah's Program of Political Expansion." *Catholic Biblical Quarterly* 46 (1984): 669–82.

Claburn, W. Eugene. "The Fiscal Basis of Josiah's Reforms." *Journal of Biblical Literature* 92, no. 1 (1973): 11–23.

Cross, Frank M. Jr. and David Noel Freedman. "Josiah's Revolt Against Assyria." *Journal of Near Eastern Studies* 12 (1953): 56–58.

Demsky, Aaron. "The Name of the Goddess of Ekron: A New Reading." *Journal of the Ancient Near Eastern Society* 25 (1997): 1–5.

Dever, William G. *Did God Have a Wife? Archaeology and Folk Religion in Ancient Israel.* Grand Rapids & Cambridge: William B. Eerdmans, 2005.

_____. *The Lives of Ordinary People in Ancient Israel: Where Archaeology and the Bible Intersect.* Leiden/Grand Rapids: Brill/Eerdmans, 2012.

Droge, Arthur J. ""The Lying Pen of the Scribes": of Holy Books and Pious Frauds." *Method and Theory in the Study of Religion* 15, no. 2 (2003): 117–47.

Emerton, J. A. "Priests and Levites in Deuteronomy: An Examination of Dr. G.E. Wright's Theory." *Vetus Testamentum* 12 (1962): 129–38.

Freedman, David Noel, ed. *Anchor Bible Dictionary.* S.v. "Baal in the OT" by John Day; "Josiah" by Robert Althann; "The Prostitute in the OT"; "Shaphan" by James M. Kennedy. New York: Doubleday, 1992.

Glatt-Gilad, David A. "The Role of Huldah's Prophecy in the Chronicler's Portrayal of Josiah's Reform." *Biblica* 77, no. 1 (1996): 16–31.

Greenberg, Moshe. *Biblical Prose Prayer as a Window to the Popular Religion of Ancient Israel.* Berkeley: University of California Press, 1983.

Gruber, Mayer I. "Women in the Cult According to the Priestly Code." In *Judaic Perspectives on Ancient Israel.* Eds. Jacob Neusner, Baruch A. Levine, and Ernest S. Frerichs. Philadelphia: Fortress Press, 1987. pp. 35–48.

Gutmann, Joseph. "Deuteronomy: Religious Reformation or Iconoclastic Revolution?" In *The Image and the Word: Confrontations in Judaism, Christianity, and Islam.* Missoula: Scholars Press, 1977. pp. 5–25.

Hallo, William W. and Simpson, William Kelly. *The Ancient Near East: A History.* San Diego: Harcourt Brace Jovanovich; 1971. pp. 134–35, 142–47, 292–95.

Handy, Lowell K. "Historical Probability and the Narrative of Josiah's Reform in 2 Kings." In *The Pitcher is Broken: Memorial Essays for Gösta W. Ahlström.* JSOTSup. 190. Sheffield: Sheffield Academic P, 1995. pp. 252–75.

_____. "The Role of Huldah in Josiah's Cult Reform." *Zeitschrift für die alttestamentliche Wissenschaft* 106, no. 1 (1994): 40–53.

Israel Ministry of Foreign Affairs. "Ekron: A Philistine City." 23 Nov 1999. 20 Aug 2008. <http://www.mfa.gov.il/MFA/History/Early%20History%20-%20Archaeology/Ekron%20-%20A%20Philistine%20City>.

Kitz, Anne Marie. "The Plural Form of 'ÛRÎM and TUMMÎM." *Journal of Biblical Literature* 116, no. 3 (1997): 401–10.

Kuhrt, Amélie. *The Ancient Near East c. 3000–330 BC,* vol. 2. Routledge History of the Ancient World. London and New York: Routledge; 2002. pp. 540–46, 589–91,

636–39.

Lang, Bernhard. *The Hebrew God: Portrait of an Ancient Deity*. New Haven & London: Yale University Press, 2002.

Leuchter, Mark. "'The Levite in Your Gates': The Deuteronomic Redefinition of Levitical Authority." *Journal of Biblical Literature* 126, no. 3 (2007): 417–36.

Lohfink, Norbert. "The Cult Reform of Josiah of Judah: 2 Kings 22-23 As a Source for the History of Israelite Religion." *Ancient Israelite Religion: Essays in Honor of Frank Moore Cross*. Eds. Patrick D. Miller, Jr., Paul D. Hanson, and S. Dean McBride. Philadelphia: Fortress Press, 1987. pp. 459–75.

Lundbom, Jack R. "Lawbook of the Josianic Reform." *Catholic Biblical Quarterly* 38 (1976): 293–302.

Mayes, Andrew D. H. "Deuteronomistic Ideology and the Theology of the Old Testament." *Journal for the Study of the Old Testament* 82 (1999): 57–82.

McGovern, Patrick E. *Ancient Wine: The Search for the Origin of Viniculture*. Princeton: Princeton UP, 2003. p. 235.

Mendenhall, George E. *Ancient Israel's Faith and History: An Introduction to the Bible in Context*. Ed. Gary A. Herion. Louisville: Westminster John Knox, 2001. pp. 156, 172.

Mettinger, Tryggve N. D. *Solomonic State Officials: A Study of the Civil Government Officials of the Israelite Monarchy*. Lund: CWK Gleerup, 1971. pp. 31, 34–41, 140–47.

Römer, Thomas C. "Transformations in Deuteronomistic and Biblical Historiography." *Zeitschrift für die alttestamentliche Wissenschaft* 109, no. 1 (1997): 1–11.

Rowton, M. B. "Jeremiah and the Death of Josiah." *Journal of Near Eastern Studies* 10 (1951): 128–30.

Schniedewind, William M. How the Bible Became a Book. Cambridge: Cambridge UP, 2004.

Schweitzer, Steven James. "The High Priest in Chronicles: An Anomaly in a Detailed Description of the Temple Cult." *Biblica* 84, no. 3 (2003): 388–402.

Stevens, Marty E. *Temples, Tithes, and Taxes: The Temple and the Economic Life of Ancient Israel*. Peabody: Hendrickson, 2006. pp. 123–28.

Sweeney, Marvin A. "Jeremiah 30-31 and King Josiah's Program of National Restoration and Religious Reform." *Zeitschrift für die alttestamentliche Wissenschaft* 108, no. 4 (1996): 569–83.

_____. *King Josiah of Judah: the Lost Messiah of Israel*. Oxford: Oxford University Press, 2001. "Zephaniah," 185-197; "Nahum," 198-207; "Jeremiah," 208–33.

Tatum, Lynn. "Jerusalem in Conflict: The Evidence for the Seventh-Century BCE Religious Struggle Over Jerusalem." In *Jerusalem in Bible and Archaeology: The First Temple Period*. Eds. Andrew G. Vaughn and Ann E. Killebrew. Society of Biblical Literature

Symposium Series, 18. Atlanta: Society of Biblical Literature. pp. 291–306.

Terblanche, Marius. "No Need for a Prophet Like Jeremiah: the Absence of the Prophet Jeremiah in Kings." In *Past, Present, Future: The Deuteronomistic History and the Prophets*. Eds. Johannes C. De Moor and Harry F. Van Rooy. Oudtestamentische Studiën 44. Boston: Brill, 2000. pp. 307–14.

Toorn, Karel van der, Bob Becking, and Pieter W. van der Horst, Editors. *Dictionary of Deities and Demons in the Bible*. S.v. "Baal" by W. Herrmann, 132–39. 2nd extensively revised ed. Leiden/Grand Rapids: Brill/Eerdmans, 1999.

Weems, Renita J. "Huldah the Prophet: Reading a (Deuteronomistic) Woman's Identity." In *A God So Near: Essays on Old Testament Theology in Honor of Patrick D. Miller*. Eds. Nancy R. Bowen and Brent A. Strawn. Winona Lake: Eisenbrauns, 2003. pp. 321–39.

Weinfeld, Moshe. "Deuteronomy's Theological Revolution." *Bible Review* 12 F (1996): 38–41, 44–45.

Wright, G. Ernest. "The Levites in Deuteronomy." *Vetus Testamentum* 4 (1954): 325–30.

Zevit, Ziony. *The Religions of Ancient Israel: A Synthesis of Parallactic Approaches*. London & New York: Continuum, 2001. [Fulfilled and Unfulfilled Prophecies], 482–86.

- ゲームスケジュールのサンプル（75分授業基準）

日程	ゲームセッション	学生の準備と課題	活動
月曜日	1：ゲームを導入。ヨシヤ王について紹介。当時の時代背景を説明。	学生用ゲーム教本を読む。配布された二次資料を読む。	役を配分。分派および派閥ミーティングを行う。次のミーティングを計画。
水曜日	2：申命記の内容を考察。関連する聖書箇所を読む。	学生用ゲーム教本、二次資料、キャラクターシートなどを読み続け熟知する。	講師や学生による関連トピクについてのプレゼンテーション。
金曜日	選択的セッション。ゲーム準備セッションの終わり。	学生用ゲーム教本、二次資料、キャラクターシートなどを読み終わる。	分派および派閥ミーティングを行う自分の役割を確認する。
月曜日	3：ゲームの開始。	一つ目のステートメント（5-6ページ）を執筆し、それを提出する。年代記著者はこのセッションの終了後、24時間以内にゲームの歴史を執筆し電子メール、電子掲示板などを通して発信する。	大祭司ヒルキヤは律法の書の検証を女預言者フルダに依頼し、その結果を会議で発表する。法令の草案を会議に提出し、それについて議論する。授業の終わりに、総理大臣アサヤは告発状を提出させそれを読む。

水曜日	4	一つ目のステートメントを参照しながら自分の立場を主張する。年代記著者はこのセッションの終了後、24時間以内にゲームの歴史を発信する。	法令の草案についてコメントし続け、必要であれば訂正や改正を行う。提出された告発状があれば裁判を行う。
金曜日	5	年代記著者はこのセッションの終了後、24時間以内にゲームの歴史を発信する。	法令の草案についてコメントし続け、必要であれば訂正や改正を行う。提出された告発状があれば裁判を行う。
月曜日	6	年代記著者はこのセッションの終了後、24時間以内にゲームの歴史を発信する。	法令を施行するかどうかについて投票を行う。
水曜日	7	二つ目のステートメント（5-6ページ）を執筆し、それを提出する。年代記著者はこのセッションの終了後、24時間以内にゲームの歴史を発信する。	総理大臣アサヤは前回の投票結果と（法令が可決された場合には）法令を公に公布する。アサヤによって提出された外交政策の法令草案について議論する。過越祭を祝うことに関する法令草案についても議論する。提出された告発状があれば裁判を行う。

金曜日	8	二つ目のステートメントを参照しながら自分の立場を主張する。年代記著者はこのセッションの終了後、24時間以内にゲームの歴史を発信する。	法令の草案についてコメントし続け、必要であれば訂正や改正を行う。提出された告発状があれば裁判を行う。
月曜日	9	年代記著者はこのセッションの終了後、24時間以内にゲームの歴史を発信する。	法令草案に対するコメントを終了する。裁判を終了する。外交政策の法令と過越祭に関わる法令について投票を行う。
水曜日	10: ゲームの終了。	軽食や料理を準備して持って来る。年代記著者はこのセッションの終了後、24時間以内にゲームの歴史を発信する。	総理大臣アサヤは前回の投票結果と(法令が可決された場合には)法令を公に公布する。過越祭を祝う。ゲームの終了を宣言する。
金曜日	11: ゲーム評価会および反省会。		最優秀賞、MVP賞、スマイル賞などを授与。ゲームを通して学んだことやより良いゲームにするための提案などを語り合う。

・ゲームのプレイ

❖ゲームの課題:

　　ゲームの論点のうち、あるものは学生用教本に明確に書かれていますが、他のものは明記されず、暗黙のうちに示されています。もちろん、プレイヤーの目標に関わる次のような問題は明確に書かれています。「律法の書」で詳細に記されている新しい宗教のあり方は、ヨシヤ王の命令によって公布されるべきでしょうか。従来のヤハウェ礼拝や他の神々に捧げられる祭儀は全てエルサレム神殿から一掃されるべきでしょうか。こうした伝統的な宗教慣習を行う者は処罰されるかもしくは改革に従うよう説得されるべきでしょうか。改革による経済的影響は緩和されるのでしょうか。過越祭を祝うべきでしょうか。国はイスラエル王国のかつての領地まで覇権を広げ、ダビデ王国時代の栄光を取り戻すべきでしょうか。その目的のため、アッシリアとの同盟関係を捨て、エジプトもしくはバビロニアに従属する条約を結ぶべきでしょうか。それともユダ王国は同盟関係から独立し、完全にヤハウェに依り頼むべきでしょうか。

　　聖書研究からの論題は以下の通りです。第一に、聖書のテキストがもたらすいくつかの文脈にはどのようなものがあるのでしょうか。それは、直接的な文脈と間接的な文脈、考古学によって再現されテキストから探し出されたイスラエルの物質文化の文脈、古代近東の文脈、解釈者としての学生が持つ個人的かつ社会的な文脈などです。第二に、現代聖書学の資料批判に固有の前提、つまり、聖書の諸層にはそれぞれ異なる思想が表れるという考えが、このゲームにおける学生の配役と派閥に含まれています。一部の思想は互いに調和出来るかもしれませんが、他の思想は相互的に緊張関係にあるか、一方が他方の発達のための土台になります。第三の問題は、正典と正典化の成り行きを取り巻くものです。古代イスラエルの預言はどのような特色を持っていたのでしょうか。周

辺諸国における預言とはどういうものであったのでしょうか。聖書を作り出したり吟味したりするときに、預言はどのような役割を果たしたのでしょうか。どのように「突然現れた」テキストが評価され、またそれが神に由来するという主張がなされたのでしょうか。これはつまり、過去の人々、あるいは私たちが、どのような文書を「聖書」として認識するのかという問いとつながります。スウィーニー（Sweeney）によると、ヨシヤの物語は「学術的な議論において極めて重要なテキストであることが証明され、旧約聖書学の分野全体を形作って（2001:5）」きました。フルダの事例もまた、聖書における女性の役割と女性の宗教を前面に押し出しています。家父長制の世界において、発見された「律法の書」を検証したのがエレミヤやゼファニヤのような男性の預言者ではなく、女預言者フルダであったというのはどういうことを意味するのでしょうか。最後に、ヨシヤの宗教改革は国民と国家、つまり公共空間全体にどのような影響を及ぼしたのでしょうか。改革によって、前の北イスラエル王国がもたらした文化や宗教における影響をユダとエルサレムから取り除く方法が示されるでしょうか。改革の対抗勢力は何でしょう。その勢力は最終的に何を達成しようとしているでしょうか。そういうわけで、このゲームは宗教と政治の交差点という、私たちの時代にも共鳴するところの様々な興味深い問題を提起しています。

　先の展開を読んだゲームプレイヤーには、ユダ王国が崖っぷちに立たされていることがわかるでしょう。この国家にはあと一世代分の時間も残っていません。下された決断は国家を守るかもしれませんし、守らないかもしれません。周囲の世界が崩壊し始めたとき、あなたは何をすべきでしょうか。

❖ゲームで起こりえる「出来事」

　ゲームの「プロット」には2つの動きまたはラウンドがあります。すべての論点や活動が起こるという保証はありませんが、その中でいく

つかは必ず起こることが予想されます。ゲームマスターとして、講師は次の重要な三つのアクションを促すとよいでしょう。それは、最初のラウンドにおける宗教改革に関する法令への投票、また第2ラウンドにおける外交政策に関する法令への投票、そして過越祭に関する法令への投票です。

祭司の活動　祭司たちは交代で、開会儀式で祈りや説教を行います。

派閥会議と派閥間のプレイヤーのコミュニケーション　派閥と分派は授業中あるいは授業外の時間に会議することができます。ゲームの公の活動がなくなった場合には、アサヤは派閥会議のため休会を宣布することが出来ます。未確定の立場にいる人物を演じる学生は立ち上がって歩き回り、他のグループの人々と話し、それぞれの主張を聞かなければなりません。さらに言えば、強い意見を持つ人々は自分の派閥について宣伝するために未確定の人物を探す必要があります。

　なお、授業外でも勝利するための策略を立てる目的で、ミーティングを開くことも出来ます。または、授業外での対話を通して、自分の役の立場から相手を説得することも自由に出来ます。このように授業外で分派や派閥の秘密ミーティングを行うことなどは奨められますが、SNSによるグループチャットなどはゲームマスターとして注意深く観察する必要があり、場合によっては制限しなければなりません。コミュニケーションのためにEメールを使用することは基本的に良いことですが、それ以外の旧約聖書に登場しない文明の利器は使わないことが本ゲームの基本的なスタンスです。そこには二つの理由があります。まず、このゲームは旧約聖書の時代を舞台にしたものであるため、少しでも歴史に忠実な形のゲームにするためです。そして、もう一つの理由はSNSによるグループチャットなどを用いることによって生じうる問題、例えば、ゲームとは関係のないプライバシーの侵害などを未然に防ぐためで

す。ゲームマスターとしてあなたは、プレイヤーがゲーム中に本来の自分とゲームにおける役を明確に区別し、ゲームの登場人物として振舞うべきであることを教えて下さい。従って、様々な事案に関する議論や主張がお互いに対する個人攻撃ではないことをはっきりと認識させる必要があります。そして、いくらゲームの世界であるとしても、お互いに対する基本的なマナーを失わないようにすべきであることを強調して下さい。SNSによるグループチャットなどは場合によってはゲームを活気づける側面もあるので全てを禁じるべきではないかもしれませんが、許可するにしても上記の問題点を予防するためにその使用回数や場所などに制限を設けた方が良いでしょう。

授業内でメモを渡す 授業中にメモもしくはオストラカを渡しても良いでしょう。演壇で主要なアクションが起きている最中に、ゲームマスターとゲームプレイヤーの間、あるいはゲームプレイヤーの間で、計画や考えについてのメモを渡し合いコミュニケーションを取りましょう。

法令の議論と承認 第1ラウンドでの宗教改革に関する法令と第2ラウンドでの外交政策、過越祭に関する法令などの少なくとも3つの法令について議論する必要があります。宗教改革に関する法令の草案は、議論の中で何度も訂正あるいは修正される可能性があります。アサヤあるいはシャファンが法令の草案を読み上げ、それをクラスのための電子掲示板に投稿した場合、そのラウンドの終了時までにこの法令について投票しなければなりません。討論が審議を加速させ、年代記著者たちを除く全ての登場人物は、各ラウンドで公の演説を行うことが求められます。投票は年代記著者たちによって管理されます。投票は暫定的かつ助言的なものであり、ヨシヤ王あるいはゲームマスターによって覆されることもあり得ます。法令が承認されたら、王に代わってアサヤがその法令の最終版を読み上げます。一旦公布されると、法令違反でプレイヤーを告

発することも含めて、登場人物はその法令に従って行動することが求められます。

　　預言　預言者はゲームセッション中に預言することによって、いつでも進行中の出来事を中断させることができます。しかしもちろん、偽の預言にはそれなりの結末が待っています。

　　告発　他のプレイヤーを訴えるために、学生はゲームセッション終了頃「告発状」（*sefer*）を書き、それをアサヤに渡さなければなりません。そうするとアサヤはその告発状を正式に読み上げなければなりません。これは裁判の前に必要なステップです。

　　ウリムとトンミム　アサヤは王の代理として、大祭司またはその代行者にウリムとトンミムを投げさせ神の御心を尋ねさせることができます。祭司たちは当番を決めるためにも、定期的にウリムとトンミムを投げることになるでしょう。登場人物の誰でも有罪か無罪か、処罰か慈悲か、戦争に行くか否か、あるいは法令を公布するか否かなどを決めるためにウリムとトンミムを用いることを提案することが出来ます。その提案が会議で受け入れられると選ばれた祭司はウリムとトンミムを投げます。

　　セフェリム（Seferim）　セフェル（*sefer*）［複数形　セフェリム］は他の意味もありますがとりわけ法的文書を指します。陶片やオストラカ（3×5サイズのカード）に書かれた保護のための保証書を集めようとする登場人物もいます。この登場人物たちは、これらを使って裁判に繋がり得る告発から身を守ることができます。

　　裁判　裁判は第1ラウンドでも第2ラウンドでも行うことができます。改革反対者は、偽の預言をしたとしてフルダを非難するか、あるい

はヒルキヤが神殿の中で酩酊状態になっていたと告発し、彼を大祭司の地位から降ろそうとすることで、間接的に改革派の力を弱めようとするでしょう。第2ラウンドでの裁判は、反抗的で強情な伝統主義者（例えばエディダ、アブネル、ナバルなど）を処罰するために開かれるかも知れません。あるいは第1ラウンドで偽の預言や偶像崇拝を行っていたペリシテ人ヤイルを裁判にかけることも出来るでしょう。あるいは多様な礼拝形式に対するヒルキヤの寛容の故に彼を裁判にかけ大祭司の職から解任することも可能です。アザルヤは大祭司のポジションを欲しがっているので、何らかの行動を起こすでしょう。歴史的には、ヨシヤの時代にも、またそれ以前にも数人のツァドク系の「アザルヤ」がいまして、彼らが大祭司に就任したという記録があります。アクボルは彼の味方であり、他にも何人かの祭司、そして神殿での奉仕中にヒルキヤにワインを販売したと主張する二人のワイン商人が潜在的にアザルヤの味方です。あるいはアザルヤは、禁止されている綿（麻）毛交織物のシャアネズ（*Sha' atnez*）をエディダに与えた罪でヒルキヤを告発しようとするかもしれません。これは彼にとって「一石二鳥」の策略ですが、アサヤの怒りを買う危険もあります。さらに、シャファン、アヒカム、エレミヤ、アブドンを含むシャファン支持派がツァドク系の大祭司就任を防ごうとしていることも注目すべき動きです。裁判はもう一つの目的にも役立ちます。もし成功すれば、敵対する勢力をプレイの外に追いやることができるのです。しかし、告発に信憑性が認められなかった場合、つまり被告人が無罪になった場合には、告発人は被告人に対して要求したものと同じ処罰を受けることになります（申命記19:15-21）。死刑には二人以上の証人が必要であること、また贈収賄も訴訟可能であることに注意してください（申命記16:18-20）。

新しい役の登場　ゲームマスターは追放または処刑された役を演じた学生に新しい役を与えて連れ戻すことができます。あるいは、霊媒師が

彼らを死者の霊としてゲームに呼び出すことができます。

　　条約、同盟、軍事的拡大　　第2ラウンドの主な関心事は、より広い世界におけるユダ王国の立場を中心に回ります。同盟を結ぶべきか否か。かつての北王国の領土まで軍事的に、もしくは文化的にユダ王国の影響力を拡大すべきか、否か。例えばレビ人を教師および説教者としてかつての北王国の領土に送り込むことも出来ます。王族のうち誰かがある強大国との宗主権条約（Suzerain-Vassal Treaty）の必要性を力説するかも知れません。

　　俳句大会、短歌大会、四字熟語大会、ラップ大会、握手会　　ゲームセッション中、特に裁判の後、クラスの雰囲気が悪くなったり、議論が必要以上に白熱したりする場合があります。ゲームマスターはそのようなネガティブな雰囲気を和らげ、いつも朗らかで少しユーモアがあるゲームにするために細心の注意と配慮を払うべきです。例えば、突然、俳句大会や短歌大会、あるいは四字熟語大会を開くように密かにプレイヤーたちに提案し一人ずつ発表させることで、古代イスラエル文化と日本文化のギャップに由来する笑いを誘うことができます。ヨシヤの改革に関するラップ大会はいかがでしょうか。硬くなっていた雰囲気や緊張感も直ぐに和むはずです。毎回、皆でお互いに握手することで終わるようにすれば、ゲームセッション中に生じてしまった敵対関係や緊張関係を和らげる効果があります。

　　過越祭の祝い　　会議が過越祭に関する法令を承認した場合、正式なゲームセッションの終わりに皆で食べ物や飲み物を準備して一緒に過越祭を祝います。

❖ **ゲーム評価会および反省会**：

誰が勝利したのか。ヨシヤの改革ゲーム以後に起きること。

　　ゲーム評価会および反省会のセッションでは、ヨシヤ改革の結果について学生と話し合うとよいでしょう。これはまた、聖書の記録とゲームの結果を比較し、その間に生じた共通点と相違点を語り合うことにもつながるでしょう。さらに、この話し合いは聖書のテキストと他の古代近東の文書を比較する機会にもなりえます。この時間には、ゲームの役名で名乗るのをやめ、実名で話し合うことにしましょう。学生にゲームにおける自分の行動を説明させることで、学生間に生じうるゲーム上の緊張関係を解すように努めましょう。また学生に今回のゲームを通して経験したことの中で、一番印象深かったことはどのようなことであったのかを語らせても良いでしょう。あるいは今回のゲームを通して学んだことの中で、最も記憶に残るものは何であったのか、そしてより良いゲームにするために改善すべきところはどこにあるのかなどについても話し合いましょう。通常ゲームプレイヤーが最も知りたがっているのは、誰が勝利したのかということです。勝利条件に基づき、最高点を得たプレイヤーに最優秀賞を与えましょう。そして、プレイヤーの投票でMVP賞やスマイル賞を授与しましょう。

　　全てのプレイヤーは個々人の勝利条件に加えて、派閥や分派に関連した勝利条件を持っています。プレイヤーのポイントを講師が全部記録することは大変な仕事になるでしょう。そこで提案があります。ゲームの最終日に各プレイヤーに自分のキャラクターシートを持って来させ、そこに自分の名前を書かせます。そしてそれを提出させ、再配布します。そうすれば全ての学生が他の学生のキャラクターシートに書かれている勝利条件に基づき、中立的な立場でその登場人物のポイントを計算することになるでしょう。採点後にそのキャラクターシートを本来の持ち主に返却し、持ち主に合っているか確認を取れば採点完了です。もし採点が不正確であった場合には講師が間違ったところを修正することに

しましょう。下記のポイントシステムはあくまでも一つの事例にすぎません。講師がクラスの状況に応じて柔軟に変更を加えてもかまいません。

一つの勝利条件につき

第一級 (Primary):
成功した場合　＋30ポイント
失敗した場合　－20ポイント

第二級 (Secondary):
成功した場合　＋20ポイント
失敗した場合　－10ポイント

第三級 (Tertiary):
成功した場合　＋10ポイント
失敗した場合　－5ポイント

なお、投票で勝利した派閥のメンバー全員は、+50ポイントを獲得します。

反対に投票で負けてしまった派閥のメンバー全員は、－30ポイント、つまり30ポイントを失います。

例えば、第一級勝利条件が三つあり、全て成功した場合には、90ポイントになります。さらに、そのプレイヤーの派閥が投票で2回勝利した場合には、100ポイントが加算され総計+190ポイントになります。反対に、三つの第一級勝利条件に全て失敗すれば－60ポイントになり、そしてそのプレイヤーの派閥が投票で2回敗北すればさらに60ポイントを失い、総計－120ポイントになります。

言うまでもなく、ポイントの合計が最も高い学生が最優秀賞を受賞します。重要ではない役よりも重要な役の方が最優秀賞を受賞する可能性が高いでしょうが、実際にゲームを行うとそれほど重要ではない役が意外にも「勝利者」になる場合も多いです。プレイヤーの投票によるMVP賞やスマイル賞は、このような役の比重によって生じる不平等を和らげるための賞です。重要ではない役をプレイする学生にもその活躍に応じてMVP賞やスマイル賞を受賞する可能性が開かれることでゲームをより活気あるものにすることが出来ます。例えば、ゲームの初日に学生たちに次のように知らせるのはいかがでしょうか。

　「皆さん、ゲームの最終日には最優秀賞だけではなく、MVP賞とスマイル賞も授賞します。最優秀賞は獲得ポイントで決定されますが、MVP賞とスマイル賞は投票で決まります。MVP賞およびスマイル賞の投票を行う際には下記の基準でベストプレイヤーを選んでくださいね。

MVP賞
1. ヨシヤ王の宗教改革と申命記に対する知識の深さ
2. 古代イスラエルの歴史と旧約聖書に対する知識の深さ
3. 演説や発言における説得力
4. 自分の主張を電子掲示板などに論理的に書く文章力
5. 役柄の味を出す熱演

スマイル賞
1. 人々を笑せるユーモアセンス
2. 人々を優しく配慮する思いやり
3. ヨシヤ王の宗教改革や申命記の内容を現代社会の状況と適切に結びつける時事感覚

4.個性的な服装やコスチューム

それでは宜しくお願いします。」

　　ゲームの評価会および反省会では、感性と知性を働かせなければ
ならないでしょう。ゲームの役名を外して「現実の」名前に戻ることに
よって、ゲーム内での人格が消え去り、ゲームの中で生じたどのような
否定的な感情も一緒に消え去るでしょう。一方で、自分の役名を名誉の
しるしとして1年かそれ以上経っても名乗り続ける学生もいました。同
様にまた、なぜその場面でそのように振舞ったのかを学生たちに聞き、
彼らに説明させることで、ゲーム内で生じてしまった緊張関係を緩和さ
せることもできます。2つか3つのゲームをプレイする授業では、一度は
敵同士であった学生たちを協働しなければならない同じ派閥に入れるよ
うに講師が心をかけると良いでしょう。このことは、その何とかさんは
「ただ役を演じていただけ」なのだという理解を強めます。

　　典型的な「歴史に反する」結果の中には、列王記下23章で推進され
た改革の全てではなくても、一部に対しては、同意もその実行も認めな
いという展開が含まれます。それぞれの登場人物の演じ方がどれだけ活
発で立派かによって、完全な改革を支持する側も反対する側も非常に接
戦になり、どちらの陣営にとっても投票で勝利することは至難の業にな
るでしょう。このことは、現実の改革を行うことの難しさを示唆してい
るのではないでしょうか。歴代誌下34章の記事は列王記下23章とはかな
り異なる物語を伝えています。そこでは巻物が発見される前に神殿が清
められ、国民の契約があり、地方が清められます。それからようやくエ
ルサレム神殿で巻物が発見され、その後に過越祭が祝われます。このよ
うに「あらゆる」改革の結果も、聖書の記事のどれかに完全に一致する
ことはありません。これは期末レポートまたは小論文試験に向けた討論
のための良い論点になるでしょう。通常、少なくとも過越祭を祝うこと
は「食べ物」の誘いによって多くの学生が簡単に同意してくれます。過

越祭を祝うことを進める登場人物は数人おり、それに反対する人はほとんどいません。

　改革の法令が可決された後、プレイヤーは「浄化」の執行に移ることができますが、ベテルの聖所の浄化と、それからサマリヤ、マナセ、エフライム、ナフタリといった地方の町々にある聖所の浄化は、厳密にはゲーム内で設定された時間帯の外にあります（歴代誌下34:6、列王記下23:15-20）。学生たちは宗教的、軍事的、政治的に北方へと領土を拡大するか否かを投票で決定することができます。クロス（Cross）の仮説によると、北方の宗教的場所を浄化したのはまさにヨシヤによるアッシリアへの反乱を意味します。したがって、アッシリアと同盟を結ぶこと、もしくは北方への進出を却下することはどちらも実際に起きた歴史と矛盾します。しかし、ヨシヤの父アモンを暗殺した人々が目指したような、アッシリアに対する徹底的な抵抗もまた、おそらくヨシヤ王が遂行しようとしていた政策の真相ではなかったでしょう。つまり、アッシリアの支配の下で従属するヨシヤ王に許された国内地域の再編成が起こった可能性があります。よって、完全な独立またはエジプトとの同盟も、おそらく歴史的事実に反しています。そして、ヨシヤがバビロニアと同盟を結ばなかったことは明白です。アッシリアとの関係を惰性的に続けたことが、実際に起きた出来事に最も近いかも知れません。もし歴代誌の著者に従うならば、ヨシヤはゲームの時代よりも6年前、つまり紀元前632年にアッシリアの神々を拒み、また紀元前628年に北方地域を併合しています。これらの年代はアッシリア帝国内の混乱時代と関連しているようです。紀元前633年にアッシュルバニパルが死に、アッシリアとバビロニアでは後継者が乱立しました。最末期のアッシリア王の一人であったシン・シャル・イシュクン（Sin-shar-ishkun）は紀元前623年ごろにはもはやニップールでは統治者として認められなくなっており、新バビロニア帝国のナボポラッサルが南メソポタミアで支配権を固めるほどにアッシリアのバビロニアへの支配力は消え去っていました（Cross

56–58; Kuhrt 544）。いずれにせよ、状況は急変していたのです。

　その後の聖書の物語は、列王記下23:26–25:30と歴代誌下35:20–36:23
に見られます。そこには、神の怒りを収めるにはヨシヤの改革は十分で
はなかった、とされています（列王記下23:26）。しかし驚くべきこと
に、「あなたは安らかに息を引き取って墓に葬られるであろう」（列王
記下22:20）というフルダの預言は実現しなかったようです。ヨシヤはメ
ギドでの戦闘の中でファラオ・ネコ2世（紀元前609–594、エジプト第26
代サイス朝の好戦的な王）に殺されます。メギドは現在のイスラエル北
部にあります。どうやらまだアッシリアに忠実であったネコは、衰えつ
つあるアッシリア最後の王、アッシュル・ウバリト（Assur–uballit）2世を
援助する準備ができていました。ヨシヤはネコを阻もうとしましたが、
その甲斐もなく死にました。ヨシヤがかつてエジプトと同盟を組んだか
どうかは明白ではありませんが、今となっては、アッシリアに対するヨ
シヤの反乱は完成されたと言えるでしょう。なぜならばヨシヤの「妨
害」は、紀元前605年のカルケミシュの戦いで新バビロニアのネブカド
ネザル2世がエジプト軍を破ったことでその目的が完遂されたからです
（Hallo & Simpson, 1971:143）。

　ところで、ヨシヤ王が戦闘の中で殺されたことを列王記下22章20
節の預言と一致させたいと思う人は、ヨシヤの家臣たちが王の遺体を
「メギドからエルサレムに運び、（安らかに）彼の墓に葬った」（列王記
下23:30）ことを引き合いに出すでしょう。当然ながら、これは預言の本
質とその評価に関する疑問を呈示します。ゲームで申命記派に反対する
役を演じる学生は、この事実をフルダの信用を落とすために使いたいと
思うでしょう。**しかしこの出来事はまだ起こっていないため、学生たちはこれをゲー
ムの中で直接使うことはできません。**結果として、申命記派に反対する役を
演じる学生たちはフルダの預言が間違っていることを示す他の証拠を探
さなければならないでしょう。

　推測に過ぎませんがエレミヤは、自分の先祖がヨシヤの先王によ

って神殿の職務から解任されたため、ヨシヤに対して反抗心をもっていたかもしれません。しかし、エレミヤは最終的にヨシヤを高く評価する方向に意見を変えたようです。エレミヤはヨシヤのために有名な哀歌を書いています（歴代誌下35:25）。そして、紀元前605年までには国際情勢がエレミヤの幻と一致するように変化したことを私たちは知っています。

　紀元前609年のヨシヤの死後、当時23歳であった彼の息子ヨアハズが3ヶ月間国を統治します。ちなみにゲームの時代である紀元前622年に彼は10歳でした。父親がそうであったように、ヨアハズもまた「国の民」によって王として立てられました。残念なことに、ヨアハズはすぐに父親の改革を後退させ始めます。ファラオ・ネコはヨアハズを退位させエジプトに連れて行き、ヨアハズの兄エルヤキム／ヨヤキム（紀元前622年には12歳）を代わりに王としました。ヨヤキムは25歳のときから11年統治しました。紀元前598年頃に、新バビロニアのネブカドネザルがヨヤキムを捕虜にします。ヨヤキムの息子ヨヤキン（ヨシヤの孫にあたる）が8歳で王位を継ぎ、3か月統治します。同じ年に、ネブカドネザルはヨヤキンの代わりにヨヤキンのおじゼデキヤ（当時21歳、紀元前618年頃に生まれたヨシヤの三男、別名マタンヤ）を王座に就かせます。結局、ゼデキヤはバビロニアに反旗を翻しました。紀元前587/86年にエルサレムは包囲され陥落されました。ほとんどのユダヤ人が捕囚として連行されました。ヨアハズだけでなく、これら全てのユダの王たちがヨシヤの改革を棄てました。第一神殿の崩壊と捕囚という大惨事の波が、生き残った全ての人に降りかかってきました。エレミヤは、ネブカドネザルが立てた総督、シャファンの孫でアヒカムの子であるゲダルヤの死をきっかけにエジプトに連行されるようになります（エレミヤ41:1–43:13）。

　列王記下の最後の2章もまた、予言と成就という神学的なパターンをあまり気にしていません。これらの章について、多くの聖書学者は、列王記下もその一部である申命記主義的歴史書の「ヨシヤ編集」に対す

る捕囚期の付加層であると考えています。

　列王記下はヨヤキンの名誉回復で終わっていますが、聖書学者デイヴィッド・ノエル・フリードマン（David Noel Freedman）の見解によると、歴代誌下36章22–23節の方が神学的により重要なテキストです。これは旧約聖書の元来の「結末」もしくは終章を表しています。エレミヤの預言のとおり、ユダ王国が滅亡してから70年後にペルシア帝国の王キュロスが勅令を出し、生存者の子孫がエルサレムに戻り神殿を再建することを許可します。ヨヤキンの子孫の一人ゼルバベルは、紀元前539年にペルシアがバビロニアを征服した後、ユダの復興に積極的に参与しました。

　結果として、預言は興味深い結末を迎えていました。ヨシヤの改革は彼の死後あっけなく立ち消えました。刻々と変化する強大国とユダの関係の中で、エジプトもバビロニアも当てにならないことがわかりました。レビ記に書かれた祭儀は70年間中断されており、ユダは捕囚となりました。しかし、未来への希望が生まれてきたのです。

ヨシヤの改革ゲームにおける役作り

　学生はゲーム用に少なくとも2つ、場合によっては3つの文書を受け取ります。最初の文書は登場人物の背景、勝利条件、そしてゲーム上の主な立場などについて概説している「キャラクターシート」です。もう一つの文書は「分派」シートです。三つ目の文書である「派閥」シートを受け取る人もいます。

✤ 秘密派閥と分派

◇ 秘密派閥

　ヨシヤの改革ゲームには二つの秘密派閥、つまり申命記派と伝統派があります。学生に秘密派閥に関する情報が書かれたシートを、それぞれのキャラクターシートと共に配布しましょう。講師は一人一人の学生に必要なシートを入れた封筒を配り、それを他の人が見ていないところで開けるように指示します。特に伝統派の人は、自分の秘密派閥が公に知られると裁判にかけられる危険性が非常に高いので気をつけなければなりません！

◇ 分派

　ヨシヤの改革ゲームには4つの「分派」（王政、預言、祭司、庶民）があります。これらは公に知られているものです。下記ではそれぞれの分派について、その分派が持つ特徴や王立会議がそれぞれの分派に与える課題と機会について説明します。

❖ 登場人物のリスト [41]

◇ 王政派 [9]:

- アサヤ – 「王のしもべ」、つまりヨシヤの総理大臣です。アサヤは通常、王政での会議で司会を務めます。アサヤは自分が司会のときは中立を装っており、派閥的な行動と態度はシャファンに任せています。
- シャファン – アツァルヤの子、王の書記官および上級顧問、アサヤの代理人
- エディダ–王太后
- シャファンの子アヒカム
- マアセヤ–エルサレムの町長
- シャルム–衣裳管理係
- アヒノアム–王の側室
- 王政の資産管理アドバイザー
    1. ヨアハズの子ヨア–神殿修復のための記録係、王の宝物の管理者
    2. トビヤフ–王の農地管理者

◇ 預言派 [9]:

- フルダ–分派のリーダー
- ゼファニヤ
- エレミヤ
- ナホム
- コナンヤ、レビ系の音楽家であり預言者
- ネタンエル、レビ系の音楽家であり預言者
- ハナンヤ
- マカヤ
- バルク

◇ 祭司派 [9]:
　　・大祭司ヒルキヤ−分派のリーダー
　　・アザルヤ−エルサレム神殿の祭司で、ヒルキヤの代理人
　　・ヤハト−神殿で働くレビ人の職人
　　・ミリアム−レビ人女性
　　・ナダブ−地方聖所の祭司
　　・イタマル−エルサレム神殿の新米祭司
　　・アビフ−ヤハウェの聖なる高台の祭司
　　・ハシャブヤ−地方聖所の祭司
　　・シェマヤ−エルサレム神殿の祭司

◇ 庶民派 [9]:
　　・コンヤフ将軍−分派のリーダー
　　・アビガイル−女商人／宿屋の主人
　　・ホシャヤフ−ラキシュに駐留している隊長
　　・アブネル−牧場主
　　・ナオミ−やもめ
　　・ナバル−キャラバン商人
　　・アサエル−オリーブとブドウの栽培者／ワイン醸造家
　　・エグラ - 田舎の乙女、アディナの友だち
　　・アディナ - 田舎の乙女、エグラの友だち

◇ 無所属 [5]:
　　・ヤイル−ペリシテ人のワイン商人かつ預言者（伝統派に入る可能性
　　　あり）
　　・ミカの子アブドン、年代記著者かつ書記官（祭司派に入る可能性
　　　あり）
　　・ミカヤの子アクボル、年代記著者かつ書記官（王政派に入る可能

性あり）

・ハンナ、年代記著者かつ書記官（預言派に入る可能性あり）

・タマル、年代記著者かつ書記官（庶民派に入る可能性あり）

　このゲームは12〜41人でプレイすることが出来ます。4人の書記と
ヤイルは投票できません。ゲームをプレイできる最小のプレイヤー数
は、おそらく12人です。12人の場合、1人か2人が病欠などになるとゲー
ムが成り立たなくなるため、少し危険です。下記の役柄表を参照し、プ
レイヤー人数の変化に応じて配役を決め、また派閥と分派のバランスが
保たれるよういかに役を増やすか決めるとよいでしょう。

❖ 予備役の人物：

　このゲームでは、ヨシヤの物語に出てくる名前のいくつかは扱わ
れていませんが、そういった名前を追加の登場人物にあてることができ
ます。そのような名前には、レビ人の官僚であるシェマヤ、ハシャブ
ヤ、エイエル、ヨザバド（歴代誌下35:9）などや、神殿の主管であるゼ
カルヤとエヒエル（歴代誌下35:8）、また神殿で働くレビ人であるオバ
ドヤ、メシュラム（歴代誌下34:12）などがあります。オバドヤとゼカル
ヤは預言者と同名ですが、彼らは預言者とは別の人物です。さらに、こ
のゲームとおおよそ同時代の陶片からとられた名前もあります。コンヤ
フ、トビヤフ、ホシャヤフという3つの名前はラキシュの第3書簡（Lach-
ish letter #3）に見られるものです（Hallo & Younger 3, 2003:79）。聖書の中で
はほとんどの女性は無名のままですが、ゲームの便宜上、追加の女性人
物にはありふれた名前（例えばサラ、デボラ、タマルなど）を付けると
良いでしょう。学生たちに自分の名前を選ばせることで、ゲームへのモ
チベーションを上げる効果が得られます。

❖秘密派閥の登場人物：

◇ 申命記派 [14]：
- ・アサヤ、総理大臣
- ・シャファン、申命記派のリーダー
- ・ヒルキヤ、大祭司
- ・アヒカム、王の同級生かつ親友
- ・フルダ、女預言者
- ・エレミヤ、預言者
- ・シャルム、王の衣装係
- ・ゼファニヤ、預言者
- ・イタマル、エルサレム神殿の新米祭司
- ・コナンヤ、レビ系の音楽家であり預言者
- ・ネタンエル、レビ系の音楽家であり預言者
- ・ハナンヤ、預言者
- ・エグラ、田舎の乙女
- ・バルク、預言者

◇ 伝統派 [14]：
- ・アブネル、牧場主、伝統派のリーダー
- ・アビガイル、女商人
- ・アザルヤ、エルサレム神殿の祭司
- ・ナバル、キャラバン商人
- ・エディダ、王太后
- ・ナオミ、やもめ
- ・ヤハト、レビ人の職人
- ・ミリアム、レビ人女性
- ・ナダブ、地方聖所の祭司
- ・アサエル、オリーブとブドウの栽培者／ワイン醸造家

・アビフ、ヤハウェの聖なる高台の祭司

・ハシャブヤ、地方聖所の祭司

・マカヤ、預言者

・シェマヤ、エルサレム神殿の祭司

◇（改革に関して）未確定派 [13; 8票]

・コンヤフ将軍、未確定派のリーダー

・トビヤフ、王の農地管理者

・ヨア、王の宝物の管理者

・ホシャヤフ隊長（ラキシュに駐留）

・ナホム、預言者

・マアセヤ、エルサレムの町長

・アヒノアム、王の側室

・アディナ、田舎の乙女

・アクボル（投票権なし）

・アブドン（投票権なし）

・ハンナ（投票権なし）

・タマル（投票権なし）

・ヤイル、ペリシテ人の預言者（投票権なし。伝統派寄り）

❖外交政策と関連する登場人物 [41]:

◇ アッシリア支持派 [7]:

・アサヤ、リーダー

・ヒルキヤ、大祭司

・コンヤフ将軍

・ミリアム、レビ人女性

・ハナンヤ、預言者

・エグラ、田舎の乙女

・シェマヤ、エルサレム神殿の祭司

◇ **エジプト支持派** [7]:
　　・シャファン、リーダー
　　・アヒカム
　　・ホシャヤフ隊長
　　・マアセヤ
　　・ゼファニヤ
　　・アサエル、オリーブとブドウの栽培者／ワイン醸造家
　　・ネタンエル、レビ系の音楽家であり預言者

◇ **バビロニア支持派** [8]:
　　・エレミヤ、リーダー
　　・ナバル、キャラバン商人
　　・フルダ
　　・コナンヤ、レビ系の音楽家であり預言者
　　・ヤイル、ペリシテ人の預言者（投票権なし）
　　・ハシャブヤ、地方聖所の祭司
　　・マカヤ、預言者
　　・バルク、預言者

◇ **独立支持派** [8]:
　　・シャルム、リーダー
　　・アザルヤ
　　・トビヤフ
　　・ヨア
　　・イタマル、エルサレム神殿の新米祭司
　　・アビフ、ヤハウェの聖なる高台の祭司

・アヒノアム

・アディナ

◇ **外交政策に関して未確定** [11:7票]

　　・アブネル、牧場主

　　・アビガイル、女商人

　　・エディダ、王太后

　　・ナホム

　　・ナオミ、やもめ

　　・ヤハト、レビ人

　　・ナダブ、地方聖所の祭司

　　・アクボル（投票権なし、ややエジプト派寄り）

　　・アブドン（投票権なし、ややエジプト派寄り）

　　・ハンナ（投票権なし、ややバビロニア派寄り）

　　・タマル（投票権なし、ややアッシリア派寄り）

❖**ゲーム成立のために必要な最小登場人物(12人):**

1. アサヤ（王政派−申命記派−アッシリア派）男性[1]
2. アブネル（庶民派−伝統派−未確定）男性
3. シャファン（王政派−申命記派−エジプト派）男性
4. アビガイル（庶民派−伝統派−未確定）女性
5. ヒルキヤ（祭司派−申命記派−アッシリア派）男性
6. アザルヤ（祭司派−伝統派−独立派）男性
7. アヒカム（王政派−申命記派−エジプト派）男性

1　　これはあくまでも登場人物の聖書上の性別を記したものであって、学生が自分の性別と同じ性別の人物を選ばなければならないということではありません。女性の学生が男性の人物を選ぶことも、男性の学生が女性の人物を選ぶことも可能です。

8. ナバル（庶民派−伝統派−バビロニア派）男性

9. フルダ（預言派−申命記派−バビロニア派）女性

10. エディダ（王政派−伝統派−未確定）女性

11. トビヤフ（王政派−未確定−独立派）男性

12. コンヤフ将軍（庶民派−未確定−アッシリア派）男性

❖登場人物の追加：無所属

　全体のバランスをとりたいときやゲームを盛り上げたいときは、以下の投票権なしの登場人物を追加できます。

・ヤイル（ペリシテ人の預言者−伝統派寄り）

・アブドン（年代記著者−歴代誌下の記事に偏向−祭司派に入る可能性あり）

・アクボル（年代記著者−列王記下の記事に偏向−王政派に入る可能性あり）

・ハンナ（年代記著者−列王記下の記事に偏向−預言派に入る可能性あり）

・タマル（年代記著者−歴代誌下の記事に偏向−庶民派に入る可能性あり）

❖登場人物の追加：秘密派閥の間における力の均衡

13. ホシャヤフ隊長（庶民派−未確定−エジプト派）男性

14. ナホム（預言派−未確定−未確定）男性

15. エレミヤ（預言派−申命記派−バビロニア派）男性

16. ナオミ（庶民派−伝統派−未確定）女性

17. ヤハト（祭司派−伝統派−未確定）男性

18. シャルム（王政派−申命記派−独立派）男性

19. マアセヤ（王政派−未確定−エジプト派）男性

20. アブドン（年代記著者、投票権なし、歴代誌下に偏向、祭司派寄

り、エジプト派寄り）男性

21. ヤイル（ペリシテ人、投票権なし、伝統派寄り、バビロニア派寄り）男性

22. ミリアム、レビ人女性（祭司派－伝統派－アッシリア派）女性

23. ゼファニヤ（預言派－申命記派－エジプト派）男性

24. ナダブ（祭司派－伝統派－未確定）男性

25. イタマル（祭司派－申命記派－独立派）男性

26. コナンヤ（預言派－申命記派－バビロニア派）男性

27. アサエル（庶民派－伝統派－エジプト派）男性

28. ハナンヤ（預言派－申命記派－アッシリア派）男性

29. ハシャブヤ（祭司派－伝統派－バビロニア派）男性

30. エグラ（庶民派－申命記派－アッシリア派）女性

31. マカヤ（預言派－伝統派－バビロニア派）男性

32. アビフ（祭司派－伝統派－独立派）男性

33. ネタンエル（預言派－申命記派－エジプト派）男性

34. アクボル（年代記著者、投票権なし、列王記下に偏向、王政派寄り、エジプト派寄り）男性

35. ヨア（王政派－未確定－独立派）男性

36. シェマヤ（祭司派－伝統派－アッシリア派）男性

37. バルク（預言派－申命記派－バビロニア派）男性

38. アヒノアム（王政派－未確定－独立派）女性

39. アディナ（庶民派－未確定－独立派）女性

40. ハンナ（年代記著者、投票権なし、列王記下に偏向、預言派寄り、バビロニア派寄り）女性

41. タマル（年代記著者、投票権なし、歴代誌下に偏向、庶民派寄り、アッシリア派寄り）女性

申命記派

✦

　申命記派は目立ちもせず多数派でもない派閥なので、あなたがたは
他の人が自分たちの考え方に同意するよう説得に取り組まなければなり
ません。

　クラスの人数にもよりますが、ゲーム開始時、申命記派の勢力圏内
には14人のプレイヤーがいます。

- シャファン（王の書記官および上級顧問）、派閥のリーダー
- ヒルキヤ（大祭司）
- フルダ（女預言者）
- アサヤ（総理大臣）
- アヒカム（王の同級生かつ親友）
- エレミヤ（預言者）
- シャルム（王の衣装係）
- ゼファニヤ（預言者）
- イタマル（エルサレム神殿の新米祭司）
- コナンヤ（レビ系の音楽家であり預言者）
- ネタンエル（レビ系の音楽家であり預言者）
- ハナンヤ（預言者）
- エグラ（田舎の乙女）
- バルク（預言者）

マアセヤ、アクボル、ヨア、アブドン、エディダといった王政派の人々は申命記派のメンバーに接近するかもしれません。しかし、この人々が本当に申命記派に忠実であるかどうかは分かりません。預言派や祭司派のメンバーの中にも「律法の書」が示す理想に賛成する人々がいるはずです。特に、宗教改革について「未確定」な意見を持っている人々を説得することに心かけましょう。

　宗教改革に反対する人々のうち、偽預言者、霊媒師、バアル崇拝者、占い師と証明された人々は、申命記法典、神聖法典、あるいは契約の書（出エジプト記21-23章）、または十戒（出エジプト記20章; 申命記5章）のいずれかによって起訴できる可能性があります。もし何人かの反対者をゲームから追放し、伝統派を抑えることができれば、あなたがたは多数派を占めることができ、投票で勝利する可能性を高めることが出来るでしょう。

❖ 申命記派に関連する資料

Gutmann, Joseph. "Deuteronomy: Religious Reformation or Iconoclastic Revolution?" In *The Image and the Word: Confrontations in Judaism, Christianity, and Islam*. Missoula: Scholars Press, 1977. pp. 5-25.

Lundbom, Jack R. "Lawbook of the Josianic Reform." *Catholic Biblical Quarterly*, no. 38 (1976): 293-302.

Mayes, Andrew D. H. "Deuteronomistic Ideology and the Theology of the Old Testament." *Journal for the Study of the Old Testament* 82 (1999): 57-82.

Römer, Thomas C. "Transformations in Deuteronomistic and Biblical Historiography." *Zeitschrift für die alttestamentliche Wissenschaft* 109 no. 1 (1997): 1-11.

Weinfeld, Moshe. "Deuteronomy's Theological Revolution." *Bible Review* 12 F (1996): 38-41, 44-45.

伝統派
✦

あなたは伝統的な礼拝の慣習を追求する秘密派閥に属しています。
あなたがたの中には、正統なヤハウェ宗教を信仰していない人もいま
す。つまり、あなたはヤハウェを信仰していますが、占いや霊媒術の
ような、ヨシヤ王の時代に迫害されていた宗教慣習も行っています。バア
ルやモレクのような他の神々を崇拝する人たちもいます。クラスの人数
にもよりますが、通常あなたの仲間のプレイヤーは14人です。

・アブネル、牧場主、伝統主義者のリーダー
・エディダ、王太后
・アビガイル、女商人／宿屋の主人
・ナオミ、やもめ
・ナバル、キャラバン商人
・アサエル、オリーブとブドウの栽培者／ワイン醸造家
・ナダブ、地方聖所の祭司
・アザルヤ、エルサレム神殿の祭司
・ヤハト、レビ人の職人
・ミリアム、レビ人女性
・アビフ、ヤハウェの聖なる高台の祭司
・ハシャブヤ、地方聖所の祭司
・マカヤ、預言者
・シェマヤ、エルサレム神殿の祭司

彼らのうち、**牧場主でありバアル崇拝者でもあるアブネルがあなたがたのリーダー**です。伝統派のメンバーは3つの分派（王政、祭司、庶民）に散在していることに注目してください。できれば、伝統派の仲間たちと協力しながら、しかし、反対派の人々に知られることなく、自分の計画を進めたいことでしょう。さもなければ、あなたは裁判にかけられゲームから追放される危険が常にあります。したがって、あなたがたは秘密裏に会うようにしなければなりません。

　あなたの課題は単純です。それは生き残って自分が正しいと思う方法で神を礼拝することです。あるいは生き残って自分の生業に励みながら経済活動を上手く展開することです。ですから、宗教改革に関する新しい法令は全て、あなたの利益に反しています。神聖法典や今回提案されている申命記法典のもとでは、霊媒師や占い師、モレクやバアルの崇拝者たちは皆、追放や死刑の脅威にさらされることでしょう。しかし、あなたがたの礼拝様式は、エジプトやアッシリアの影響を受けながら育まれ、エルサレムの祭儀では常に一般的なものとして行われてきました。上からの改革だからといって、これまでの伝統を投げ出す必要があるでしょうか。

　他の人々も改革に反対するように説得する方法は、申命記を注意深く勉強し、彼らが嫌がると思われる要素を申命記から見つけることです。申命記は、実用的な文書ではなく、理想的な文書です。そのようなものには、（少なくとも一部の）聖職者、王族、王、そして兵士たちには不愉快な資料が含まれているはずです。これらの要素が改革のための法令に含まれるように頑張ってください。あなたが十分にこれらの不愉快な規則や要素を法令の中に取り入れることに成功すれば、おそらく誰もがそれに反対することでしょう。

　サムエル記上28章（エン・ドルの女）、ヨセフ物語における占い師としてのヨセフの姿、レビ記20章（モレク）、そしてバアル宗教に関する論文などは、あなたの論拠を磨くための助けとなるでしょう。

　時には**最高の防御は攻撃**です。あなたは下記の目的のために、他の登場

人物と協力することが出来ます：

- ・大祭司ヒルキヤを追放する。彼は申命記改革の重要な支持者ですが、神殿で酔っていたという噂があります。あなたは、ペリシテ人のワイン醸造者であり町でワインを売っているヤイルからそれを聞きました。おそらく彼はヒルキヤにワインを売ったのではないでしょうか。
- ・フルダの預言に異議を唱える。預言は必ずしも実現するわけではなく、預言者の中には、神の御言葉を伝えるのではなく、王の望みに沿うように曲がった預言をする者がいます。
- ・申命記12–26章が本当に「律法の書」であるかについて疑義をただしましょう。エルサレム神殿で発見された「律法の書」が実は申命記12–26章ではなく、申命記32章であったと主張する学者も沢山いるわけですから勝算は十分あります。

❖ 伝統派に関連する資料

Begg, Christopher T. "The Death of Josiah in Chronicles: Another View." *Vetus Testamentum*, no.1 (1987): 1–8.

Freedman, David Noel, ed. *Anchor Bible Dictionary*. S.v. "Baal in the OT" by John Day. New York: Doubleday, 1992.

Glatt-Gilad, David A. "The Role of Huldah's Prophecy in the Chronicler's Portrayal of Josiah's Reform." *Biblica* 77 no. 1 (1996): 16–31.

Lundbom, Jack R. "Lawbook of the Josianic Reform." Catholic Biblical Quarterly , no. 38 (1976): 293–302.

Toorn, Karel van der, Bob Becking, and Pieter W. van der Horst, Editors. *Dictionary of Deities and Demons in the Bible*. S.v. "Baal" by W. Herrmann, 132-39. 2nd extensively revised ed. Leiden/Grand Rapids: Brill/Eerdmans, 1999.

Zevit, Ziony. *The Religions of Ancient Israel: A Synthesis of Parallactic Approaches*. London & New York: Continuum, 2001. [Fulfilled and unfulfilled prophecies], 482–86.

外交政策に関する派閥のメンバーリスト
✤

　第1ラウンドの最終日に、アッシリア派、バビロニア派、エジプト派、独立派のメンバーに、それぞれのメンバーリストをコピーし、配布しましょう。そうすることによって、第2ラウンドにおいて派閥ごとにより活発な協力関係やコラボレーションが生み出されるはずです。

　「強大国やそれらの国の人々に関する言及が現れる旧約聖書箇所」は議論準備や参照のために全員に配りましょう。

◇ **アッシリア派**
　　1. アサヤ、リーダー
　　2. ヒルキヤ
　　3. コンヤフ将軍
　　4. ミリアム、レビ人女性
　　5. ハナンヤ
　　6. エグラ
　　7. シェマヤ

◇ **エジプト派**
　　1. シャファン、リーダー
　　2. アヒカム
　　3. ホシャヤフ隊長

4. マアセヤ

5. ゼファニヤ

6. アサエル

7. ネタンエル

◇ バビロニア派

1. エレミヤ、リーダー

2. ナバル

3. フルダ

4. コナンヤ

5. ハシャブヤ

6. マカヤ

7. バルク

◇ 独立派

1. シャルム、リーダー

2. アザルヤ

3. トビヤフ

4. イタマル

5. アビフ

6. ヨア

7. アヒノアム

8. アディナ

強大国やそれらの国の人々に関する言及が現れる旧約聖書箇所

❖❖❖

◇ **アッシリア**（151回）

創世記2:14; 10:11, 22; 25:18; 民数記24:22, 24; 列王記下15:19-20, 29; 16:7-10, 18; 17:3-6, 23-24, 26-27; 18:7, 9, 11, 13-14, 16-17, 19, 23, 28, 30-31, 33; 19:4, 6, 8, 10-11, 17, 20, 32, 35-36; 20:6; 23:29; イザヤ書7:17-18, 20; 8:4, 7; 10:5, 12, 24; 11:11, 16; 14:25; 19:23-20:1; 20:4, 6; 23:13; 27:13; 30:31; 31:8; 36:1-2, 4, 8, 13, 15-16, 18; 37:4, 6, 8, 10-11, 18, 21, 33, 36-37; 38:6; 52:4; エレミヤ書2:18, 36; 50:17-18; エゼキエル書16:28; 23:5, 7, 9, 12, 23; 27:23; 31:3; 32:22; ホセア書5:13; 7:11; 8:9; 9:3; 10:6; 11:5, 11; 12:2; 14:4; ミカ書5:4-5; 7:12; ナホム書3:18; ゼファニヤ書2:13; ゼカリヤ書10:10-11; 詩編83:9; 哀歌5:6; エズラ記4:2; 6:22; ネヘミヤ記9:32; 歴代誌上1:17; 5:6, 26; 歴代誌下28:16, 20-21; 30:6; 32:1, 4, 7, 9-11, 21-22; 33:11

◇ **バビロニア**（262回）

創世記10:10; 11:9; 列王記下17:24, 30; 20:12, 14, 17-18; 24:1, 7, 10-12, 15-17, 20-25:1; 25:6-8, 11, 13, 20-24, 27-28; イザヤ書13:1, 19; 14:4, 22; 21:9; 39:1, 3, 6-7; 43:14; 47:1; 48:14, 20; エレミヤ書20:4-6; 21:2, 4, 7, 10; 22:25; 24:1; 25:1, 9, 11-12; 27:6, 8-9, 11-14, 16-18, 20, 22; 28:2-4, 6, 11, 14; 29:1, 3-4, 10, 15, 20-22, 28; 32:2-5, 28, 36; 34:1-3, 7, 21; 35:11; 36:29; 37:1, 17, 19; 38:3, 17-18, 22-23; 39:1, 3, 5-7, 9, 11, 13; 40:1, 4-5, 7, 9, 11; 41:2, 18; 42:11; 43:3, 10; 44:30; 46:2, 13, 26; 49:28, 30; 50:1-2, 8-9, 13-14, 16-18, 23-24, 28-29, 34-35, 42-43, 45-51:2; 51:6-9, 11-12, 24, 29-31, 33-35, 37, 41-42, 44, 47-49, 53-56, 58-61, 64; 52:3-4, 9-12, 15, 17, 26-27, 31-32, 34; エゼキ

エル書12:13; 17:12, 16, 20; 19:9; 21:24, 26; 23:15, 17, 23; 24:2; 26:7; 29:18-19; 30:10, 24-25; 32:11; ミカ書4:10; ゼカリヤ書2:11; 6:10; 詩編87:4; 137:1, 8; エステル記 2:6; ダニエル書1:1; エズラ記1:11-2:1; 7:6, 9; 8:1; ネヘミヤ記7:6; 13:6; 歴代誌上 9:1; 歴代誌下32:31; 33:11; 36:6-7, 10, 18, 20

◇ **エジプト** (682回)

　　創世記10:6, 13; 12:10-11, 14; 13:1, 10; 15:18; 21:21; 25:18; 26:2; 37:25, 28, 36; 39:1; 40:1, 5; 41:8, 19, 29-30, 33-34, 36, 41, 43-46, 48, 53-42:3; 43:2, 15, 32; 45:2, 4, 8-9, 13, 18-20, 23, 25-26; 46:3-4, 6-8, 20, 26-27, 34; 47:6, 11, 13-15, 20-21, 26-30; 48:5; 50:3, 7, 11, 14, 22, 26; 出エジプト記1:1, 5, 8, 13, 15, 17-18; 2:23; 3:7-12, 16-22; 4:18-21; 5:4, 12; 6:5-7, 11, 13, 26-29; 7:3-5, 11, 18-19, 21-22, 24; 8:1-3, 12-13, 17, 20, 22; 9:4, 6, 9, 11, 18, 22-25; 10:2, 6-7, 12-15, 19, 21-22; 11:1, 3-7, 9; 12:1, 12-13, 17, 23, 27, 29-30, 33, 35-36, 39-42, 51; 13:3, 8-9, 14-18; 14:4-5, 7-13, 17-18, 20, 23-27, 30-31; 15:26; 16:1, 3, 6, 32; 17:3; 18:1, 8-10; 19:1, 4; 20:2; 22:20; 23:9, 15; 29:46; 32:1, 4, 7-8, 11-12, 23; 33:1; 34:18; レビ記11:45; 18:3; 19:34, 36; 22:33; 23:43; 25:38, 42, 55; 26:13, 45; 民数記1:1; 3:13; 8:17; 9:1; 11:5, 18, 20; 13:22; 14:2-4, 13, 19, 22; 15:41; 20:5, 15-16; 21:5; 22:5, 11; 23:22; 24:8; 26:4, 59; 32:11; 33:1, 3-4, 38; 34:5; 申命記1:27, 30; 4:20, 34, 37, 45-46; 5:6, 15; 6:12, 21-22; 7:8, 15, 18; 8:14; 9:7, 12, 26; 10:19, 22; 11:3-4, 10; 13:6, 11; 15:15; 16:1, 3, 6, 12; 17:16; 20:1; 23:5; 24:9, 18, 22; 25:17; 26:5, 8; 28:27, 60, 68; 29:1, 15, 24; 34:11; ヨシュア記2:10; 5:4-6, 9; 9:9; 13:3; 15:4, 47; 24:4-7, 14, 17, 32; 士師 記2:1, 12; 6:8-9, 13; 10:11; 11:13, 16; 19:30; サムエル記上2:27; 4:8; 6:6; 8:8; 10:18; 12:6, 8; 15:2, 6-7; 27:8; サムエル記下7:6, 23; 列王記上3:1; 5:1, 10; 6:1; 8:9, 16, 21, 51, 53, 65; 9:9, 16; 10:28-29; 11:17-18, 21, 40; 12:2, 28; 14:25; 列王記下7:6; 17:4, 7, 36; 18:21, 24; 21:15; 23:29, 34; 24:7; 25:26; イザヤ書7:18; 10:24, 26; 11:11, 15-16; 19:1-4, 12-25; 20:3-5; 23:5; 27:12-13; 30:2-3, 7; 31:1, 3; 36:6, 9; 43:3; 45:14; 52:4; エレミヤ 書2:6, 18, 36; 7:22, 25; 9:25; 11:4, 7; 16:14; 23:7; 24:8; 25:19; 26:21-23; 31:32; 32:20-21; 34:13; 37:5, 7; 41:17; 42:14-19; 43:2, 7, 11-44:1; 44:8, 12-15, 24, 26-28, 30; 46:2, 8, 11, 13-14, 17, 19-20, 24-25; エゼキエル書16:26; 17:15; 19:4; 20:5-10, 36; 23:3, 8,

19, 21, 27; 27:7; 29:2-3, 6, 9-10, 12-14, 19-20; 30:4, 6, 8-11, 13, 15-16, 18-19, 21-23, 25-26; 31:2; 32:2, 12, 15-16, 18; ホセア書2:17; 7:11, 16; 8:13; 9:3, 6; 11:1, 5, 11; 12:2, 10, 14; 13:4; ヨエル書4:19; アモス書2:10; 3:1, 9; 4:10; 8:8; 9:5, 7; ミカ書6:4; 7:15; ナホム3:9; ハガイ書2:5; ゼカリヤ書10:10-11; 14:18-19; 詩編68:32; 78:12, 43, 51; 80:9; 81:6, 11; 105:23, 38; 106:7, 21; 114:1; 135:8-9; 136:10; 箴言7:16; 哀歌5:6; ダニエル書9:15; 11:8, 42-43; ネヘミヤ記9:9, 18; 歴代誌上1:8, 11; 13:5; 17:21; 歴代誌下1:16-17; 5:10; 6:5; 7:8, 22; 9:26, 28; 10:2; 12:2-3, 9; 20:10; 26:8; 35:20; 36:3-4

王政分派

✥

クラスの人数によりますが、王政派には9人のプレイヤーがいます：

・アサヤ、ヨシヤの家臣。総理大臣、アサヤは通常、王立会議で議
　長を務めます。
・アツァルヤの子シャファン、王の書記官および上級顧問
・エディダ、王太后
・シャファンの子アヒカム
・エルサレムの町長マアセヤ
・シャルム、王の衣装係
・ヨアハズの子ヨア、神殿修復のための記録係、王の宝物の管理者
・トビヤフ、王の農地管理者
・アヒノアム、王の側室

　あなたは王政派の多くの人々が列王記下22:12、14、また歴代誌下
34:8、20、22、またはラキシュ書簡で言及されているのを見つけられる
でしょう。王政派のメンバーはいくつかの異なる秘密派閥に属してお
り、その多くは申命記派ですが、他の派閥に属している人物もいます。
なお、彼らは外交政策に関しては様々な立場を持っています。

　王は自分の廷臣に次のような任務を委任しました：

・神殿の修復工事の管理：シャファン、マアセヤ、ヨア、ヒルキヤ
（歴代誌下34:8）。
・新しく発見された巻物を検証するためのフルダへの使い：ヒルキヤ、
アヒカム、アサヤ、アブドン（歴代誌下34:20）、またはアクボル
（列王記下22:12）。

王は王立会議を招集しました。主な議題は、エルサレム神殿で発見
された「律法の書」に記された戒めを施行するための法令を公布し、急
進的な宗教改革を行うか、あるいは今まで通りの伝統的な宗教に戻るか
を決めることです。

アサヤは会議を監督し、王政を管理する責任を担います。会議で
公の話をしたい人のための演説者名簿を管理することもアサヤの仕
事です。

言うまでもなく、王政派はしきたりを守るためにも列王記下22-23
章と歴代誌下34-35章、申命記12-26章、そして箴言などを何回も読み、
その内容を熟知しておかなければなりません。

連絡係。ヒルキヤは祭司派との連絡係、フルダは預言派との連絡係
です。登場人物の中には、王政派に公式または非公式に出入りする者
がいます。千人隊長や商人たちは、適切な時に、または適切な廷臣と
話し合いたがることでしょう。女商人であるアビガイルは王政派のメ
ンバーとコミュニケーションを取るために非公式に宮殿を訪問する時
があります。

王太后。エディダは、列王記上1-2章のバトシェバのような、また箴
言31章のレムエルの母のような他の王太后の振る舞いから多くのことを
学ぶことが出来るでしょう。または列王記下11章に表れる邪悪なアタル
ヤは良い反面教師であると言えるでしょう。エディダは会議で王太后の
権威を持って聴衆に語るか、あるいは会議の参加者たちに神託を伝える
か、または会議を動かす重要な人物に手紙を送りあらゆる問題について

アドバイスをすることが出来ます。ゲームマスターは彼女に追加の提案や情報を与えるでしょう。

❖王政分派に関連する資料：

Albertz, Rainer. *A History of Israelite Religion in the Old Testament Period, V.1: From the Beginnings to the End of the Monarchy*. Louisville, KY: Westminster/John Knox, 1994. On king and court and social abuses, pp. 204–27.

Claburn, W. Eugene. "The Fiscal Basis of Josiah's Reforms." *Journal of Biblical Literature* 92, no. 1 (1973): 11–23.

Cross, Frank M. Jr. and David Noel Freedman. "Josiah's Revolt Against Assyria." *Journal of Near Eastern Studies* 12 (1953): 56–58.

Hallo, William W. and Simpson, William Kelly. *The Ancient Near East: A History*. San Diego: Harcourt Brace Jovanovich; 1971. On Assyria and Babylon, pp. 134–35, 142–47, 292–95.

Kuhrt, Amélie. *The Ancient Near East c. 3000-330 BC*, vol. 2. Routledge History of the Ancient World. London and New York: Routledge; 2002. On Assyria and Babylon, pp. 540–46, 589–91, 636–39

Mendenhall, George E. *Ancient Israel's Faith and History: An Introduction to the Bible in Context*. Ed. Gary A. Herion. Louisville: Westminster John Knox, 2001. On foreign policy, pp. 156, 172.

アサヤ、総理大臣
（王政派 − 申命記派 − アッシリア派）
❖

　　あなたの主な目標は、宗教改革プログラムを承認し、「律法の書」
をユダの法律にするよう王立会議を導くことです。一旦批准されれば、
あなたは違法な宗教的慣行を根絶するために新しい法律を使うことがで
きます。

　　王とヒルキヤが「律法の書」について告げた時、その預言の内容が
あまりにも恐ろしかったため、あなたはそれが偽物であることを望みま
した。しかし、あなたはその巻物を考察するうちにそれが本当に神の御
言葉を反映しており、ユダの人々はその巻物で非難されている全ての間
違いや罪を犯しているため、神から処罰を受けるに値することを理解す
るようになりました。

　　王の右腕として、あなたはヒルキヤや他の顧問たちと共に巻物を王
に承認させます。あなたはフルダが真の預言者であることを確信してい
ます。特にユダが正しい礼拝のやり方を拒絶したために神が憤っている
という、フルダの預言は、その巻物の内容と非常に似ています。

　　フルダの預言は実に絶望的に思われますが、ヤハウェは「恵みと憐
みの神であり、忍耐強く、慈しみに富み、災いをくだそうとしても思い
直される方」（ヨナ書4:2）であることをあなたは知っています。ユダの
人々にとって唯一希望があるならば、それはこれまで長い間行ってきた
不純な礼拝の慣習に対して直ちにそして完全に背を向けることです。

　　あなたは会議の行方を導き、今までヤハウェを誤った方法で礼拝し

ていた聖なる高台を閉鎖させなければなりません。また他のすべての神々への礼拝を禁じさせなければなりません（バアル、アシェラ、天使たち、そして他のすべて）。あなたはエルサレム神殿に多くの間違った宗教的な品々が置かれていることに気づき恥じ入ることでしょう。

ユダの礼拝慣行を浄化することができるならば、神は怒りを捨て去るかもしれません。ヒゼキヤは死の床でヤハウェに、もう15年寿命を延ばしてくださるよう祈ったではありませんか（列王記下20:1-11）。そして結果はどうなりましたか。神はその祈りに耳を傾け当初の計画を撤回し、ヒゼキヤの寿命を延ばして下さいました。しかし、私たちが罪深い生き方を続けるならば、神は必ずや私たちを滅ぼすでしょう。

あなたの派閥、申命記派は、政府や祭司職の主要な地位を握っており、預言者の援護も得ています。あなたの反対者はユダヤの庶民の中で多く散在しています。彼らの多くがヤハウェに背く行為にもかかわらず、慣れ親しんだ伝統的な方法で礼拝し続けたいと思っています。祭司派や王政派など他の分派にも伝統主義者が潜んでいるかもしれません。申命記主義者は伝統主義者と、ほぼ同じ人数なので、投票で勝つためにあなたは説得力を持って語り合い、未確定な人々、すなわち考えが定まっていない人々の支持を得る必要があります。

そして、あなたがその巻物を国の法律にすることに成功するならば、あなたはこれらの法律に違反した伝統主義者を告発し、彼らを罰することによって、ユダ全土を浄化することができるでしょう。そうするとおそらく、ヤハウェの怒りはおさまるかもしれません。

❖職務:

会議が始まる前のあなたの最初の職務は、申命記派の指導者であるシャファンと密接に協力することです。最初の会議で、申命記派は、ユダの法律とするべく「律法の書」を求める法令の草案を提出するでしょう。法令は、巻物から具体的な規定を受け入れ提示する必要がありま

す。（＝申命記12–26章）。

　法令を起草するために、申命記派は、特に申命記12–26章を注意深く読む必要があります。どのような礼拝慣習が非難されているのか、特に注意を払いましょう。あなたはこれらの不当な習慣のリストを作るべきです。これらは申命記派が進める法令の基礎となります。

　宗教改革の際に何が起こり得るか、あるいは不正な宗教慣習は何かについては、さらに列王記下23章に記されている具体的な事例を参照しましょう。

　法令草案に加えて、あなたの派閥は法令を進めるときに予想される反対派の論拠についても話し合っておく必要があります。すべてのキャラクターシートには議論されるべき議題が記されています。これらについては派閥の会合で議論しておき、自分の、そして仲間の論点を理解し確認しておきましょう。もし派閥の他の人たちの主張を強める方法を思いついたら、手助けするべきです。ゲームの勝利は通常、個人ではなく派閥の活動によって獲得されるので、あなたは同じ派閥に属するメンバー全員を助けるべきです。

❖王立会議の運営

　ゲームが始まると、あなたは総理大臣なので、王立会議を司会することになります。会議の始めに、あなたは以下のことを行います。

　a.会議を招集する。

　b.指名された祭司に、開会儀式によって会議を始めるように頼む。

　c.議題を発表する。

　d.誰が発言したがっているか見逃さず、話し手を確認しながら会議の方向を監督する。

　急に叫び出す預言者を除いて、あなたはすべての演説者を把握し、順番に演壇に進ませ発言してもらいます。誰もが知っているように、預

言者たちはヤハウェの言葉が彼らに下されるときに語るのであり、それはいつ起こるかわかりません。彼らは演壇から話すこともあれば、フロアから声をかけることもあります。他の発言者に割り込むと、混乱を招くおそれがあります。必要であれば、傍聴席の隅にいてもらうなど預言者たちに制限を与えなければならないことになるかもしれません。会議場の秩序を守るために千人隊長を呼ぶことも検討してください。

　預言者以外で、王立会議の定款に違反した人は、会議から罰則を受けるか追放される可能性があります。（これは実行する前に、ゲームマスターに相談してください。）

　最後に、各会議の終了時には、次回の会議の簡単な議題項目を発表する必要があります。その際、事前に王政派の仲間や申命記派の人と打ち合わせるとよいでしょう。他の分派や派閥の人が意見を述べたり、立法を提案したりすることを許可しなければなりません。そうしなければ他のプレイヤーはあなたに対して反感を持ちあなたの目標を妨害しようとするかもしれません。しかし、あなたは自分の目的に合うように議論の順序を調整してもかまいません。

❖裁判

　裁判がある場合は、それを監視することもあなたの仕事です。原告人は、不法行為の説明とともに被告人の名前を書いた手紙をあなたに提出します。あなたは会議の終わりに告訴を皆の前で読み上げます。あるいは王の書記シャファンにその告発状を渡し、彼にそれを読ませても構いません。この告発状は、その日のゲーム終了後に、電子メールや電子掲示板などを通してクラス全体に公開されなければなりません。

　次の会議で、大祭司（大祭司が被告として裁判を受けている場合は別の祭司）が抽選で5人の陪審員を選びます。抽選の方法としてはウリムとトンミムを使うことが基本ですが、他の方法でプレイヤーの合意が取れれば、つまり誰かの提案が過半数のプレイヤーの賛成を得ることが

出来れば、その方法を採用することも可能です。

　もし、裁判日に告発者が欠席すれば被告人は自動的に無罪になるでしょう。反対に、被告人が欠席すれば自動的に有罪になります。ただし、欠席を避けられない事情もあるため、ケースバイケースで対応する必要があります。

　裁判が始まると、あなたの監督外となり、陪審員が原告人と被告人に質疑をし、裁決を下します。学生用の教本にある「裁判」というセクションを熟知しておくと助かるでしょう。特に申命記や他の聖書の律法における正義についての条項には注意して読んでおいてください。あなたは裁判を実行しませんが、他のプレイヤーがあなたに裁判のやり方について質問をするかもしれません。もしくは、あなたがいくつかの問題を解決するために新しいルールを提案するよう求められるかもしれません。

　裁判の終わりに、陪審員は判決をオストラカ（3×5サイズのカード）に書いて、それを壺や他の容器に入れることによって投票を行います。年代記著者たちがそれを数えます。年代記著者たちは投票権がないため「中立的」です。被告人や告発者に有罪判決が下された後にも、陪審員たちは、その判決が神の御心に適うかどうかを確かめるため、ウリムとトンミムを使って神の御心を伺うことが出来ます。大祭司によって選ばれた祭司は、ウリムとトンミムを少なくとも2回投げ、同じ結果が2回連続で表れる場合のみ、それが神の御心であると判断します。例えば、ウリムが有罪、トンミムが無罪を示す場合、2回連続でウリムあるいはトンミムが表れることによって判決が確定することになります。

　あなたは、適切な手続きによって法的問題を提起する全ての人に対して、どのようにその事案を進める予定であるかを説明する義務があります。

❖勝利条件

◇ 第一級：ユダの宗教浄化

1) 「律法の書」を国の法律であると宣言する法令が会議で多数決に
   よって承認される。

2) 新しい法律を用いて、一人以上の伝統主義者を裁判にかけ、彼ら
   を有罪にさせ、追放することによって、ユダの礼拝と宗教を浄化
   する。

したがって、法令を可決させ、そして、伝統主義者を有罪として
罰する判決が必要です。あなたは法令に反対する者の意見を注意深く聞
き、彼らの反対討論の内容を理解し、それをさらに反駁する議論を展開
しなければなりません。伝統主義者を裁判にかけ処罰するためには遡及
法（事後法）禁止の論理を破る必要が出てくるかもしれません。遡及法
（事後法）禁止の論理とは、被告人が過去に伝統的な宗教儀礼を行って
いた場合、その当時はその慣習が違法ではなかったという理屈です。し
かし、一旦法令が可決されれば、それらの儀礼は違法になりますが、も
し彼らが伝統的な宗教をやめれば、違法ではなくなります。ですからあ
なたが過去の宗教行為のために伝統主義者を裁判にかけ、彼らを追放し
ようとすると、プレイヤーのほとんどはそれを不公平だとみなすでしょ
う。現代社会の法制度ではある行為を後から出来た法律で処罰すること
は違法となるからです。あなたの勝利条件を満たすためには遡及法の論
理をどのようにして論破するかが鍵となります。

したがって、あなたは伝統主義者たちが法令の可決以前に存在して
いた様々規範に反する行為を行ったという証拠を発見することに努めな
くてはなりません。その証拠は出エジプト記の20章やレビ記の17章、18
章21節、19章、20章1–10節、26章1–2節に見ることができます。あるい
は、あなたは昔の預言者から証拠を見つけることが出来るかもしれませ
ん。ホセアとイザヤは特に不適切な宗教的慣習を懸念していて、彼らの

警告や預言は明らかに伝統主義者の宗教習慣を批判していました（もちろん、警告は法律ではありませんが…）。アモスもまた様々な宗教的悪習について言及しています。

　あるいはあなたは、神が遡及法（事後法）禁止の論理を無視し、後から作られた法律をもって以前の行為を処罰したという、いくつかの事例を引用した方が良いかもしれません。ヤハウェが遡及法（事後法）禁止の論理を受け入れなかったならば、陪審員もそうするように説得することが出来るはずです。つまり、古代の法概念は現代の法概念とは異なるということを強調する戦略です。遡及法が神によって受け入れられるならば、それらは陪審員によって受け入れられるべきです。もう一方で、聖書の執筆者たちも、実は遡及法の不公平さを認めていました。なぜ神がイスラエルを滅亡させ、追放する処罰を下したかを説明するとき、彼らはヤハウェがイスラエルにあらゆる預言者とあらゆる戒めを通して警告したと主張しました（列王記下 17:13）。ですから、神の処罰は正当なものであったという論理です。

　なお、遡及法を適用することは、申命記派のメンバーにも被害をもたらすかもしれません。たとえば、ヒルキヤは、法令が可決される前には大祭司としてエルサレム神殿で多くの不当な祭儀をおこなったはずです。遡及法が適用されるのであれば彼も裁判にかけられ有罪判決を受けることになるのではないでしょうか。

　登場人物の中には、伝統主義者の内部事情についての知識を持っている人もいます。つまり、法令が可決されたからといって、誰もが直ちに伝統的な宗教慣習を止めるとは限りません。告発を避けるために一部の人物が劇的な悔い改めをして昔の同僚を裏切る可能性もあります。まだ悔い改めていない仲間を非難する伝統主義者が出てくるかもしれません。それでも、あなたの対戦相手を裁判にかけ彼らに有罪を宣告させることは、法令自体が通ることよりも実際には難しいことでしょう。

◇ 第二級：アッシリアとの同盟

アッシリアと同盟を結ぶことを命じる法令が会議で多数決によって承認される。

国際情勢は非常に不透明です。しかしユダはアッシリアの忠実な属国であり、アッシリアの支配下で長期間の平和を享受してきました。王政派の一員として、あなたはアッシリア人の機嫌を保つことに関心を持っています。なぜなら、ユダが反逆して独立するならば、あなたが最初に排除されるかもしれないからです。

アッシリア人を初めとするメソポタミアの勢力に対して、エジプトがユダを援助すると主張する人もいるかもしれません。しかし、あなたは私たちが以前にその道を歩み、どのような結末を迎えたのかをよく知っています。その時に、エジプトは何の役にも立たず、「壊れた葦」のように信頼できない同盟であることを自ら証明したのです（列王記下18:13–37参照）。私たちはその苦い経験をもう一度すべきでしょうか。

❖戦略上のアドバイス：

あなたは王政派のメンバーなので、世俗的な利益と宗教的な利益の両方に関心を持っています。宗教的な議論を準備する必要がありますが、申命記を勉強する際には、それがエルサレムに経済的にどのような影響を及ぼすかについて注目してください。つまり、「律法の書」によってエルサレムの富が増えるという結果がもたらされるのであればどうでしょうか。たとえば、エルサレム神殿への巡礼者が増え彼らが捧げるいけにえなどが増えれば、それは間違いなく少数の王族だけではなく、エルサレムに住むすべての人に経済的な恩恵を与えることになるでしょう。

マーティ F. スティーブンス (Marty F. Stevens) の「Temples, Ththes, and Taxes: The Temple and the Economic Life of Ancient Israel」を読めば、いかにエルサレム神殿が都市への経済的刺激となっていたかが良く分かります。加え

て、十分の一に関する聖書箇所を調べて、それらを注意深く読んでみても良いでしょう。また、図書館に行って「旧約時代の十分の一税」を概説する論文を検索し、それを読んでみましょう。エルサレム神殿に十分の一税を集中させることは、国民経済をさらにエルサレム中心に動かすことになりますが、この傾向はすでに始まっていました。実際的なレベルでは、ユダという国は郊外と奥地を有する都市国家になっていたでしょう。

❖ 追加資料:

Albertz, Rainer. A History of Israelite Religion in the Old Testament Period, V.1: From the Beginnings to the End of the Monarchy. Louisville, KY: Westminster/John Knox, 1994. On king and court and social abuses, pp. 204–27.

Claburn, W. Eugene. "The Fiscal Basis of Josiah's Reforms." Journal of Biblical Literature 92, no. 1 (1973): 11–23.

Cross, Frank M. Jr. and David Noel Freedman. "Josiah's Revolt Against Assyria." Journal of Near Eastern Studies 12 (1953): 56–58.

Hallo, William W. and Simpson, William Kelly. The Ancient Near East: A History. San Diego: Harcourt Brace Jovanovich; 1971. On Assyria and Babylon, pp. 134–35, 142–47, 292–95.

Kuhrt, Amélie. The Ancient Near East c. 3000–330 BC, vol. 2. Routledge History of the Ancient World. London and New York: Routledge; 2002. On Assyria and Babylon, pp. 540–46, 589–91, 636–39

Mendenhall, George E. Ancient Israel's Faith and History: An Introduction to the Bible in Context. Ed. Gary A. Herion. Louisville: Westminster John Knox, 2001. On foreign policy, pp. 156, 172.

アツァルヤの子シャファン、王の書記官、祭司、そして申命記派の指導者
（王政派 − 申命記派 − エジプト派）
❖

　あなたは王の書記官および顧問であり、エジプト同盟支持派のメンバーです。最も重要なのは、あなたが申命記派のリーダーであるいう事実です。

　あなたの主な目標は、会議が宗教改革プログラムを承認し、不正な宗教行為を廃止するための新しい法令を採択するよう投票させることです。

　あなたは神殿の修繕を手配した委員会の一員でした。したがって、あなたはヒルキヤが神殿で発見した新しい巻物についてすべてを知っています。あなたとあなたの家は、長い間、エルサレム神殿を司るツァドク系の祭司たちに反対してきました。あなたの家ならば神殿をもっと正しく管理出来ると考えるからです。神殿で発見された巻物は長い間あなたたちが知っていたことを確証してくれました。ヒルキヤとツァドクは神に断罪された礼拝慣習を許し、神殿を繁栄させようとしました。そればかりか、これらの慣習を、ユダの全土に広めてしまったのです。

　預言者フルダに、巻物の信憑性を確認させたのは単なる形式上のものでありました。あなたにとって巻物の真実性は初めから明らかであったからです。フルダの預言は実に絶望的に思われますが、ヤハウェは「恵みと憐みの神であり、忍耐強く、慈しみに富み、災いをくだそうとしても思い直される方」（ヨナ書4:2）であることをあなたは知

っています。ユダの人々にとって唯一希望があるならば、それはこれまで長い間行ってきた不正な礼拝の慣習を直ちにそして完全に悔い改めることです。

　ユダの礼拝慣行を浄化することができるならば、神は怒りを捨て去るかもしれません。ヒゼキヤは死の床でヤハウェに、もう15年寿命を延ばしてくださるよう祈ったではありませんか（列王記下20:1−11）。そして結果はどうなりましたか。神はその祈りに耳を傾け当初の計画を撤回し、ヒゼキヤの寿命を延ばして下さいました。しかし、私たちが罪深い生き方を続けるならば、神は必ずや私たちを滅ぼすでしょう。

　あなたの派閥、申命記派は、政府、祭司職の主要な地位を握っており、預言者の援護も得ています。あなたの反対者は、一般の人々の注目を集めており、あなたは、彼らの多くがヤハウェに背く行為にもかかわらず伝統的な方法で礼拝し続けたいと思っているのではないかと疑っています。申命記主義者は伝統主義者と、ほぼ同じ人数なので、あなたは説得力を持って話し、未確定な人々、すなわち考えが定まっていない人々の支持を得る必要があります。

　そして、あなたがその巻物をユダの国の法にすることに成功したならば、あなたはこれらの法律に違反した伝統主義者を告発し、彼らを罰することができ、そしてユダを浄化できます。おそらく、ヤハウェの怒りはおさまるでしょう。

❖ **職務**：

　あなたは王の書記官または顧問なので、あなたの主な義務は公に公式文書を読むことです。つまり、総理大臣アサヤがあなたに命じた場合「告発状」や他の公式文書を、他の会議参加者に聞かせることです。会議参加者たちは王も含めて、識字能力が十分ではなく、文字を全然読めない人もいます。

　おそらく公式文書を読む義務よりも重要なのは、あなたが申命記派

の指導者であることです。あなたは他の派閥メンバーと密接に連絡を取り合い、不順な宗教的慣行が違法であると宣言し、ユダで禁じられるように務めなければなりません。

この目的のために、王立会議の会合が始まる前に、あなたは他の申命記主義者と協力して、「律法の書」をユダの法典とするために法令の草稿を書く必要があります。法令は、巻物の内容を反映したものにする必要があります（巻物＝申命記12–26章）。

法令を起草するために、申命記派は、特に申命記12–26章を注意深く読む必要があります。どのような礼拝慣習が非難されているのか、特に注意を払いましょう。あなたはこれらの不当な習慣のリストを作るべきです。これらは申命記派が進める法令の基礎となります。

宗教改革の際に何が起こり得るか、あるいは不正な宗教慣習は何かについては、さらに列王記下23章に記されている具体的な事例を参照しましょう。

最初の会議で、総理大臣アサヤがあなたに法令を読み上げるよう求めるかもしれません（それは彼の自由であるため彼自身が読み上げることも考えられます）。アサヤかあなたはまた、読み上げられた法令を公に（電子メールや電子掲示板などで）掲載し、他の会議参加者たちがそれを慎重に検討できるようにしなければなりません。

法令に加えて、申命記派一人一人に法令を支持するための論点について理解させておく必要があります。全員が「律法の書」に関する問題について、特に重要な事柄に関して討論することになるでしょう（キャラクターシートにあります）。これらについては派閥の会合で議論しておき、自分の、そして仲間の論拠を把握しておきましょう。もし派閥の他の人たちが議論する際に、その説得力を高める方法を思いついたら、手助けするべきです。ゲームのポイントは個人単位だけではなく派閥単位で獲得される場合も多いので、あなたは特に投票で自分の派閥が勝利するよう派閥のメンバーを助けるべきです。また、派閥のメンバーに他

の派閥や特定人物の論点について把握しておくように指示しても良いでしょう。反応が遅れて隙を突かれないようにするためです。

◇ **アサヤの代行**

　　もしアサヤが病気になったり裁判にかけられ有罪判決を受けたりすると、あなたが彼の代わりを務める必要があるでしょう。

◇ **王立会議の運営**：

　　アサヤが何らかの理由で司会役を務められなくなった時には、あなたは総理大臣の代行なので、王立会議を司会することになります。会議の始めに、あなたは以下のことを行います。

　　a.会議を招集する。

　　b.指名された祭司に、開会儀式によって会議を始めるように頼む。

　　c.議題を発表する。

　　d.誰が発言したがっているか見逃さず、話し手を確認しながら会議の方向を監督する。

　　急に叫び出す預言者を除いて、あなたはすべての演説者を把握し、順番に演壇に進ませ発言させます。誰もが知っているように、預言者たちはヤハウェの言葉が彼らに下される時に語るのであり、それはいつ起こるかわかりません。彼らは演壇から話すこともあれば、フロアから声をかけることもあります。他の発言者に割り込むと、混乱を招くおそれがあります。必要であれば、傍聴席の隅にいてもらうなど預言者たちに制限を与えなければならないことになるかもしれません。会議場の秩序を守るために千人隊長を呼ぶことも検討してください。

　　預言者以外で、王立会議の定款に違反した人は、会議から罰則を受けるか追放される可能性があります。（これは実行する前に、ゲームマスターに相談してください。）

最後に、各会議の終了時には、次回の会議の簡単な議題項目を発表する必要があります。その際、事前に王政派の仲間や申命記派の人と打ち合わせるとよいでしょう。他の分派や派閥の人が意見を述べたり、立法を提案したりすることを許可しなければなりません。そうしなければ他のプレイヤーはあなたに対して反感を持ちあなたの目標を妨害しようとするかもしれません。しかし、あなたは自分の目的に合うように議論の順序を調整してもかまいません。

◇ 裁判
　アサヤの不在時に裁判がある場合は、それを監視することもあなたの仕事です。原告人は、不法行為の説明とともに被告人の名前を書いた手紙をあなたに提出します。あなたは会議の終わりに告訴を皆の前で読み上げます。この告発状は、その日のゲーム終了後に、電子メールや電子掲示板などを通してクラス全体に公開されなければなりません。
　次の会議で、大祭司（大祭司が被告として裁判を受けている場合は別の祭司）が抽選で5人の陪審員を選びます。抽選の方法としてはウリムとトンミムを使うことが基本ですが、他の方法でプレイヤーの合意が取れれば、つまり誰かの提案が過半数のプレイヤーの賛成を得ることが出来れば、その方法を採用することも可能です。
　もし、裁判日に告発者が欠席すれば被告人は自動的に無罪になるでしょう。反対に、被告人が欠席すれば自動的に有罪になります。ただし、欠席を避けられない事情もあるため、ケースバイケースで対応する必要があります。
　裁判が始まると、あなたの監督外となり、陪審員が原告人と被告人に質疑をし、裁決を下します。学生用の教本にある「裁判」というセクションを熟知しておくと助かるでしょう。特に申命記や他の聖書の律法における正義についての条項には注意して読んでおいてください。あなたは裁判を実行しませんが、他のプレイヤーがあなたに裁判のやり方について質

問をするかもしれません。もしくは、あなたがいくつかの問題を解決するために新しいルールを提案するよう求められるかもしれません。

　裁判の終わりに、陪審員は判決をオストラカ（3×5サイズのカード）に書いて、それを壺や他の容器に入れることによって投票を行います。年代記著者たちがそれを数えます。年代記著者たちは投票権がないので「中立的」です。被告人や告発者に有罪判決が下された後にも、陪審員たちは、その判決が神の御心に適うかどうかを確かめるため、ウリムとトンミムを使って神の御心を伺うことが出来ます。大祭司によって選ばれた祭司は、ウリムとトンミムを少なくとも2回投げ、同じ結果が2回連続で表れる場合のみ、それが神の御心であると判断します。例えば、ウリムが有罪、トンミムが無罪を示す場合、2回連続でウリムあるいはトンミムが表れることによって判決が確定することになります。

　あなたは、適切な手続きによって法的問題を提起する全ての人に対して、どのようにその事案を進める予定であるかを説明する義務があります。

❖ 勝利条件

◇ 第一級：ユダの宗教浄化

　　1）「律法の書」を国の法律であると宣言する法令が会議で多数決によって承認される。

　　2）新しい法律を用いて、一人以上の伝統主義者を裁判にかけ、彼らを有罪にさせ、追放することによって、ユダの礼拝と宗教を浄化する。

　したがって、法令を可決させ、そして、伝統主義者を有罪として罰する判決が必要です。あなたは法令に反対する者の意見を注意深く聞き、彼らの反対討論の内容を理解し、それをさらに反駁する議論を展開しなければなりません。伝統主義者を裁判にかけ処罰するためには遡及

法（事後法）禁止の論理を破る必要が出てくるかもしれません。遡及法（事後法）禁止の論理とは、被告人が過去に伝統的な宗教儀礼を行っていた場合、その当時はその慣習が違法ではなかったという理屈です。しかし、一旦法令が可決されれば、それらの儀礼は違法になりますが、もし彼らが伝統的な宗教をやめれば、違法ではなくなります。ですからあなたが過去の宗教行為のために伝統主義者を裁判にかけ、彼らを追放しようとすると、プレイヤーのほとんどはそれを不公平だとみなすでしょう。現代社会の法制度ではある行為を後から出来た法律で処罰することは違法となるからです。あなたの勝利条件を満たすためには遡及法の論理をどのようにして論破するかが鍵となります。

　したがって、あなたは伝統主義者たちが法令の可決以前に存在していた様々規範に反する行為を行ったという証拠を発見することに努めなくてはなりません。その証拠は出エジプト記の20章やレビ記の17章、18章21節、19章、20章1-10節、26章1-2節に見ることができます。あるいは、あなたは昔の預言者から証拠を見つけることが出来るかもしれません。ホセアとイザヤは特に不適切な宗教的慣習を懸念していて、彼らの警告や預言は明らかに伝統主義者の宗教習慣を批判していました（もちろん、警告は法律ではありませんが…）。アモスもまた様々な宗教的悪習について言及しています。

　あるいはあなたは、神が遡及法（事後法）禁止の論理を無視し、後から作られた法律をもって以前の行為を処罰したという、いくつかの事例を引用した方が良いかもしれません。ヤハウェが遡及法（事後法）禁止の論理を受け入れなかったならば、陪審員もそうするように説得することが出来るはずです。つまり、古代の法概念は現代の法概念とは異なるということを強調する戦略です。遡及法が神によって受け入れられるならば、それらは陪審員によって受け入れられるべきです。もう一方で、聖書の執筆者たちも、実は遡及法の不公平さを認めていました。なぜ神がイスラエルを滅亡させ、追放する処罰を下したかを説明すると

き、彼らはヤハウェがイスラエルにあらゆる預言者とあらゆる戒めを通して警告したと主張しました（列王記下 17:13）。ですから、神の処罰は正当なものであったという論理です。

なお、遡及法を適用することは、申命記派のメンバーにも被害をもたらすかもしれません。たとえば、ヒルキヤは、法令が可決される前には大祭司としてエルサレム神殿で多くの不当な祭儀をおこなったはずです。遡及法が適用されるのであれば彼も裁判にかけられ有罪判決を受けることになるのではないでしょうか。要するに、あなたの対戦相手を裁判にかけ彼らに有罪を宣告させることは、法令自体が通ることよりも実際には難しいかもしれません。

◇ 第二級：エジプトとの同盟

エジプトと同盟を結ぶことを命じる法令が会議で多数決によって承認される。

あなたはエジプトと同盟を結ぶという外交政策を支持します。あなたは以前からエジプトのきらびやかな文化に魅了されていました。ソロモンに由来すると信じられてきた箴言のいくつかが、あなたが書記官学校で学んだ「アメンエムオペトの訓戒」に非常に類似していることを発見した時の驚きをあなたは今でも鮮明に覚えています。アッシリアは弱く、王座を奪い合うための内乱の真っ最中です。あなたはこれを機にアッシリアの圧力からユダが自由になることができるのではないかという希望を抱いています。

ユダはどの国からも独立するべきだという人々もいますが、あなたは今がその時ではないと考えています。外交・軍事的に独り歩きの世界は危険で、ユダのような小さな国は、大国の力を借りて生き延びなければならないのです。もし仮にアッシリアの内乱が収まり、70年前にセンナケリブがしたように、強力な指導者が実権を握り、反抗的

な国々を罰し始めたらどうするつもりなのでしょう。ユダには守護者が必要なのです。

　バビロニアが守ってくれると言う人々もいます。バビロニアも力をつけてきてはいますが、バビロニアの内部でも王座の取り合いが起きているのが現状です。どの国と同盟を組むべきか、決めるのは簡単ではありません。また歴史書を読んでいたあなたは、バビロニアがヒゼキヤを裏切ったこと（列王記下20:12-15）や、イザヤのバビロニアに関する警告的な預言（列王記下20:16-18）などを知っています。バビロニアを信頼できないのは確かです。

　エジプトは古代文明です。レバント（地中海東部沿岸地域）とも深いつながりがあります。ユダとの関わりは必ずしも良いものではありませんでした。ファラオのシシャクがヤロブアムをかくまい、ソロモンから逃げるのを手伝い、エルサレムの支配から北イスラエルが反乱を起こす手助けをしました（列王記上11:40、12:1-20）。またおなじファラオが神殿を攻撃してきました（列王記上14:25-28）。しかしこれらは昔の出来事で、近年ではエジプトとユダの関係は平和であり、できる限りユダを助けてくれています。最高の同盟相手ではなくとも、他と比べればよりよい同盟相手なのは確かです。

　したがって、あなたはエジプト人と同盟を結ぶように王立会議の参加者たちを説得しなければなりません。もしエジプトが攻撃される時に、ユダがエジプトを支援することを約束すれば、おそらくエジプトもユダが侵略される際に助けることを約束してくれるのではないでしょうか。

◇ 第三級：大祭司職を獲得
　1）ヒルキヤが起訴され、有罪判決を受け大祭司職から解任される。
　2）あなたかあなたの息子アヒカムが大祭司に任命される。

あなたは長い間エルサレム神殿の大祭司職を独占してきたツァドク家に不満を持っています。ですからあなたは出来ればツァドク家ではない人に大祭司をさせたいと思っています。その目標を達成するために神殿で発見された巻物を利用することができるかもしれません。なぜなら、ツァドク家が司る神殿の中は、他の神々への祭儀、太陽神のための偶像、アシェラのための祭器などで満ちており、女性たちは天の女王のために菓子を焼いているからです。明らかに、エルサレム神殿の祭司たちはヤハウェが望まれる礼拝を奨励していません。

　さらに、あなたは、個人的に、ヒルキヤが聖所でワインを飲んでいるのを見ました。彼が酔っているように見えたことも何度かあります。酔うことは違法ではありませんが、祭司として聖所でこのような状態にあることは、レビ記10章8-11節に反しています。おそらく他の祭司も聖所で酔っ払った状態にいる彼を見たことがあるのではないでしょうか。ペリシテ人のワイン商人ヤイルが、彼に新しいワインを持って来たかもしれません。それともユダヤ人のワイン商人に聞いてみるとヒルキヤが好きなワインが何かを教えてくれるかもしれません。

　あなたがヒルキヤを起訴し、陪審員に彼を有罪とさせることができれば、あなたは第三級の勝利を果たすことになります。ヒルキヤが大祭司職からが解任された場合、あなた、またはあなたの息子アヒカムはシャファン家として大祭司職をめぐってツァドク家と競争することになるでしょう。もし祭司分派の人物ではなく、あなたかあなたの息子アヒカムが大祭司に任命されるようになれば、あなたはもう一つの第三級勝利条件を満たすことになります（エルサレム神殿における大祭司承継問題についてはBarrickの論文を参照してください）。

❖ 戦略上のアドバイス:

　王の書記官としてあなたは様々な裁判文書および公的記録を自由に閲覧出来る立場にいます。あなたは「律法の書(申命記)」を国法にする

政策を支持するために、これらの文書をよく調べる必要があります。申命記はモーセの著と主張されており、イスラエル人たちが約束の地に入ったときにヤハウェを正しく礼拝していたことを伝えています。あなたは歴史文書を研究するうちに、この正しい礼拝が続かなったこと、そして現在行われている宗教的儀式は申命記に書いてある多くの規則に違反しているとわかるでしょう。申命記はまた、ヤハウェの働きかけを預言しています。ユダの人々が間違った礼拝を続けるのであれば、ヤハウェは外国勢力がユダを支配することを許し、最終的にはこれらの力によりユダの民を滅ぼし約束の地から追放してしまうでしょう。

　あなたは申命記を注意深く読む必要があります。特に12–26章の法についてと、27章の祝福と呪いについて熟知しておきましょう。ヤハウェの処罰が述べられている箇所を注意して読み、同時にどのような礼拝を神に捧げるべきなのかを理解しておくと良いでしょう。そして、申命記の主張をまとめて周りの人々に説明できるようにしてください。特に、間違った礼拝について説明し（X、Y、Zを行ってはいけない）、次にその罪深い礼拝に対するヤハウェの処罰は何かを説明することが出来るように準備してください。

　あなたは、イスラエルとユダの歴史から事例を引用することによって、申命記の命令が正しいと証明することができます。

・じっくりと士師記を勉強すれば、ヤハウェが、イスラエルやユダの民が悔い改めるまで、彼らを異邦人に支配させる、多くの例を知ることが出来ます。イスラエルの民が悔い改めれば、ヤハウェは彼らを憐れみ、勇敢な士師たちを起こさせ、異邦人の支配者を追い出します。このような罪–罰–悔い改め–救いのサイクルは、民が約束の地に定住した直後から繰り返し起こりました。申命記に記されているとおり、人々はモーセの教えを早くも忘れ、長い間

思い出さなかったのです。士師記2章には、ヤハウェがイスラエルをどう扱うかについて、申命記主義的な歴史家が提示した罪–罰–悔い改め–救いの神学的なパターンが述べられています。

・同様の例を、サムエル記上1–6章でも学びましょう。

・列王記上11–18章及び列王記下9–21章におけるイスラエルとユダの宗教的慣習の説明には特に注意を払ってください。イスラエルやユダが、申命記に反して行っていた宗教的慣習のリストを作ってみましょう。

・おそらくあなたの主張にとって最も重要な歴史上の出来事は、北イスラエル王国の滅亡と追放であり、それは列王記下16章あるいは17章に記されています。イスラエルはなぜ滅亡し追放されたのでしょうか。

　結論的に言えば、申命記はイスラエルとユダの歴史を正確に預言しているため、神の御言葉として捉えることが出来ると言えるでしょう。そしてそれは真実であるからこそ、王立会議はユダの宗教的慣行を変える法令を可決する必要があり、それによってユダに神からの災いがもたらされないようにしなければなりません。

❖ 追加資料：

Barrick, W. Boyd. "Dynastic Politics, Priestly Succession, and Josiah's Eighth Year." *Zeitschrift für die alttestamentliche Wissenschaft* 112 no. 4 (2000): 564–82.

Freedman, David Noel, ed. *Anchor Bible Dictionary.* S.v. "Shaphan" by James M. Kennedy. New York: Doubleday, 1992.

Hallo, William W. and K. Lawson Younger, Jr., eds. *The Context of Scripture*, vol. 1: *Canonical Compositions from the Biblical World.* Leiden; Boston: Brill; 2003. "Amenemope," 115–22.

ボツカトのアダヤの娘エディダ、王太后
（王政派 − 伝統派 − 未確定）
✣

　あなたはヨシヤの母、エディダです。あなたは王政派の中で強力な勢力を持っています：あなた自身は公的な立場を持っていませんが、息子を通して及ぼされるあなたの影響力は大きいため、アサヤ首相さえもあなたの機嫌を損ねないように、また彼の言動についてあなたが息子と話し合い、譴責を受けることがないように気を付けています。王立会議や派閥ミーティングで、あなたは他のプレイヤーにあなたの高い身分を常に思い出させる必要があります。必要ならば、あなたの息子に連絡を取り、自分の威信を守って下さい。クラスの人数によりますが、ヨシヤ王はゲームマスターによって演じられる場合もあります。その場合はあなたの威信をどう守るかについてゲームマスターと相談して下さい。譴責状はおそらくアサヤ首相を通して該当人物に送付した方が良いかもしれませんが、必要ならば直接伝えてもよいでしょう。

　あなたは自分の目標を達成するためにこの力を使おうとしています。あなたの目標は「律法の書」（申命記12–26章）を国法として採用することを阻止することです。確かに、これはあなたの一次的な勝利条件です。二次的な勝利条件は、「律法の書」を阻止することに失敗した場合、伝統主義者であるあなたとあなたの仲間たちが、不正な宗教行為で有罪判決を受けないようにすることです。

　あなたは占いを行っており、アシェラ教の信者でもあるので、申命記に反対します。アシェラはヤハウェの妻であり、あなたの趣味で

ある織物の女神です。じっと見つめるカップの中の波の形、そのパターン、そしてその色で、未来の出来事がわかります。あなたは夢を解釈するのにも長けています。あなたはこれらの慣習をやめることなど想像さえもできないので、法律として申命記を採用することに反対せざるを得ません。

さらに、あなたは「律法の書」の信憑性も疑っています。それは不審な状況で発見されました。その巻物は当時神殿で直接に修復作業を行ってもいないヒルキヤが「見つけた」というのです。しかし神殿はもっと以前から何度も修復されており、大規模な修繕を行ったとして知られているのはヨアシュの治世中です。彼は石工や大工、建築業者を雇いました（列王記下12:11-13）。この巻物はなぜその時に発見されなかったのでしょうか。さらに、この巻物は、エルサレムに儀礼を集中させることによって、エルサレムの祭司たちを社会経済的に豊かにするものです。エルサレムの祭司たちを治める立場にいるヒルキヤがこの巻物を発見したことはただの偶然と言えるのでしょうか。その巻物はフルダによって「認証」されましたが、彼女の夫は王のために働いています。もう長い間、預言者たちは王たちまたは自分を養ってくれる権力者のために「預言」を行っていました（ミカ3:5, 11）。はっきり言って、あなたは巻物を偽物だと考え、これによって利益を得る者たちがあなたの息子に押し付けた詐欺まがいの文書だと思っているわけです。

申命記に反対しているのはあなただけではありません。あなたは伝統派の他のメンバーと連絡を取っています。伝統主義者たちは、彼らの対戦相手（申命記派）が政府の要職を占めているので、秘密に活動しています。また、申命記派が成功した際には、伝統主義者は直面するであろう恐ろしい処罰から身を守る必要があります。ゆえに、申命記を国法として採択するという法令に対する彼らの主張は、用心深くなされなければなりません。また、あなたはペリシテ人のワイン商人ヤイルがあなたのことを尋ねていると聞きました。あなたはエクロンにあるPtgyh（お

そらくPat–GI–yahと発音）を祀った大きな神殿について知っています。この女神はアシェラと親和性があるため、その女神についてもっと知りたいと願っています。

　あなたは王政派のメンバーであるため、伝統派にとってかけがえのない構成員です。王政派の多くは申命記派なので、申命記派の人たちの会話をよく聞いて、伝統派にその情報を流すことによって彼らを助けることができます。何について反論しなければならないかを事前に知ることが出来るなら、申命記派に対する反論の準備がずっと簡単になるでしょう。この点では、キャラバン商人であるナバルの手を通して牧場主アブネルに秘密情報のメッセージを送るのがよいかもしれません。ナバルは定期的に宮殿に上質の麻毛交織布で作られたカーテンなどの貿易品をもって来るので誰も疑心を抱かないでしょう。

　あなたには二つ目の有利な点があります。王太后であるあなたは、自分の主張を息子、王のためであるとして覆い隠すことができます。あなたは彼に最高のものをそろえてあげたい、そうではありませんか。

❖勝利条件

◇ 第一級：伝統的宗教活動の継続
　　1) 提案された申命記的法令が王立会議で否決される。
　　2) 伝統主義者の中で誰も裁判で有罪判決を受けない。

　ユダの法として申命記を採択するために提案された法令を却下するよう王立会議を説得できれば、あなたは大きな勝利を得ることができます。
　大勝利（法令の拒絶）を達成するためには、あの疑わしい「律法の書」がユダ王国で長年続けられてきた真面目な宗教に対するとんでもない敵であることを強調する必要があります。それは法制化されるべきではないし、直ちに拒否されなければなりません。

聖書本文の中で占い師を肯定している例を探せば、あなたは王立会議の議論に積極的に参加できるでしょう。最も明白な事例はヨセフで、彼は夢を解釈する者として（創世記37、40、41章）、また占いをする者としても（創世記44:5、15）有名でした。神は夢や幻の中で族長に（創世記15、28章）、またソロモン（列王記上3、9章）に現れました。そして、イスラエルを助けた占い師の話もあります。例えばバラムがイスラエルの敵を呪ったときです。ヤハウェは夢の中でバラムと話をしましたが（民数記22:9）、彼は占い師でした（民数記22:7）。エン・ドルの霊媒師（一種の占い師）は、サウルがサムエルの幽霊と交わるのを助けました（サムエル記上28:3-19）。たとえ彼が伝えたメッセージが悪い便りであったとしても。

　また、預言者は占い師とほとんど変わらないと主張しても良いかもしれません。結局のところ、預言者はかつて「先見者」（サムエル記上9:9）と呼ばれていましたが、未来を見ることは占い師がすることです。特に顕著であるのはエゼキエルですが、何人かの預言者は、神の霊に満たされ、数々の素晴らしく、また恐ろしい幻を見たと述べられています。自分が見た幻を述べた預言者にはアモス（アモス書7-9章）、イザヤ（イザヤ書6章）そしてエレミヤ（エレミヤ書1章）などが含まれます。ヤハウェは夢や幻の中で預言者に現れると言っています（民数記12:6）。占い師が自分を「預言者」と紹介したら、それは受け入れられるでしょうか。誰がどのように占いと預言の境界線を引くことができるのでしょうか。

　最後に、「律法の書（申命記）」は占いや夢の解釈を禁止していないと主張してもよいでしょう（申命記13章）。その占いが他の神々に従うことを推奨しない限り占いと夢の解釈は「律法の書」においても許されていると言えるのではないでしょうか。ですから、それがヤハウェによって触発される限り、占いは正当なものとして捉えられるべきです。

　仮に法令が可決されるとしても絶望する必要はありません。もし伝

統主義者の中で誰も裁判で有罪判決を受けなければ、あなたは一つの立派な勝利条件を満たすことになります。

　法令が成立すれば、一部の伝統主義者は不法な慣習でイスラエルの宗教を汚してきた悪者として告発されるでしょう。あなたはこれに対する弁護を先導する義務があります。あなたのアシェラへの情熱のように、女性の宗教心はしばしば目に見えないがゆえに、男性には見過ごされがちです。あなたはレビ記11-15章に記されている戒めに女性の慣習が反映されていることを知っています。月経は、女性が男性から離れて過ごす時期を作り、その時期に女性は男性とは異なる、自分たちのやり方で神を礼拝することが出来たわけです（レビ記15:18-33）。女性たちは何を調理するかについて自分たちで決め（レビ記11章）、出産後には儀式を行い（レビ記12章）、そして織り糸の作業もなしこなしています（レビ記13:47-58）。男性たちは女性たちがいる「内室」で何が行われているか、気づいているでしょうか。

　もう一つ防御策があります。法令が成立する前は、伝統的な宗教的慣習は違法ではありませんでした。法律が可決される前のあなたの行動に対して責任を問うことは公正ではありません。例えば、アメリカの法律体制で、これは遡及法(事後法)として知られており、違憲です。ヤハウェが遡及法を拒否したと思われる聖書箇所を探しておくと良いでしょう。なぜ神がイスラエルを違法な宗教的慣行のために処罰したのかを記述する際に、聖書はヤハウェがイスラエルに対して繰り返し警告のメッセージを送ったと述べています（「すべての預言者、すべての先見者を通して」列王記下17:13参照）。

　時には、攻撃が最大の防御です。あなたは自分の宗教的な慣習の尊さを公に見せることもできます。さらに、申命記派の中で国や社会に害を与えていると思われる人を名指しで告発することはいかがでしょうか。

❖戦略上のアドバイス:

聖書には何人かの王母の例があります。あなたの役割、その権力、そして制限事項を理解するために、以下の箇所を注意深く読む必要があります：

- ・列王記下1–2章のバトシェバ
- ・箴言31章のレムエルの母
- ・列王記下11章のアタルヤ

❖追加資料:

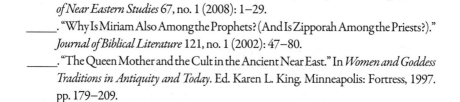

Ackerman, Susan. "Asherah, the West Semitic Goddess of Spinning and Weaving?" *Journal of Near Eastern Studies* 67, no. 1 (2008): 1–29.

_____. "Why Is Miriam Also Among the Prophets? (And Is Zipporah Among the Priests?)." *Journal of Biblical Literature* 121, no. 1 (2002): 47–80.

_____. "The Queen Mother and the Cult in the Ancient Near East." In *Women and Goddess Traditions in Antiquity and Today.* Ed. Karen L. King. Minneapolis: Fortress, 1997. pp. 179–209.

シャファンの子アヒカム
（王政派 − 申命記派 − エジプト派）
❖

　あなたは有名なシャファンの息子、そして王と一緒に成長した王の
友人です。これらの理由から私たちはあなたがヨシヤと同じ年齢（紀元
前622年に26歳）であると想定します。そしてあなたは大祭司ヒルキヤの
指導のもとで王と共に学んだと思われます。あなたは、「律法の書」が
神の霊感を受けたものであるかを確認してもらうためにフルダを訪問す
る王の使者に任命されました。あなたは何年か前に結婚し、息子ゲダル
ヤをもうけ、息子に期待を抱いています。ですからあなたは教育の一環
として息子にエジプト文化に対する愛を教えています。あなたの家系は
祭司の一族であり、大祭司になるか（あなたはアロンの子孫で資格があ
るから）、または代々王政の奉仕に携わってきました。あなたはエリー
ト祭司の道を歩んでいくことも出来ましたが、王の友であったこともあ
り、役人として王政側に連れて行かれ、これまでその仕事に集中してき
ました。それでもあなたは祭司派の中でも広い人脈を持っており、時々
祭司たちと話し合うことを楽しんでいます。宗教に関わる特定の問題が
生じた場合、その問題を解決するためにあなたの祭司派に対する影響力
を生かさなければならない状況が訪れるかもしれません。

　しかし、あなた自身はヒルキヤの行き過ぎた干渉にいら立っていま
す。あなたはヒルキヤと同様に「律法の書」を国法にすることを目指し
ていますが、もう一方では恩師でもあるヒルキヤを政治的にどう扱うべ
きかについて悩んでいます。あなたはシャファン家の一族であるから、

いつか自分がヒルキヤの代わりに大祭司になることを密かに望んでいます。

❖職務:

あなたはアサヤが率いる王政派に所属しています。しかし、申命記主義者として、あなたはヨシヤがいないときは父シャファンの指導に従います。あなたの父はエジプトと同盟を望んでおり、あなたもそれに同意しています。

❖勝利条件:

◇ 第一級:エジプトとの同盟

エジプトと同盟を結ぶことを命じる法令が会議で多数決によって承認される。

あなたはエジプトと同盟を結ぶための呼びかけを支援します。アッシリアは弱く、不当な謀反者たちがアッシリアの中心部で内戦を行って王位を奪おうとしています。これは、アッシリアの支配がやがてユダから取り除かれるという期待をあなたに抱かせます。

ユダがすべての外的勢力から独立することを求める人もいますが、あなたは今が適期ではないと認識しています。最近の国際情勢は激変しているためとても危険であり、ユダのような小さな国は、大国の力を借りて生き延びなければならないのです。もし仮にアッシリアの内乱が収まり、70年前にセンナケリブがしたように、強力な指導者が実権を握り、反抗的な国々を罰し始めたらどうするつもりなのでしょう。ユダは保護者を必要としているのです。

バビロニアを潜在的な保護者と見なす人もいます。バビロニアも力をつけてきてはいますが、バビロニアの内部でも王座の継承争いが起きているのが現状です。どの国と同盟を組むべきか、決めるのは簡単では

ありません。また歴史書を読んでいたあなたは、バビロニアがヒゼキヤ
を裏切ったこと（列王記下20:12-15）や、イザヤのバビロニアに関する
警告的な預言（列王記下20:16-18）などを知っています。明らかに、バ
ビロニアは信頼できません。

　エジプトは古代文明です。パレスチナとは長く関係があります。ユ
ダとの関わりは必ずしも良いものではありませんでした。ファラオのシ
シャクがヤロブアムをかくまい、ソロモンから逃げるのを手伝い、エル
サレムの支配から北イスラエルが反乱を起こす手助けをしました（列王
記上11:40、12:1-20）。またおなじファラオが神殿を略奪してきました
（列王記上14:25-28）。しかしこれらは昔の出来事で、近年ではエジプ
トとユダの関係は平和であり、できる限りユダを助けてくれています。
最高の同盟相手ではなくとも、他と比べればより良い同盟相手であるこ
とは確かです。

　ですから、会議においてエジプトと同盟を組むように周りを説得し
て下さい。エジプトが攻撃された時にユダが助けることを約束すれば、
エジプトも同盟を結んでくれるかもしれません。したがって、あなたは
エジプトと同盟を結ぶように王立会議を導かなければなりません。もし
そうすることができれば、あなたの勝利です。

◇ **第二級：ヒルキヤとエディダの起訴**

　1) ヒルキヤが起訴され、有罪判決を受け大祭司職から解任される。

　2) エディダが起訴され、有罪判決を受けるか、あるいは以前の宗教
　　　慣習をやめることを条件に無罪放免される。

　3) あなたかあなたの父シャファンが大祭司に任命される。

　あなたは長い間エルサレム神殿の大祭司職を独占してきたツァド
ク家に不満を持っています。ですからあなたは出来ればツァドク家では
ない人に大祭司をさせたいと思っています。その目標を達成するために

神殿で発見された巻物を利用することができるかもしれません。なぜなら、ツァドク家が司る神殿の中は、他の神々への祭儀、太陽神のための偶像、アシェラのための祭器などで満ちており、女性たちは天の女王のために菓子を焼いているからです。明らかに、エルサレム神殿の祭司たちはヤハウェが望まれる礼拝を奨励していません。また、あなたはエディダがアシェラ礼拝に参加しているという噂を聞きました。彼女の夫や義理の父親は伝統主義者だったのではないですか。ヨシヤの家庭教師、そして摂政としてヒルキヤを選んだのは、彼女ではないでしょうか。火のない所に煙は立たないのではないでしょうか。

　もしあなたがエディダとヒルキヤを起訴し、彼女または彼に有罪判決を下すようにすることができるならば、あなたは第二級の勝利条件を果たします。つまり、ヒルキヤが排除された場合、あなたかあなたの父シャファンが大祭司になる可能性が高いです。王は母親を保護するためにエディダに対する起訴中止と引き換えにこれに同意するでしょう。もし王の母エディダが以前の宗教慣習をやめることを約束するならばあなたは起訴中止を考慮すべきです。シャファン家は長い間ツァドク家が特権的に職務を受け継いでいるのを不満の中で注視してきましたが、最近の宗教改革という機会は、これらすべての現状を変えてあなたの一族を身分上昇の道に辿り着かせるかもしれません。ダビデ王がツァドクを大祭司に昇進させたように、ヨシヤ王はあなたの家門を昇進させるのではないでしょうか。もしあなたかあなたの父シャファンが大祭司に任命されるとあなたはもう一つの第二級の勝利条件を果たすことになります。この件に関して、あなたはあなたの父親シャファンと相談すべきです。

❖戦略上のアドバイス:

　王太后の新しい服が、禁じられている麻毛交織布やシャアトネズ（混紡）（レビ記19:19、申命記22:11）から作られていないか尋ねるのもよいでしょう。これは今まで大祭司の服か神殿の幕だけに限られて許さ

れるものではありませんでしたか。大祭司ヒルキヤが違法に彼女にそれらを持たせたとしたらこれは大問題です。もしヒルキヤが本当にそういうことをしたならば、それはあなたにとって「一石二鳥」のチャンスになるかもしれません。

❖ 追加資料:

Barrick, W. Boyd. "Dynastic Politics, Priestly Succession, and Josiah's Eighth Year." *Zeitschrift für die alttestamentliche Wissenschaft* 112 no. 4 (2000): 564–82.

Cross, Frank M. Jr. and David Noel Freedman. "Josiah's Revolt Against Assyria." *Journal of Near Eastern Studies* 12 (1953): 56–58.

Hallo, William W. and K. Lawson Younger, Jr., eds. *The Context of Scripture, vol. 1: Canonical Compositions from the Biblical World*. Leiden; Boston: Brill; 2003. "Amenemope," 115–22

マアセヤ、エルサレムの町長
（王政派 － 未確定 － エジプト派）
❖

❖職務:

　首都エルサレムの町長として、あなたは王政派のすべての議論に参加し、法令草案の経済的意味についてアドバイスをする立場にいます。あなたはエルサレムの経済的特権を守るために細心の注意を払わなければなりません。

❖勝利条件

◇ 第一級:税金の引き上げ
　新しい法令に税金の引き上げを命じる条文が含まれる。

　あなたの主な目標は、あらゆる祭儀や儀式がエルサレム神殿でのみ行われるように取り計らうことです。祭儀と儀式の集中化はエルサレムへの巡礼とそれに付随する経済的効果を生み出すでしょう。そうなると王国の税金だけではなく、神殿にかかわる様々な十分の一税がエルサレムに流れてくるでしょう。沢山の倉庫を建てる必要が生じるほどエルサレムは経済的に繁栄するに違いありません。神殿に聖歌隊員と当番員を置くために、地方の祭司やレビ人が田舎から募集されることが想定されます。何人かは、当番のためにエルサレムに出てくるでしょうし、恒久的にエルサレムに引っ越す人もいるでしょう。このことによりエルサレムの人口が増え都市の名声が高まるでしょう。急速な都市化は、紀元前

722年にセンナケリブによってユダの丘にある村の85％が破壊された後に始まりました。一説によると祭儀の集中化が行われればエルサレムの人口が4万人に達するらしいです。祭儀の中央集権化を超える、いかなる宗教改革も、あなたにとってほとんど意味がありません。それは多くの問題を引き起こすだけであろうと疑っているからです。しかし、宗教改革の経済的な効果にだけは強い関心を注いでいます。もし、申命記的法令、あるいは別の法令にエルサレムの経済的な繁栄を考慮し税金の引き上げを命じる条文が含まれ、その法令が王立会議で可決されればあなたは第一級の勝利を手に入れます。

◇ 第二級：エジプトとの同盟

　　エジプトと同盟を結ぶことを命じる法令が会議で多数決によって承認される。

　　あなたはエジプトと同盟を結ぼうとする外交政策を支持します。アッシリアは弱く、また、不正な反逆者たちが、王位を簒奪するためにアッシリアの中心地で内戦を起こしています。これは、アッシリアの支配がやがてユダから取り除かれるという期待をあなたに抱かせます。

　　ユダがすべての外的勢力から独立することを求める人もいますが、あなたは今が適期ではないと認識しています。最近の国際情勢は激変しているためとても危険であり、ユダのような小さな国は、大国の力を借りて生き延びなければならないのです。もし仮にアッシリアの内乱が収まり、70年前にセンナケリブがしたように、強力な指導者が実権を握り、反抗的な国々を罰し始めたらどうするつもりなのでしょう。ユダは保護者を必要としているのです。

　　バビロニアを潜在的な保護者と見なす人もいます。バビロニアも力をつけてきてはいますが、バビロニアの内部でも王座の取り合いが起きているのが現状です。どの国と同盟を組むべきか、決めるのは簡単では

ありません。また歴史書を読んでいたあなたは、バビロニアがヒゼキヤを裏切ったこと（列王記下20:12-15）や、イザヤのバビロニアに関する警告的な預言（列王記下20:16-18）などを知っています。明らかに、バビロニアは信頼できません。

　エジプトは古代文明です。パレスチナとは長く関係があります。ユダとの関わりは必ずしも良いものではありませんでした。ファラオのシシャクがヤロブアムをかくまい、ソロモンから逃げるのを手伝い、エルサレムの支配から北イスラエルが反乱を起こす手助けをしました（列王記上11:40、12:1-20）。またおなじファラオが神殿を略奪しました（列王記上14:25-28）。しかしこれらは昔の出来事で、近年ではエジプトとユダの関係は平和であり、できる限りユダを助けてくれています。最高の同盟相手ではなくとも、他と比べればよりよい同盟相手なのは確かです。

　したがって、あなたはエジプト人と同盟を結ぶように王立会議の参加者たちを説得しなければなりません。もしエジプトが攻撃される時に、ユダがエジプトを支援することを約束すれば、おそらくエジプトもユダが侵略される際に助けることを約束してくれるのではないでしょうか。

❖戦略上のアドバイス：

　神殿がエルサレムへの経済的刺激となっていたという感覚を得るために、マーティF.スティーブンス（Marty F. Stevens）の「Temples, Tithes, and Taxes: The Temple and the Economic Life of Ancient Israel」を読むことをお勧めします。加えて、十分の一に関する聖書箇所を調べて、それらを注意深く読んでみても良いでしょう。また、図書館に行って「旧約時代の十分の一税」を概説する論文を検索し、それを読んでみましょう。

❖追加資料：

Albertz, Rainer. *A History of Israelite Religion in the Old Testament Period, V.1: From the*

Beginnings to the End of the Monarchy. Louisville, KY: Westminster/John Knox, 1994. pp. 216–219.

Claburn, W. Eugene. "The Fiscal Basis of Josiah's Reforms." *Journal of Biblical Literature* 92, no. 1 (1973): 11–23.

Cross, Frank M. Jr. and David Noel Freedman. "Josiah's Revolt Against Assyria." *Journal of Near Eastern Studies* 12 (1953): 56–58.

Hallo, William W. and K. Lawson Younger, Jr., eds. *The Context of Scripture,* vol. 1: *Canonical Compositions from the Biblical World.* Leiden; Boston: Brill; 2003. "Amenemope," 115–22.

ティクワの子、ハルハスの孫　シャルム、衣装係
（一説ではトクハトの子、ハスラの孫である）
（王政派 － 申命記派 － 独立派）
❖

❖職務：

　　あなたは衣装係でありますが、これはおそらく王の着付け係や従者、あるいは仕立て屋ではありません。むしろこれは、王政官吏の役職名のようなものでしょう（Mettinger、Solomonic State Officials参照）。あなたは、聖書の中で数少ない女性預言者のひとりであるフルダと結婚しています。彼女の名前がわざわざ聖書に記録されたことは、彼女自身の重要性を示すとともに、間接的には、あなたの重要性、つまり政府による「秩序」の世界と預言的な霊感による「混乱」の世界との間を繋ぐ架け橋としてあなたが担う役割の大切さをも示唆しています。このような立場は様々な可能性を秘めています。

❖勝利条件

◇ 第一級：大祭司へ就任

　　あなたが大祭司に任命される。

　　あなたはツァドク家出身であり、現在大祭司として勤めているヒルキヤ（および彼の父親）以前の大祭司であったシャルム/メシュラムと同名の人物です。おそらくあなたは元大祭司であるシャルム/メシュラムと親族関係にいるでしょう。これは固有名詞学に基づく推論的仮定によるものです。これは、他の一族がその名前を選ぶことがなかったという

意味ではありません。つまり、シャルムという名前と大祭司職との間に明確な系図上の関連は認められておりませんが、それでもやはりあなたと元大祭司であったシャルムとの間には何らかの関連性があると思われます。ですからあなたはヒルキヤが解任されたり死亡したりした場合には、大祭司の候補になる可能性が高いでしょう。この役職の後継者候補として、あなたは祭司派や預言派との交流を（あなたの妻を通して）培うべきです。もしヒルキヤが死んだり失脚したりしてあなたが大祭司職を承継した場合、あなたは第一級の勝利を収めます。

◇ **第二級：税金引き上げ、北方領土の回復、そしてユダ独立の実現**

    1) 申命記的法令に税金を引き上げるという条文が含まれる。

    2) 申命記的法令に北方領土の回復を命じる条文が含まれる。

    3) ユダの独立を命じる法令が会議で多数決によって承認される。

　あなたは申命記派ですから申命記的宗教改革を支持しています。もちろん、それは宗教的に見てそれが正しいからでもありますが、経済・軍事的観点からしても改革がもたらせる効果は計り知れないのです。今は国際情勢において激変の時代です。これはユダが強大国になるために二度と訪れない絶好のチャンスです。申命記的改革によって宗教を一元化し、内部結束を図ると同時に、税金を引き上げ、軍備を拡充し北方領土を回復するのです。申命記的法令に税金の引き上げを命じる条文が含まれればあなたは第二級の勝利条件を満たすことになります。もう一つの第二級勝利条件は申命記的法令にユダが北へ進出しその領土を拡大することを命じる条文が含まれることです。ある人はそれを冒険主義あるいは好戦主義などと言いながら悪しき考えのように非難しますがそれは弱虫の寝言のようなものです。全くユダの未来を考えない近視眼的現実安住主義に過ぎません。未来の栄光のためには現在の苦労と犠牲が必要であることは子供さえも知っている永久不変の真理なのです。

申命記的法令が王立会議で否決されたとしても、まだ逆転の機会があります。あなたにとってもう一つの第二級勝利条件は、王立会議でヤハウェがユダの独立を求めておられると説き伏せ、ユダの独立を命じる法令が多数決によって承認されることです。あなたは下記のような論拠を用いて3つの外国勢力すべてに反対することができます。

　　アッシリア:内戦に巻き込まれました。神はその力を終わらせることを宣言しました。
　　バビロニア:信頼できない味方/宗主国です。ヒゼキヤはバビロニアと同盟を結ぼうとしましたが（列王記下20:12–19参照）、バビロニアは裏切ってアッシリア人がエルサレム以外のユダの町を破壊し、首都を包囲するのを許しました（列王記下18:13参照）。[1]
　　エジプト:信頼できない味方/宗主国です。ユダとの関係はいつも良好ではありませんでした。シシャク王はヤロブアムをかくまい、それによってエルサレムの支配からイスラエル人が離れることが進みました（列王記上 11:40; 12:1–20）。同じ王は神殿を略奪しました（列王記上14:25–28）。またエジプト人はアッシリアの侵略に対してヒゼキヤを支援しませんでした（列王記下18:21）。

　要するに、いかなる強大国も信頼できません。

1　聖書に記録されているヒゼキヤ治世の出来事の順序/年表はおそらく間違っています。たとえば、聖書の著者がそれをヒゼキヤ治世の最後に置いたとしても、ヒゼキヤがバビロニアへ使者を派遣したのはアッシリアの侵略の前に起こったに違いありません。詳しくは、HarperCollins Study BibleやOxford Annotated Bible、その他の学術研究用の聖書脚注をご覧ください。

神は奇跡を行う方であり、もし私たちが真の信仰を持つならば、神は私たちを救い出して下さいます。イザヤが預言した通りに、神はヒゼキヤを病気から救い出し、ユダはアッシリア人による全滅の危機から救い出されたのではないでしょうか。

あなたが王立会議で周りの人々を説得し、諸同盟派に投票で勝つことに成功するなら、あなたはこの第二級勝利条件を満たすことになるでしょう。そのためには、預言者や祭司たちが、バビロニアやエジプトに対して個人的に傾倒していたとしても、あなたが進めるユダの独立に投票するよう説得する必要があります。彼らは独立がアッシリアとの同盟を破るための最良の方法であると納得した場合、あなたと共通の目標を目指して共に戦ってくれるかもしれません。アッシリアへの依存は、あなたがた全員にとって惨めな状態だったのではないでしょうか。

❖戦略上のアドバイス:

ヒルキヤが失脚した場合、あなたにとって彼はツァドク系仲間の一員であることを忘れないようにして下さい。あなたが彼を排除することに積極的になるなら、あなたは自分が持つ有利な点の1つを失ってしまうかもしれません。自分の利益のために、目立つような行動をしなければあなたの手は汚れません。そうすれば役職をめぐる競争相手に対して、あなたは相対的に優位に立てます。もちろんあなたが持つ強みは、ツァドク家がソロモンの時代（列王記下2:35）以来、大祭司職を握ってきたという事実に由来するものです。

しかし、ツァドク家には反対者や批判者もいます。アビアタルの一族が追い出されたことを思い出して下さい（列王記上2:27）。アビアタル家の残党はいまだにツァドク家を恨んでいるかもしれません。シャファン家の一族も、自分たちがアロンの子孫であるため大祭司職に就任すべきであると主張していることを忘れないでください。

申命記的法令に税金の引き上げや北方領土の回復と関連する条文

を追加することは非常に敏感な問題です。多くの人々の暮らしに深い影響を及ぼすからです。これらの議題について強い反感を覚える人々がいることを忘れてはいけません。それは反対者の存在に怯えるためではなく、彼らの反論を上手く論駁するためです。ヤハウェは正義の戦争を助ける神であり（創世記14章、申命記20章、ヨシュア記6章）、北方領土は神がイスラエルに与えて下さった嗣業であるため（民数記34章7–9節）、それを回復することはユダヤ人としての当然な義務であるという論理はどうでしょうか。それよりもっと説得力のある論拠があるのであればぜひその論拠を活用して相手を説得してください。

　法的なものも年代記的なものも含め、アッシリアとバビロニアの文書を注意深く読んだ上で、どちらかと同盟を結ぶことの恐ろしさをよく理解してから議論に参加することをお勧めします。あなたの妻フルダは、あなたがナホムやエレミヤと話し合えるよう助けるべきでしょう。二人とも外交政策に関して個人的な主義・主張を持っています。しかし、勝利するためには、ユダがヤハウェ主義に基づき独立することを推進すべきというあなたの立場に同調する者を、未確定者の中から見つけなければなりません。諸同盟派の中からも彼ら自身の外交政策が失敗で終わるという絶望の中で、最終的にあなたに接近して来る人物もいるかもしれません。

　あなたは、トビヤフがあなたに国の独立について少し前に手紙を送ってきたことを覚えています。ユダの独立を共に進める協力者があなたの友人の中からのみ見つけられるとは思わないで下さい。あなたに鋭く反対していた人々の中にも仲間を見つけることができるかもしれません。

❖ 追加資料：

Cross, Frank M. Jr. and David Noel Freedman. "Josiah's Revolt Against Assyria." *Journal of Near Eastern Studies* 12 (1953): 56–58.

Mettinger, Tryggve N. D. *Solomonic State Officials: A Study of the Civil Government Officials of the Israelite Monarchy*. Lund, Sweden: CWK Gleerup, 1971.

王政の資産管理アドバイザー 1
トビヤフ、「王のしもべ」、ユダの王の農地管理者
（王政派 － 未確定 － 独立派）
✥

　あなたは、もともとソロモンが王国を12の農地に分けたことによって生まれたユダ王の農地の管理者です。あなたは王の農地の収穫を上げること、また税として払われる農産物と動物の収集に対して責任があります。あなたはまた預言に真剣な関心を持っています。しばらく前、あなたはヤダの子シャルム（衣装係ティクワの子シャルムではない）に預言的な言葉を含む手紙を送りました：

　　（これとともに）私は王のしもべであるトビヤフの手紙も主に送ります。それは預言者からヤダの息子のシャルムのもとに届いたもので、「気をつけろ」と書いてありました。（ラキシュの手紙＃3、Hallo & Younger 3, 2003:79）

　あなたのことはホシャヤフ隊長も言及しました。彼はそれについてどのように知ったのでしょうか。そして、なぜ彼は自分の主であるヤウシュに手紙を書いたのでしょうか。あなたは農産物について定期的にやり取りをしていました。

　［ヤハウェ］が、私の主に［今この時に］良い知らせを与えてくださいますように。
　あなたがこれらの手紙を送って下さったあなたのしもべは犬のような存在です。あなたのしもべは、主に手紙を送り返します。私のヤハウ

ェは私の主によい収穫を与えて下さいますように。トビヤフはあなたの
しもべに王家の穀物を送るのでしょうか。（ラキシュの手紙＃5、Hal-
lo & Younger 3, 2003:80）

　あなたは確かに農産物が全国から首都に集められるのを見たいと思
っているので、様々な十分の一税をエルサレムに納めることを規定する
新しい法令を気に入っています。しかし、残りの改革に関しては無関心
です。経済的利益をもたらさないのに、なぜ現状を混乱させようとする
のか。しかし、あなたはそれについての議論には寛容です。別の手紙で
は、ホシャヤフがあなたの農場労働者を虐待したかもしれないことを知
りました。

　　私の主よ、しもべの嘆願を聞いてください。

　　あなたのしもべは収穫の中で働いています。（次の事件が発生し
たときに）しもべはハチャル・アラムにいました。

　　あなたのしもべは数日前に刈り取りを行い、その仕事を終わら
せ、（穀物を）貯蔵しました。あなたのしもべが数日前に刈り取りを
終えてそれを貯蔵したとき、シャバイの息子ホシャヤフが来てあな
たのしもべの衣服を取りました。数日前のその時に私が刈り取り終
わったとき、彼はあなたのしもべの衣服を取りました。

　　熱い太陽の暑さの中で私と一緒に刈り取りをしていたすべての
同僚どもは私のために証言してくれるでしょう：私の仲間たちは間
違いなく私（が）［無実］であることを保証してくれます。

　　［（だから）お願いですから、彼に命じて］わたしの衣服を［返すよ
うにさせてください］。［あなたのしもべの衣服を］返却させること
があなたの義務ではないと判断される場合でも、私をあわれみどう
かあなたのしもべの［衣服を返らせて下さい］。

（メサド・ハシャブヤフから出土されたオストラコン：Hallo & Younger
3, 2003:77-78、Pritchard, 1969:568）

この手紙は確かに、ホシャヤフが穀物を受け取るという彼の正当な職務とは異なる行為をしていることを明らかにしています。告発が真実であるならば、ホシャヤフは「衣服を担保に取っている」のであり、これは貧しい人々に対しては特に悪質な経済犯罪です。農場労働者の嘆願はあなたの中に義憤を起こさせます…

❖職務：

　王政の資産管理に携わる二人のアドバイザー、トビヤフとヨアは、王政に対し、動産資産（金、金属、牛、奴隷）、または不動産について、その活用と管理に関する助言を行います。

　ほとんどの改革について立場が未確定であるあなたは、それらに関する議論に耳を傾ける義務がありますが、王政の資産管理に携わるあなたは経済的根拠を持つ主張によってのみ説得されるでしょう。

❖勝利条件

◇ 第一級：税金の引き上げと正義の実現
　1) 新しい法令に税金の引き上げを命じる条文が含まれる。
　2) ホシャヤフが裁判にかけられ農場労働者を搾取したことで有罪判決を受ける。

　あなたの主な目標は、あらゆる祭儀や儀式がエルサレム神殿でのみ行われるように取り計らうことです。祭儀と儀式の集中化はエルサレムへの巡礼とそれに付随する経済的効果を生み出すでしょう。そうなると王国の税金だけではなく、神殿にかかわる様々な十分の一税がエルサレムに流れてくるでしょう。多くの倉庫を建てる必要が生じるほどエルサレムは経済的に繁栄するに違いありません。神殿に聖歌隊員と当番員を置くために、地方の祭司やレビ人が田舎から募集されることが想定されます。何人かは、当番のためにエルサレムに出てくるでしょうし、恒久

的にエルサレムに引っ越す人もいるでしょう。このことによりエルサレムの人口が増え都市の名声が高まるでしょう。急速な都市化は、紀元前722年にセンナケリブによってユダの丘にある村の85%が破壊された後に始まりました。一説によると祭儀の集中化が行われればエルサレムの人口が4万人に達するらしいです。祭儀の中央集権化を超える、いかなる宗教改革も、あなたにとってほとんど意味がありません。それは多くの問題を引き起こすだけであろうと疑っているからです。エルサレムにいけにえが集中し、すべての十分の一税が送られ、またそれに伴い国の税金を引き上げるという規定が新しい法令の中に含まれれば、あなたは大勝利を勝ち取るでしょう。

　あなたはホシャヤフについて何かをしなければなりませんが、一体何をしたらよいでしょう。あなたが貧しい人々を守るために何も行動しなかったことが判明した場合、あなたはすべての信頼を失う可能性があり、破滅です！　ですからホシャヤフを訴えることにしましょう。ホシャヤフが裁判にかけられ農場労働者を搾取したことで有罪判決を受ければあなたはもう一つの勝利条件を満たすことになります。

◇ 第二級：ユダの独立を実現
　ユダの独立を命じる法令が会議で多数決によって承認される。

　現在国際情勢は非常に不明瞭です。しかしユダはアッシリアの忠実な属国であり、アッシリアの支配の下で長い間平和という恩恵に浴してきました。王政派の一員として、あなたはアッシリア人の機嫌を損ねないことを優先してきました。しかし、アッシリアの権力が衰退している今、ユダが独立してソロモンとダビデの王国の栄光を取り戻すときがきたかもしれないとあなたは思っています。しばらく前に、あなたはこのことについてあなたの仲間である王政役人、衣装係のシャルムに手紙を送りました。この問題に対するあなたの立場が王立会議の決定に影響を

及ぼし、ユダの独立を命じる法令が多数決によって承認されるならばあなたは第二級の勝利を収めることになります。

　エジプトがメソポタミア人に対抗して私たちを支持してくれると主張する人もいるかもしれません。あなたは、私たちが以前にその道を進んで行ったことがあり、またエジプトはその時に「壊れた葦」のように振る舞い、信頼に足らなかったという歴史的な事実に注意を喚起することができます（列王記下 18:13–37参照）。

❖戦略上のアドバイス:

　神殿がエルサレムへの経済的刺激となっていたという感覚を得るために、マーティ F. スティーブンス（Marty F. Stevens）の「Temples, Tithes, and Taxes: The Temple and the Economic Life of Ancient Israel」を読むことをお勧めします。加えて、十分の一に関する聖書箇所を調べて、それらを注意深く読んでみても良いでしょう。また、図書館に行って「旧約時代の十分の一税」を概説する論文を検索し、それを読んでみましょう。

❖追加資料:

Albertz, Rainer. *A History of Israelite Religion in the Old Testament Period, V.1: From the Beginnings to the End of the Monarchy*. Louisville, KY: Westminster/John Knox, 1994. pp. 216–219.

Claburn, W. Eugene. "The Fiscal Basis of Josiah's Reforms." *Journal of Biblical Literature* 92, no. 1 (1973): 11–23.

Cross, Frank M. Jr. and David Noel Freedman. "Josiah's Revolt Against Assyria." *Journal of Near Eastern Studies* 12 (1953): 56–58.

Hallo, William W. and K. Lawson Younger, Jr., eds. *The Context of Scripture*, vol. 3: *Archival Documents from the Biblical World*. Leiden; Boston: Brill; 2003. "Metsad Chashavyahu ostracon" from time of Josiah, 77–78.

Pritchard, James B. *Ancient Near Eastern Texts Relating to the Old Testament*. 3rd ed. Princeton, NJ: Princeton UP, 1969. p. 568.

　　王国の会計係として、結局、あなたは国富を押さえています。王は
国富を超える支出をしようとします。そこで、あなたは資力の範囲内で
お金を使うよう王を丁寧に説得しなければならない立場にいます。ヨシ
ヤ王が考えているいくつかのアイディアは非常に良いと思います。エル
サレムに十分の一税、国税、そして全ての祭儀を集中させることは、都
市の富を増やし、それによって王の経済力もより容易に強化されること
でしょう。しかし、その他の改革についてあなたはほとんどはっきりし
た考えを持っていません。あなたは多くの改革については未確定のまま
なので、あなたが乗るべき意見がどれであるかについて、他の高官たち
が良い示唆を与えてくれるのを待っています。

❖職務:

　　王政の資産管理に携わる二人のアドバイザー、ヨアとトビヤフは、
王政に対し、動産資産（金、金属、牛、奴隷）、または不動産につい
て、その活用と管理に関する助言を行います。

　　ほとんどの改革について立場が未確定であるあなたは、それらに関
する議論に耳を傾ける義務がありますが、王政の資産管理に携わるあな
たは経済的根拠を持つ主張によってのみ説得されるでしょう。

❖ 勝利条件

◇ 第一級：税金の引き上げ

新しい法令に税金の引き上げを命じる条文が含まれる。

あなたの主な目標は、あらゆる祭儀や儀式がエルサレム神殿でのみ行われるように取り計らうことです。祭儀と儀式の集中化はエルサレムへの巡礼とそれに付随する経済的効果を生み出すでしょう。そうなると王国の税金だけではなく、神殿にかかわる様々な十分の一税がエルサレムに流れてくるでしょう。多くの倉庫を建てる必要が生じるほどエルサレムは経済的に繁栄するに違いありません。神殿に聖歌隊員と当番員を置くために、地方の祭司やレビ人が田舎から募集されることが想定されます。何人かは、当番のためにエルサレムに出てくるでしょうし、恒久的にエルサレムに引っ越す人もいるでしょう。このことによりエルサレムの人口が増え都市の名声が高まるでしょう。急速な都市化は、紀元前722年にセンナケリブによってユダの丘にある村の85%が破壊された後に始まりました。一説によると祭儀の集中化が行われればエルサレムの人口が4万人に達するようです。祭儀の中央集権化を超える、いかなる宗教改革も、あなたにとってほとんど意味がありません。それは多くの問題を引き起こすだけであろうと疑っているからです。エルサレムにいけにえが集中し、すべての十分の一税が送られ、またそれに伴い国の税金を引き上げるという規定が新しい法令の中に含まれれば、あなたは大勝利を勝ち取るでしょう。

◇ 第二級：ユダの独立を実現

ユダの独立を命じる法令が会議で多数決によって承認される。

現在の国際情勢は非常に不透明です。しかしユダはアッシリアの忠実な属国であり、アッシリアの支配の下で長期間に渡り平和な状態にあ

りました。王政派の一員として、あなたはアッシリア人の機嫌を損ねないことを優先してきました。しかし、アッシリアの権力が衰退している今、ユダが独立してソロモンとダビデの王国の栄光を取り戻す時が来たかもしれないとあなたは思っています。しばらく前に、あなたはこのことについてあなたの仲間である王政役人、衣装係のシャルムに手紙を送りました。この問題に対するあなたの立場が王立会議の決定に影響を及ぼし、ユダの独立を命じる法令が多数決によって承認されるならば、あなたは第二級の勝利を収めることになります。

エジプトがメソポタミア人に対抗して私たちを支持してくれると主張する人もいるかもしれません。あなたは、私たちが以前にその道を進んで行ったことがあり、またエジプトはその時に「壊れた葦」のように振る舞い、信頼に足らなかったという歴史的な事実に注意を喚起することができます（列王記下18:13–37参照）。

❖戦略上のアドバイス:

神殿がエルサレムへの経済的刺激となっていたという感覚を得るために、マーティF.スティーブンス（Marty F. Stevens）の「Temples, Tithes, and Taxes: The Temple and the Economic Life of Ancient Israel」を読むことをお勧めします。加えて、十分の一に関する聖書箇所を調べて、それらを注意深く読んでみても良いでしょう。また、図書館に行って「旧約時代の十分の一税」を概説する論文を検索し、それを読んでみましょう。

❖追加資料:

Albertz, Rainer. *A History of Israelite Religion in the Old Testament Period, V.1: From the Beginnings to the End of the Monarchy.* Louisville, KY: Westminster/John Knox, 1994. pp. 216–219.

Claburn, W. Eugene. "The Fiscal Basis of Josiah's Reforms." *Journal of Biblical Literature* 92, no. 1 (1973): 11–23.

Cross, Frank M. Jr. and David Noel Freedman. "Josiah's Revolt Against Assyria." *Journal of Near Eastern Studies* 12 (1953): 56–58.

アヒノアム、王の側室
（王政派 – 未確定 – 独立派）
❖

　あなたはヨシヤの側室、アヒノアムです。あなたは王政派の中で強力な政治的な権力は持っていません。しかし、あなたはヨシヤ王を心から愛していて、王の寵愛を受けています。あなたは公的な立場を持っていませんが、ヨシヤ王に愛されているということはあなたにとって絶対的な力になります。アサヤ首相さえも、あなたの前では言動に気をつけています。あなたは誰がどう見ても若く、美しく、誠実で、優しい貴婦人ですから。

❖職務：

　ヨシヤの側室であるあなたは、毎日ヨシヤ王と会う機会があります。それは大きな特権です。皆ヨシヤ王の本音を知りたがるからです。あなたは周囲の人々にその日のヨシヤ王の様子を伝えることによって王立会議に影響を及ぼすことが出来ます。もちろん、その伝言の中にはあなたの解釈が含まれるはずですが…。

❖勝利条件

◇ 第一級：税金引き下げ
　新しい法令に税金を引き下げるという条文が含まれる。

　申命記的法令に税金の引き下げを命じる条文が含まれれば、あなた

は第一級の勝利条件を満たすことになります。あなたは元々田舎農夫の娘でした。田舎を散歩していたヨシヤ王と偶然出会い、王の寵愛を受ける身分になりましたが、あなたは田舎で農業に携わる一般庶民の経済的苦しみを誰よりも知っています。ヨシヤ王が推進している宗教改革を心から願いますが、もう一方ではやはりその改革が田舎の人々にもたらすかもしれない経済的な不利益にも気をつけなければならないと思っています。ですから、あなたは申命記的改革について悩んでいます。まだ賛成も反対も出来ず、確信を持っていません。いずれにせよ申命記的法令に税金の引き下げを命じる条文は必要であると思っています。田舎の農夫たちや下流階層の人々を保護するためです。国の税金を引き下げるという規定が新しい法令の中に含まれれば、あなたは大勝利を勝ち取るでしょう。

◇ 第二級：ユダの独立を実現

　　ユダの独立を命じる法令が会議で多数決によって承認される。

　　現在の国際情勢は非常に不透明です。しかしユダはアッシリアの忠実な属国であり、アッシリアの支配の下で長期間に渡り平和な状態にありました。王政派の一員として、あなたはアッシリア人の機嫌を損ねないことを優先してきました。しかし、アッシリアの権力が衰退している今、ユダが独立してソロモンとダビデの王国の栄光を取り戻すときがきたかもしれないとあなたは思っています。王立会議でユダの独立を命じる法令が多数決によって承認されるならば、あなたは第二級の勝利を収めることになります。

　　エジプトがメソポタミア人に対抗して私たちを支持してくれると主張する人もいるかもしれません。あなたは、私たちが以前にその道を進んで行ったことがあり、またエジプトはその時に「壊れた葦」のように振る舞い、信頼に足らなかったという歴史的な事実に注意を喚起するこ

とができます（列王記下 18:13–37参照）。

❖ 戦略上のアドバイス:

　　神殿がエルサレムへどのような経済効果をもたらしたかについて知るために、マーティ F. スティーブンス（Marty F. Stevens）の「Temples, Tithes, and Taxes: The Temple and the Economic Life of Ancient Israel」を読むことをお勧めします。加えて、十分の一に関する聖書箇所を調べて、それらを注意深く読んでみても良いでしょう。また、図書館に行って「旧約時代の十分の一税」を概説する論文を検索し、それを読んでみましょう。それらの文献を読むとあなたは税金引き下げの当為性をより力強く主張することが出来るようになります。

　　なお、聖書には何人かの宮中貴婦人の例があります。あなたの役割、その権力、そして注意事項を理解するために、以下の箇所を注意深く読む必要があります：

　　・列王記下1–2章のバトシェバ
　　・箴言31章のレムエルの母
　　・列王記下11章のアタルヤ

❖ 追加資料:

Albertz, Rainer. *A History of Israelite Religion in the Old Testament Period, V.1: From the Beginnings to the End of the Monarchy.* Louisville, KY: Westminster/John Knox, 1994. pp. 216–219.

Claburn, W. Eugene. "The Fiscal Basis of Josiah's Reforms." *Journal of Biblical Literature* 92, no. 1 (1973): 11–23.

Cross, Frank M. Jr. and David Noel Freedman. "Josiah's Revolt Against Assyria." *Journal of Near Eastern Studies* 12 (1953): 56–58.

Stevens, Marty E. *Temples, Tithes, and Taxes: The Temple and the Economic Life of Ancient Israel.* Peabody: Hendrickson, 2006. pp. 123–28.

預言分派

❖

クラスの人数によりますが、預言派には9人のプレイヤーがいます：
・フルダ−分派のリーダー
・ゼファニヤ
・エレミヤ
・ナホム
・コナンヤ、レビ系の音楽家であり預言者
・ネタンエル、レビ系の音楽家であり預言者
・ハナンヤ
・マカヤ
・バルク

　ヨシヤの改革ゲームには、フルダ、ゼファニヤ、エレミヤ、およびナホムという預言者が登場します。歌で預言をする二人のレビ人音楽家、コナンヤとナタナエルにも会うかもしれません。王は謎の「律法の書」を詳しく調べさせるためにフルダに送りました。ゼファニヤがヨシヤの治世に預言活動をしていたことは明らかであり、エレミヤも同様です。エレミヤは紀元前627年頃に預言活動を開始したので、このゲームの時代背景である紀元前622年からすると約5年前のことです。ナホムの預言活動は少し遅れていますが（紀元前612年頃）、622年には活動していた可能性があります。ゼファニヤ、エレミヤ、そしてナホムの3人は

当時の国際政治情勢に深い関心を持っており、エレミヤとゼファニヤは
また、ユダ内部の宗教改革の成功を心より願っていたと思われます。潜
在的には、全部またはいずれかの預言者が申命記派の軌道に引き込まれ
る可能性があります。実際のところ、何人かの預言者は申命記派の計画
を積極的に手助けしました。しかし、覚えておいて下さい。あなたは第
一に預言的な責務に忠実であり、神の言葉に違反するような王政や国家
によるいかなる計画も支持すべきではないということを。あなたが神の
言葉の尊厳に対してこだわるということは、まず他人が主張する神の指
示というものを鵜呑みにせず、それを評価および判断するために細心の
注意を払うことを意味します。

　　ゲームにおける預言者としてのあなたの最も大切な任務は、人々
や祭司、そして王家に対し、神の選民あるいはヤハウェのしもべといっ
た彼らの本当の使命と本来の姿に戻るよう呼びかけることです。アモス
（9:7）が教えてくれたように、ヤハウェはすべての人に恵みと使命を与
える普遍的な神です。あなたは、この普遍的な神を真に礼拝することを
人々に呼びかけます。時には神殿の儀式は必要ではないことを示唆する
など、真の礼拝についての預言的な説明は時々過激なものです。神は祭
りやいけにえを望まず、社会的正義を望みます（アモス書5:21–23、ミカ
書6:6–8、イザヤ書1:12–15）。預言者はしばしば祭司たちを批判していま
す（エレミヤ書2:8, 26、4:9、5:31、ホセア書 6:9、ミカ書 3:11、マラキ書
1:6–8）。祭司の反応は頻繁には報告されていませんが、記録された限り
のテキストを読みますと祭司も預言者を非難したと思われます（アモス
書7:10–13）。要するに、あなたが祭司たちを悔い改めさせ、彼らが神を
正しく礼拝するようになれば（特に「高台」や他のカナン人の影響を受
けた宗教的慣習を取り除くことができれば）あなたは祭司たちと同盟を
組めます。しかし、祭司たちが彼らの古い道を歩み続けるのであれば、
あなたは彼らを力強く非難し、告発しなければなりません。

　　何よりも、神法の管理とそれに関わる正当な慣習が、あなたが預

言者として覚えていなければならない職務、つまり「選ばれた」理由です。選民イスラエルは神から約束の地を頂き、その地を管理する使命も与えられました。土地の管理人は様々な任務を遂行しなければなりませんが、「土地の所有者」であるヤハウェよりもむしろ「土地」に焦点を合わせる政治プログラムについてあなたは疑念を抱いています。したがって、真の「勝利」は、ゲームの関係者全員によって表明されるヤハウェへの忠誠心にあるかもしれません。あなたの勝利は、ヨシヤやヒルキヤが宗教改革を宣言したり実行したりすれば完成するのではなく、むしろ民全体（クラス全体）がそれを心より受け入れるかどうかにかかっています。

その目的のために、あなたたちは宮殿の前（2–3分程度で十分）や町の門（教室の入り口）で、あるいは屋上(授業のための電子掲示板に投稿するか、または、電子メールでクラス全体へ送信すること)から頻繁に預言や説教を発信することができます。短くても長くても文章化されたものは、クラス全員が読んだり聞いたりすることができるよう公表されるべきです。クラスの前で文学に通じた預言者がしばしば用いた様式に倣って、自分の詩を朗読してもよいでしょう。

預言者をいつも悩ませている問題の一つは、彼らが神の言葉を完全かつ正確に伝える「真の」預言者であるかどうかです。人々は、父親が預言者であったが故に預言者になった者、あるいは報酬のために預言したりする「職業的」預言者に対して軽蔑の念を抱いています。職業的な預言者たちは、ヤハウェに霊感を受けたと主張しつつも、自分のメッセージを、自分たちの都合に合わせて変えているのではないかと疑われています（ミカ書3:5,11）。これらの「職業的預言者」が預言者全体の名誉を汚す場合が多かったので、あなたたちのグループではしばしば自身を「預言者」と名乗る人々を批判的な目で見ています。例えば、アモスが、「わたしは預言者ではない。預言者の弟子でもない。」と宣言したことはよく知られていますが（アモス書7:14参照）、アモスが預言者を名乗らなかったのはそのような預言者に対する否定的な認識と関係があ

るかもしれません。上記の祭司たちを非難する聖書箇所のリストを読む
ならば、預言者たちが頻繁に、祭司たちと一緒に民を誤った方向に導く
悪者とされていたことに気づくでしょう。

　真の預言者でさえも直面するもう一つの問題は、神がご自身の目的
を達成するために「うそをつく霊」を彼らに送ることがあるという点で
す（列王記下22:19-23）。彼らは真にヤハウェからのメッセージを届け
ることができても、それが本当に実現するかどうかは明らかではないた
め偽預言者と判定される場合がありました。例えば、ヨナの苦情もそこ
に由来するものでしょう。つまり、彼はヤハウェの裁きのメッセージを
伝えたのですが、人々が行いを改めたので、神はヨナのメッセージを無
にして町を滅ぼさなかったのです。ですからあなたは自分が「真の」預
言者であることを明確にする必要があります。そして、疑っている人々
に預言派の信頼性を弁護しなければなりません。

　あなたたちの指導者、フルダは第1ラウンドの初めにアサヤから呼
ばれ、「律法の書」が神から来た文書であるかについて語るように求めら
れるでしょう。預言するときは預言形式を使うように注意して下さい
（詳しくは学生用教本を参照して下さい）。

　間違った預言を出さないように注意してください。申命記が国の法
律になると、誤った預言者が裁判にかけられ（申命記 18章）、おそらく
ユダから追放される（すなわち、ゲームで沈黙させられる）かもしれま
せん。他の人は、プレイヤーとしてのあなたを排除することに興味を持
っているかもしれません。

❖預言者を演じることについて

　預言者は聖書の中で、派手な人物として描かれています。あなたは
預言者を楽しく演じるべきです。預言者たちは激しい「預言状態」（サ
ムエル記下10:10）となり、我を忘れて、時には楽器を用いて（サムエル
記下10:5）語りました。通常、預言者は詩文という文学形式で、または

それを歌うことによって彼らの口論を宣言しました。

　預言者は社会規範に反することも平気でやりました。例えば、彼らは自分の服を脱ぎ捨てたりしました（サムエル記下19:24）。イザヤはエルサレムを3年間裸で歩き回りました（イザヤ書20:2-3）。驚くには値しませんが、ある人々は彼らをぶつぶつしゃべる狂った男と見なしました（列王記下9:11）。しかし、イエフの周囲の人々がどれだけ真剣に預言を受け取ったかについては注意してください（列王記下9:12-13）。

　預言者たちはまた、預言を分かりやすく説明するために小道具を使いました。ゼデキヤは鉄の角をつくって、アハブの強力な軍事的勝利を預言しました（列王記上22:11）。エレミヤはくびき（エレミヤ書27:2）をつくり、エルサレムでそれを身に着けました。これはバビロニアの力とそれに服従する必要性を象徴していました。彼の対決相手であったハナンヤは、バビロニアを破壊するヤハウェの力を説明するためにくびきを打ち砕きました（エレミヤ書28:10）。

　預言者として最新の小道具（今日神の圧倒的な力を象徴するものは何でしょうか）、珍しい服や行動、楽器などを自由に使ってください。しかし（聖書の預言者とは異なり）いかなる法律にも違反してはいけませんし（たとえば、裸で歩き回ることもだめです）、他の教室で行われている授業を混乱させてもいけません。預言者としての活動がどこまで許されるかについて質問があれば、ゲームマスターに相談してください。

　何よりも大切なことはぜひ預言者としての役柄を楽しんでください。預言者の仕事はみじめなものであったかもしれませんが（権力に向かって真実を語ることは常に挑戦精神を必要とする営みです）、しかしそれは預言者を演じるあなたたちが楽しめない理由にはなりません。

❖預言分派に関連する資料：

Begg, Christopher T. "The Death of Josiah in Chronicles: Another View." *Vetus Testamentum*, no.1 (1987): 1–8.

Zevit, Ziony. *The Religions of Ancient Israel: A Synthesis of Parallactic Approaches*. London & New York: Continuum, 2001. [Fulfilled and Unfulfilled Prophecies], 482–86.

フルダ
（預言派 － 申命記派 － バビロニア派）
❖

　あなた、フルダは旧約聖書の中で預言者と名付けられた5人の女性のうちの一人です。フルダの預言は、列王記下22章15–20節と歴代誌下34章22–28節に記されていますが、申命記32章もまたあなたの口から出たものであると言う人もいます。あるいはあなたは自分の預言の中でこの「モーセの歌」を引用したかもしれません。あなたは王から「律法の書」を検証するように求められました。それはあなたが当時の預言者の中で最も認められていた存在であったことを表します。**あなたは預言派のリーダーであり、ゲームの本番が始まる前に戦略を練るために預言派のメンバーを招集する必要があるかもしれません。**

　あなたはまた、申命記派の一員でもあります。あなたは「律法の書」を読みますが、その文書を読めば読むほどヤハウェがあなたを通じ、民全体に対する警告のメッセージを送っておられるという確信を抱くようになります。ユダの運命は破滅に向かっているのです。しかし、他の申命記主義者と同様に、あなたは、神が「恵みと憐みの神であり、忍耐強く、慈しみに富み、災いをくだそうとしても思い直される方」（ヨナ書4:2）であることを知っています。ユダの人々にとって唯一の望みは、これまで長い間行ってきた不純な礼拝の慣習に対して直ちにそして完全に背を向けることです。そうすれば、ヤハウェの怒りは取り除かれるかもしれません。

　あなたは預言派のリーダーであり、また王に信頼されていますが、

あなたの対戦相手の何人かはあなたについて呟いています。あなたはこれらを罪人と見なしますが、彼らの言葉は聴衆を引きつけるかもしれません。彼らはあなたを「職業的」預言者であると非難しています（たとえ聖書の中で「職業的」として識別される女性預言者が他にいないとしても）。彼らは、あなたの夫であるシャルムが衣裳部屋係として王のために働いていることを指摘し、あなたの「律法の書」に対する解釈は王を喜ばせ、シャルムを昇進させるために調整されたものだと中傷しています。そして、あなたは女性であることから、女性が誤った崇拝を行い、占いを実践する可能性が高いという当時の社会通念に基づき、とにかくあなたを何らかの疑いを持って捉えようとする連中がいます。あなたはこれらの噂や非難や偏見を知っていて、それらに異議を唱える方法を一生懸命考えています。

❖ 職務:

　　王立会議のセッションが始まる前に、あなたは他の預言者たちと会合を持つ必要があります。預言者の真実性や預言の信憑性についての疑いは、あなた方全員に影響を与えるので、あなたは、預言派のメンバーが預言者としての職務を全うするために必要な知識を理解しているかどうかチェックする必要があります。

　　最初の王立会議で、アサヤはあなたに「律法の書」を、あるいは申命記12章から26章までの律法について検証を行うように求めます。あなたの預言は「律法の書」の真実性を確認するものであり、あなたは申命記が神から与えられた真実の言葉であると信じています。あなたの主な論拠は、真の預言が持つ確かさです。預言者は神の言葉を宣布し、その預言が成就することで、預言者としての信頼を勝ち取ります。このように真の預言者は信頼されるべきなので、王立会議は申命記を裏付けるあなたの預言に頼るべきです。この議論をどのように進めるかについての詳細は下記の戦略的アドバイスを参照してください。

あなたの最初の演説の後、あなたは預言者として、人々にヤハウェの言葉に従うように呼びかけ続ける義務を負っています。町の門で（教室に入るときに）、屋上（電子メール）から、または王立会議のセッション中で、他のプレイヤーにあなたのメッセージを活発に発信してください。あなたは他の演説者を妨害しながら短い説教をすることができますが、必要であれば状況を見ながら中断してください。預言者たちは権力者に反抗しますが（アモス書7:10–17）、逮捕され投獄される可能性があるからです（エレミヤは生涯の終わりごろに水溜めに投げ込まれます：エレミヤ書38:6）。もちろん、あなたの預言活動がアサヤまたはシャファンを喜ばせるのであれば、処罰はそれほど早く下らないかもしれません。

❖ 勝利条件

◇ 第一級：ユダの宗教浄化

1) 「律法の書」を国の法律であると宣言する法令が会議で多数決によって承認される。
2) 新しい法律を用いて、一人以上の伝統主義者を裁判にかけ、彼らを有罪にさせ、追放することによって、ユダの礼拝と宗教を浄化する。

　したがって、あなたは法令を可決させ、かつ伝統主義者に有罪判決を下すように王立会議を導く必要があります。対戦相手に対抗し、また彼らの論拠の弱点を看破することができるよう、法令に反対する人々の主張に注意深く耳を傾ける必要があるでしょう。そうすれば、あなたは彼らに対して遡及法（事後法）禁止の論理を破ることができるかもしれません。

　遡及法（事後法）禁止の論理とは、被告人が過去に伝統的な宗教儀礼を行っていた場合、その当時はその慣習が違法ではなかったという理

屈です。しかし、一旦法令が可決されれば、それらの儀礼は違法になりますが、もし彼らが伝統的な宗教をやめれば、違法ではなくなります。ですからあなたが過去の宗教行為のために伝統主義者を裁判にかけ、彼らを追放しようとすると、プレイヤーのほとんどはそれを不公平だとみなすでしょう。現代社会の法制度ではある行為を後から出来た法律で処罰することは違法となるからです。あなたの勝利条件を満たすためには遡及法の論理をどのようにして論破するかが鍵となります。

　したがって、あなたは伝統主義者たちが法令の可決以前に存在していた様々な規範に反する行為を行ったという証拠を発見することに努めなくてはなりません。その証拠は出エジプト記の20章やレビ記の17章、18章21節、19章、20章1-10節、26章1-2節に見ることができます。あるいは、あなたは昔の預言者から証拠を見つけることが出来るかもしれません。ホセアとイザヤは特に不適切な宗教的慣習を懸念していて、彼らの警告や預言は明らかに伝統主義者の宗教習慣を批判していました（もちろん、警告は法律ではありませんが…）。アモスもまた様々な宗教的悪習について言及しています。

　あるいはあなたは、神が遡及法（事後法）禁止の論理を無視し、後から作られた法律をもって以前の行為を処罰したという、いくつかの事例を引用した方が良いかもしれません。ヤハウェが遡及法（事後法）禁止の論理を受け入れなかったならば、陪審員もそうするように説得することが出来るはずです。つまり、古代の法概念は現代の法概念とは異なるということを強調する戦略です。遡及法が神によって受け入れられるならば、それらは陪審員によって受け入れられるべきです。もう一方で、聖書の執筆者たちも、実は遡及法の不公平さを認めていました。なぜ神がイスラエルを滅亡させ、追放する処罰を下したかを説明するとき、彼らはヤハウェがイスラエルにあらゆる預言者とあらゆる戒めを通して警告したと主張しました（列王記下 17:13）。ですから、神の処罰は正当なものであったという論理です。

なお、遡及法を適用することは、申命記派のメンバーにも被害をもたらすかもしれません。たとえば、ヒルキヤは、法令が可決される前には大祭司としてエルサレム神殿で多くの不当な祭儀をおこなったはずです。遡及法が適用されるのであれば、彼も裁判にかけられ有罪判決を受けることになるのではないでしょうか。

　つまり、あなたの対戦相手に有罪判決を受けさせることは、実際には法令を可決させることよりさらに難しい課題かもしれません。

◇ 第二級：預言派の保護
　預言派のメンバーを裁判の有罪判決から守る。

　あなたは自分自身と預言派のメンバーが、偽りの預言者であるという有罪判決を受けないようにしなければなりません。預言派のメンバーが裁判にかけられた場合は、被告人が実際には真の預言者であると陪審員を説得する必要があります。預言派のうちの一人でも偽預言者であるという有罪判決を受けた場合、それは預言派全体の信頼性を弱め、あなたたちを破滅させる雪崩を引き起こす最初の小石になりかねないからです。

◇ 第三級：バビロニアとの同盟
　バビロニアと同盟を結ぶことを命じる法令が会議で多数決によって承認される。

　あなたは、ユダがバビロニアの同盟国（または属国）になる必要があると確信しています。あなたはアッシリアに対して現在行われているバビロニアの攻撃が、アッシリアの一時的な後退で終わらないと信じています。むしろ、ヤハウェは何年も前にユダを破壊した罪とユダの隣国を抑圧した罪でアッシリアを罰しているのです。アッシリアの星は現在

消えつつあります。

　ある人はエジプトとの同盟を主張するでしょう。しかしながら、もしエジプトと同盟を組めば、エジプトに支配されることになります。ユダはエジプトの玄関口となり、彼らはユダをまるで玄関マットのように踏みつけるでしょう。バビロニアは遠く離れていますから、私たちを支配するのにより手間取るのではないでしょうか。

　あなたは仲間の会議参加者に、バビロニアと同盟を結ぶよう説得する必要があります。バビロニアはまた、エドム人のような隣接する民族が、ユダの南部地域へ侵入を続けないよう私たちに力を貸してくれるかもしれません。

❖戦略上のアドバイス:

　あなたが預言者たちを擁護するためには、申命記18章22節に記されている、真の預言者の言葉は必ず実現されるという思想を強調すべきです。偽りの預言者がいるかもしれませんが（現在の預言派の仲間の中にはいないことは確かですが）、歴史の行方によって預言が真実かどうか明らかになるでしょう。あなたは王立会議で歴史を振り返ることによって自分の論点を展開することができます。聖書には成就された預言を語った預言者の例が多くあります。列王記上11章31節以下は列王記上12章15-16節で成就されています。列王記上14章6節以下は列王記上15章28-29節で成就され、列王記上14章12節は14章17節で成就されました。列王記上16章2節は、16章12節で成就されています。それ以外にも多くの例がエリヤとエリシャの物語（列王記上17章 - 列王記下8章）にあります。他の事例についてもあなたの仲間に尋ねてみてください。あなたの仲間たちは創世記や預言文学（例えばアモス書7章など）から他の事例を思いつくかもしれません。ツェビト（Zevit）の本はこのトピックについて考察するために有効な助けになるでしょう。

　真の預言は信頼することができ、またあなたの預言はすべて成就し

ているので、あなたが申命記を神の真の啓示として支持することは大きな重みを持っています。

❖ **追加資料**：

Ackerman, Susan. "Why Is Miriam Also Among the Prophets? (And Is Zipporah Among the Priests?)." *Journal of Biblical Literature* 121, no. 1 (2002): 47–80.

Glatt-Gilad, David A. "The Role of Huldah's Prophecy in the Chronicler's Portrayal of Josiah's Reform." *Biblica* 77 no. 1 (1996): 16–31.

Handy, Lowell K. "The Role of Huldah in Josiah's Cult Reform." *Zeitschrift für die alttestamentliche Wissenschaft* 106 no. 1 (1994): 40–53.

Weems, Renita J. "Huldah the Prophet: Reading a (Deuteronomistic) Woman's Identity." In *A God So Near: Essays on Old Testament Theology in Honor of Patrick D. Miller*. Eds. Nancy R. Bowen and Brent A. Strawn. Winona Lake, Indiana: Eisenbrauns, 2003, pp. 321–39.

Zevit, Ziony. *The Religions of Ancient Israel: A Synthesis of Parallactic Approaches*. London & New York: Continuum, 2001. [Fulfilled and Unfulfilled Prophecies], 482–86.

エレミヤ
（預言派 − 申命記派 − バビロニア派）
❖

エレミヤ書によれば、あなたはヨシヤ治世の13年目、つまり紀元前627年に預言を始めました。[1] エレミヤ書の一部はあなたがヨシヤの時代に見た物事について伝えてくれているようです。少なくとも、エレミヤ書2–6章と30–31章はこの時期に執筆されたと思われます。アッシリアは、「北からの敵」（2:14-19、36-37）として描かれています。当時多くの人は、巻物とヨシヤの改革を拒んでいるようです（6:19）。しかし、北イスラエル王国（現在はアッシリアの国境地域）出身の聴衆（2:3, 14, 31, 3:23, 4:1）に語るとき、あなたは衰えてしまったイスラエルがダビデ家の支配によって（30:5-11、31:7-14）修復されることを望んでいるようです。

なぜあなたが神殿で見つけられた巻物を検証するよう求められなかったのか、その理由を尋ねる人もいますが、もちろん、あなたは申命記派に入っています。なぜ、巻物はあなたにではなくフルダに送られた

1　結局、紀元前586年直後まで、エレミヤは40年以上も預言を続けました。後の編集者は、エレミヤの言葉とその活動の記述を集めて、エレミヤの名前を冠した本を聖書におさめました。しかし、この本は時系列でエレミヤに降った託宣を表しているわけではありません。なお、エレミヤ書はエレミヤの預言だけではなく、エレミヤについて書かれている部分、あるいは他の人がエレミヤの名前で書いた部分を含んでいます。

のでしょうか。この問いは、あなたが実際に巻物を書いたのではないかという推測、そして巻物の発見は政治的に都合の良いものであり、したがってあなたが検証するのは不都合なのではないかという推測につながります。しかし、あなたはそのような悪意のある問いには答えません。別の人もその書の真実性を認めたという事実は、それが神からの霊感を受けて書かれたことを示しているのではないでしょうか（申命記17:6、19:15）。人間の手がその中で何を成し遂げたのかという問題はあまり重要ではありません。

　しかし、あなたの家系歴史によって、あなたはヨシヤからある程度の距離をおかなければならない立場にいます。あなたはダビデ王の時代に祭司の一人であったアビアタル（サムエル記上22–23章）の子孫です。ソロモンはあなたの家系をエルサレム神殿から追放しました。ですから、あなたはダビデの家（ヨシヤを含む）やエルサレム神殿の祭司たちに特別な愛着は持っていません。あなたはアナトス、つまりユダ北方の小さな部族であるベニヤミン族の村から来ました。ベニヤミンはエルサレムの権力者たちによって支配される場合が多かったのですが、考え方や観点において北イスラエルの一部族でした。イスラエルの最初の王サウルはベニヤミン族でした。

　おそらくあなたは北部の部族出身であるため、モーセや出エジプトの物語に神学的な焦点を当てて自分の預言活動を展開しており、そこにヤハウェの力と民に対する憐みが表われると信じています。これは確かに約100年前に北イスラエル王国で預言したホセアとアモスの見解でもありました。ヒルキヤがエルサレム神殿修復中に発見した「律法の書」を読むと、そこにも同様の思想が見られます。申命記は絶えずエジプトからの脱出を言及しており、それを神がイスラエルやユダと結ぶ関係において決定的な出来事として把握します。

　ツァドク家のヒルキヤがエルサレム神殿を正しく管理したとは思わないでしょうが（間違いなくアビアタルとその子孫の方がもっと上手く

管理できたはずでしょう！）、あなたは修理の間にヒルキヤが「律法の書」を見つけたことを喜んでいます。あなたをさらに喜ばせたのは、ヒルキヤが自分のやり方の誤りを認識し、あの巻物の教えを受け入れたという事実です。あなたは彼を申命記派に説得された敬虔な祭司の一例として見ています。あなたは、彼の仲間祭司たちを説得するため、ヒルキヤと共に働くことを楽しみにしています。王立会議で申命記をユダの国法にするという法令を可決した場合、あなたはエルサレムの神殿だけではなく、さらに広くユダ全域の宗教的慣習を浄化するために申命記を用いることができます。

　あなたの将来の預言は、申命記に表われる多くのテーマを反映するでしょう。あなたは、悪人は自らの罪のゆえにその人生において罰せられるという、申命記的な因果応報の原理を受け入れています。そして、善を成す者はその人生において、富や健康などの報酬を得ることを信じるようになりました。このように「律法の書（申命記）」はあなたに深い影響を与えます。あなたは国家の拡大に賛成です。そして、あなたは申命記の律法とそれに付随する宗教改革の実施に反対している人々と対立します。実際に、あなたはこの巻物とその宗教的基準を受け入れるため舞台裏で精力的に働いています（特に申命記13章と18章を参照）。

　したがって、祭司たちが階級として、「律法の書」に基づく改革に抵抗したり、反対したりする場合、あなたは新しい祭司の一族に門戸を開き、神殿の責任を与えることを検討しなければなりません。ヒルキヤは非常に高齢であり、いずれ後継者を見つけなければなりません。後継者はヒルキヤと同じツァドク家から出さなければならないのでしょうか。それとも、改革を積極的に進めているシャファン家から誰か一人を選ぶべきでしょうか。

❖職務：

　王立会議のセッションが始まる前に、フルダが預言派の会合を招集

するかもしれません。その集会で、あなたは仲間たちと協力し、預言者の評判と名誉を守るために必要な知識を預言派全員で理解し、覚えることに務めるでしょう。この会合を使って、すべての預言者が申命記改革プログラムを確実に支持するようにしてください。

　王立会議のセッションが始まると、あなたは預言者として、ヤハウェの言葉に従うよう人々に呼びかけ続ける義務があります。町の門（教室に入るとき）、屋上（メールを通じて）、またはセッションの間に熱心に勧告することで、あなたは彼らに神への忠誠を再び思い出させることができます。あなたは他の演説者を妨害しながら短い説教をすることができますが、状況を見ながら臨機応変に行ってください。預言者たちは権力者に反抗しますが（アモス書7:10–17）、逮捕され投獄される危険性があるからです（あなたは生涯の終わりごろに水溜めに投げ込まれます：エレミヤ書38:6）。もちろん、あなたの預言活動がアサヤやシャファンなど高位官吏を喜ばせるのであれば、処罰はそれほど早く下らないかもしれません。

❖ 勝利条件

◇ 第一級：ユダの宗教浄化
1) 「律法の書」を国の法律であると宣言する法令が会議で多数決によって承認される。
2) 「律法の書」に占い禁止と霊媒禁止をさらに強化する規定を追加する。
3) 新しい法律を用いて、一人以上の伝統主義者を裁判にかけ、彼らを有罪にさせ、追放することによって、ユダの礼拝と宗教を浄化する。

　したがって、あなたは法令を可決させ、かつ伝統主義者に有罪判決を下すように王立会議を導く必要があります。対戦相手に対抗し、

また彼らの論拠の弱点を看破することができるよう、法令に反対する人々の主張に注意深く耳を傾ける必要があるでしょう。そうすれば、あなたは彼らに対して遡及法（事後法）禁止の論理を破ることができるかもしれません。

　遡及法（事後法）禁止の論理とは、被告人が過去に伝統的な宗教儀礼を行っていた場合、その当時はその慣習が違法ではなかったという理屈です。しかし、一旦法令が可決されれば、それらの儀礼は違法になりますが、もし彼らが伝統的な宗教をやめれば違法ではなくなります。ですから、あなたが過去の宗教行為のために伝統主義者を裁判にかけ、彼らを追放しようとすると、プレイヤーのほとんどはそれを不公平であると見なすでしょう。現代社会の法制度では、ある行為を後から出来た法律で処罰することは違法となるからです。あなたの勝利条件を満たすためには、遡及法の論理をどのようにして論破するかが鍵となります。

　したがって、あなたは伝統主義者たちが法令の可決以前に存在していた様々な規範に反する行為を行ったという証拠を発見することに努めなくてはなりません。その証拠は出エジプト記の20章やレビ記の17章、18章21節、19章、20章1–10節、26章1–2節に見ることができます。あるいは、あなたは昔の預言者から証拠を見つけることが出来るかもしれません。ホセアとイザヤは特に不適切な宗教的慣習を懸念していて、彼らの警告や預言は明らかに伝統主義者の宗教習慣を批判していました（もちろん、警告は法律ではありませんが…）。アモスもまた様々な宗教的悪習について言及しています。

　あるいはあなたは、神が遡及法（事後法）禁止の論理を無視し、後から作られた法律をもって以前の行為を処罰したという、いくつかの事例を引用した方が良いかもしれません。ヤハウェが遡及法（事後法）禁止の論理を受け入れなかったならば、陪審員もそうするように説得することが出来るはずです。つまり、古代の法概念は現代の法概念とは異なるということを強調する戦略です。遡及法が神によって受け入れら

れるならば、それらは陪審員によって受け入れられるべきです。もう一方で、聖書の執筆者たちも、実は遡及法の不公平さを認めていました。なぜ神がイスラエルを滅亡させ、追放する処罰を下したかを説明するとき、彼らはヤハウェがイスラエルにあらゆる預言者とあらゆる戒めを通して警告したと主張しました（列王記下 17:13）。ですから、神の処罰は正当なものであったという論理です。

　なお、遡及法を適用することは、申命記派のメンバーにも被害をもたらすかもしれません。たとえば、ヒルキヤは、法令が可決される前には大祭司としてエルサレム神殿で多くの不当な祭儀をおこなったはずです。遡及法が適用されるのであれば彼も裁判にかけられ有罪判決を受けることになるのではないでしょうか。つまり、あなたの対戦相手に有罪判決を受けさせることは、実際には法令を可決させることよりさらに難しい課題かもしれません。

　特にあなたを悩ませるのは、モレク崇拝です（レビ記18:21、20:1–5、申命記18:10、エレミヤ書19:5、32:34–35）。もしあなたが民の中からモレクの儀式者を発見し、彼らを起訴し有罪判決を下させることに成功すれば（申命記18:9–14）、あなたは上記の勝利条件（2）を達成することになるでしょう。

◇ 第二級：バビロニアとの同盟
　バビロニアと同盟を結ぶことを命じる法令が会議で多数決によって承認される。

　神は「北からの敵」（2:14–19）を送るとあなたに言われましたが、過去70年ほどとは異なり、それはアッシリアではありません。神はアッシリアに代わりバビロニアを大きく成長させました。ですから、バビロニアの支配に服従することが、ユダにとって重要です。なぜなら、それが神の御心に従うことになるからです。あなたは昔北イスラエル王国の

領土であって、現在はアッシリアの属州になったサマリヤの聴衆に向かって預言し（2:3, 14, 31、3:23、4:1）、この地域がダビデ家の統治によって（30:5-11、31:7-14）修復されることを望んでいるようです。

　あなたは、ユダがバビロニアの王ナボポラッサルへの服従に同意すべきであると考えています。そのためにバビロニアと同盟を結ぶよう仲間たちを説得する必要があります。つまり、あなたは王立会議がナボポラッサルとの宗主権条約（Suzerain-Vassal Treaty）を締結するように努めなければなりません。

◇ 第三級：シャファン家が大祭司職を承継
　シャファンかアヒカムが大祭司に任命される。

　ヒルキヤが死んだ場合、あるいは大祭司としての職を失った場合、どうしますか。あなたはそもそも大祭司職の簒奪者であるツァドク家を好んでいません。好むところかその逆が真実に近いでしょう。もしツァドクの子孫ヒルキヤが大祭司職から解任されるのであれば、あなたは彼の退場を歓迎するでしょう。あなたにとって本当に重要なのは誰が彼の後任者になるのかという問題です。シャファン家はアロンの子孫です。彼らは宗教改革を求めて前進してきました。もしシャファン家の一員であるシャファン自身、または彼の息子アヒカムがヒルキヤに代わる大祭司として選ばれた場合、あなたは第三級の勝利を収めることになります。

❖戦略的アドバイス：
　エレミヤ書の中で、特に2-6章と30-31章は、このゲームにおけるあなたの役目と直結する興味深い部分です。まず、これらの章を注意深く読んでください。
　第1ラウンドであなたがすべき主張は、ほとんど「律法の書」に関するものです。あなたはこの巻物が古代の文書であり、モーセの知恵だ

けではなく、神の教えを反映していると信じています。あなたの論拠を
強める1つの方法は、神があなたに出エジプトについての啓示を明らか
にしてくださった箇所を研究し、それを公に発表することです（エレミ
ヤ書2:6、7:22-25、11:4-7、16:14、31:32参照）。そして申命記でも出エジ
プトについて言及する箇所を探し、両者を比較してみてください。そう
すれば、あなたは、神がモーセとあなたに同様のメッセージを明らかに
してくださったということが分かるでしょう。それゆえ、申命記はモー
セによって伝えられた神の真実なる教えであることが証明されるのです。

❖追加資料:

Barrick, W. Boyd. "Dynastic Politics, Priestly Succession, and Josiah's Eighth Year." *Zeitschrift
für die alttestamentliche Wissenschaft* 112 no. 4 (2000): 564–82.

Rowton, M. B. "Jeremiah and the Death of Josiah." *Journal of Near Eastern Studies* 10
(1951): 128–30.

Sweeney, Marvin A. "Jeremiah 30-31 and King Josiah's Program of National Restoration
and Religious Reform." *Zeitschrift für die alttestamentliche Wissenschaft* 108 no. 4
(1996): 569–83.

_____. "Jeremiah." In *King Josiah of Judah: the Lost Messiah of Israel.* Oxford: Oxford
University Press, 2001. pp. 208–33.

Terblanche, Marius. "No Need for a Prophet Like Jeremiah: the Absence of the Prophet
Jeremiah in Kings." *Past, Present, Future: The Deuteronomistic History and the
Prophets.* Eds. Johannes C. De Moor and Harry F. Van Rooy. Oudtestamentische
Studiën 44. Boston: Brill, 2000. pp. 307–14.

ナホム
（預言派 – 未確定 – 未確定）
❖

アッシリアによる75年にわたる支配の後、ヤハウェはアッシリアの首都ニネベが破壊されることをあなたに明らかにしました。神は十分に長くユダを苦しめました（ナホム書1:12）。そして、今度は「倒れる者はおびただしく、しかばねは山をなし、死体は数えきれない」ほどにその町を埋め尽くし（3:3）、ユダの迫害者であったアッシリアを処罰するのです。あなたの敵の破壊と屈辱を目撃することになるであろうあなたは幸せです。「お前（アッシリア）のうわさを聞く者は皆 ／ お前に向かって手をたたく」（3:19）。

あなたはユダの宿敵である超大国アッシリアに対して預言します。特にあなたは、ヤハウェがアッシリアに対して無力であるという敗北主義的な考えに対処したいと思います。あなたの預言はメソポタミアの政治情勢については明確に言及していませんが、実は現在アッシリアとバビロニアの関係は激変し、ナボポラッサルは紀元前626年にアッシリアの摂政からバビロニアの王座を奪いました。あなたはアッシリアに対する彼の反乱が紀元前625年に成功したということを知りました。彼がエジプトで味方を見つけるかもしれないという希望も浮かび上がりました。あなたは約100年前に北イスラエル王国を滅亡させたアッシリア帝国の終焉を待ち望んでいます。

あなたの預言は、ユダにとって新しい日、つまり救いの日を約束します（1:15）。邪悪な国であるアッシリアが消え去るからです。あなた

は、弱体化し混乱に陥った「邪悪な帝国」が残した権力の真空の中でようやく可能になったヨシヤの領土拡大を暗黙のうちに支持していますが、それが必ずしもユダの独立を意味するわけではありません。他の選択肢もあるからです。最も大切なことは神の導きに信頼を置くことです。神は忍耐強く、その力は大きく、罪人を罰せずにはおられない方です（1:3）。ですからあなたが特定の外交政策を好むことはありません。**つまり、外交政策の問題に関して、あなたは未確定です。**

そして、あなたは大衆宗教の慣行を非難したり、宗教の浄化を促したりもしません。むしろ、あなたのメッセージは、ヤハウェがユダを搾取する強大国を打ち負かす未来への希望を築くことに焦点を当てます。あなたはユダのための希望を説く説教者です。同時に、あなたはヤハウェの敵を嘲り、彼らに最後の審判を告げます。そのため、あなたはユダが神を「正しく」礼拝することを確実にする申命記的な改革プログラムにはあまり関心がなく、申命記主義者が提唱する原理主義にそれほど容易に引き込まれていません。したがって、**申命記的法令の問題に関しても、あなたは未確定です。**しかし、それはあなたが神学的に主体性を持っていないということを意味するわけではありません。あなたは礼拝の形式という見た目の問題にはあまり興味を持っていないのであり、現在のところ申命記的改革が見た目の問題に過ぎないのではないかと考えています。申命記的改革が神の御心にかなう形で進むのであれば、あなたはそれを支持するかもしれません。しかし、もし改革がユダを弱体化させるか、もしくは人々の間に否定的な影響を及ぼすのであれば、あなたはそれに反対するでしょう。今何よりも大切なことは人々が心を合わせて、アッシリアに対する神の審判が一日も早く実現するように祈ることです。このように、あなたは自分を取り巻く国際情勢や宗教改革の渦の流れを通してあなた自身の道を切り開きます。

❖職務:

　王立会議のセッションが始まる前に、フルダが預言者の集会を招集するかもしれません。その集会で、あなたは仲間たちと協力し、預言者の評判と名誉を守るために必要な知識を預言派全員で理解し、覚えることに務めてください。

　王立会議のセッションが始まると、あなたは預言者として、ヤハウェの言葉に従うよう人々に呼びかけ続ける義務があります。町の門（教室に入るとき）、屋上（メールを通じて）、またはセッションの間に熱心に勧告することで、あなたは彼らに神への忠誠を再び思い出させることができます。あなたは他の演説者を妨害しながら短い説教をすることができますが、状況を見ながら臨機応変に行ってください。預言者たちは権力者に反抗しますが（アモス書7:10–17）、逮捕され投獄される危険性があるからです（エレミヤは生涯の終わりごろに水溜めに投げ込まれます：エレミヤ書38:6）。もちろん、あなたの預言活動がアサヤやシャファンなど高位官吏を喜ばせるのであれば、処罰はそれほど早く下らないかもしれません。

❖勝利条件

◇ 第一級：ナホム書1:2–13の暗記と預言

　ナホム書1:2–13を覚え、王立会議の中でそれを預言者らしく唱える。

　あなたの第一級の勝利条件は、ナホム書1:2–13を暗記し、それを王立会議の中で皆の前で神から頂いた預言として唱えることです。あなたの預言を聞いて人々は心を一つにし、アッシリアに対する神の審判が一日も早く実現するように祈りたいという気持ちになるかもしれません。要するに、アッシリアを含むいかなる超大国も信頼するに値しません。真の救いは神にのみ由来するものです。

◇ 第二級：ナホム書1:2–8を暗記する弟子の獲得

ナホム書1:2–8を暗記できる弟子を一人以上育てる。

古代イスラエル社会では、優れた預言者には多くの弟子たちが集まってきました（列王記下2:3–18、4:1、6:1、9:1）。あなたも弟子を育てるべきです。もしあなたが一人以上のプレイヤーにナホム書1:2–8を覚えさせることができれば、あなたは第二級の勝利を収めることになります。しかも、弟子が多くなればなるほど、あなたのポイントはその人数分増えます。例えば、第二級の勝利条件を成功した場合、得るポイントが20ポイントであるとすれば、弟子を一人育てた場合は+20ポイント、弟子二人の場合は+40ポイント、弟子三人の場合は+60ポイントと倍数で増えます。ですから、できるだけ多くの弟子を育ててくださいね。

❖戦略的アドバイス：

聖書に記録されているあなたの言葉は非常に短いので、あなたはそれに慣れ親しむ必要があります。特にナホム書1:2–13は毎日繰り返し読み直し、覚えるようにしましょう。また、申命記を注意深く読むべきです。申命記は一貫して、ヤハウェがすべての神の中で最も強力な方であると教えています。これが真実であるならば、ヤハウェは、現在危機の最中にあるユダを救い出して下さるはずです。もしあなたがこのことを申命記の言葉を用いて主張することができれば、申命記主義者たちの何人かは、自分たちが尊ぶ文書の言葉にそれだけ精通しているあなたに感動し、あなたの弟子となり、ナホム書1:2–8を覚えたいと思ってくれるかもしれません。

❖追加資料：

Sweeney, Marvin A. "Nahum." In *King Josiah of Judah: the Lost Messiah of Israel.* Oxford: Oxford University Press, 2001. pp.198-207.

ゼファニヤ
（預言派 – 申命記派 – エジプト派）

❖

　あなたは、自分の名を冠する預言書を持っていますが、そこには
あなたがヨシヤの治世中に預言したとはっきりと書かれています。その
ようにヨシヤ王の時代に活躍したことが預言書に明示されている預言者
はあなた以外には一人もいません。「ユダの王アモンの子ヨシヤの時代
に、クシの子ゼファニヤに臨んだ主の言葉。」（ゼファニヤ書1:1）。ま
た、あなたの家系図は、あなたが以前の王（ヒゼキヤ）の子孫であり、
またクシ人、つまり黒人あるいは混血人であることを示唆します（クシ
の子）。クシの王、ピイ（紀元前750–719）は、エジプト南部、すなわち
ナイルデルタ地域に侵入し、エジプトを統一し、第25王朝の統治基礎を
築きました。クシュ王朝はタルハカの統治（紀元前688–663）中にアッシ
リアによって敗亡するまで続きました。タルハカはそれから北部スーダ
ンの古い首都、ナパタに後退しました。あなたは現在のサイス王朝（エ
ジプトの第26王朝）には特に忠誠心を感じませんが、祖先を思うとエジ
プトへの同情（そしてアッシリアへの反抗心）を覚えます。

　あなたの預言（2:4–15）は、ユダに隣接する諸民族に関係していま
す。彼らはモアブ、アンモン、ペリシテなどヨシヤがこれから勢力を拡
大しようとしている地域に暮らす人々です。あなたは今バビロニアに悩
まされ弱体化しているアッシリアに向かっても預言しました。そしてあ
なたが憧憬している強大国エジプトについても預言しました。それだけ
ではありません。あなたはまたエルサレムとユダ（3章）、そして来た

るヤハウェの怒りの日（1章）についても語りました。

　少し前に、ヤハウェの言葉があなたに降りました。ヤハウェはあなたに、ユダに対して来るべき神の裁きについて告げ、またすぐに自分たちのやり方を変えるように警告することを命じました。ヤハウェはユダの指導者、王家の役人、預言者、そして祭司たち（3:3-5）に怒っています。彼らが神の民を誤った道に導き、聖地であるエルサレムを汚しているからです。

　あなたは上層階級の一員であるので、正義の倒錯と政府の悪行についてすべてを知っています。しかし、あなたの曾祖父はヒゼキヤであり、彼はヨシヤ王の曾祖父でもあります。つまり、ヤハウェは当時ユダの上層階級を批判するようあなたを預言者として呼び出しましたが、あなたは血縁によって、そして社会的な身分によって、自分が非難すべき人々と切っても切れない関係の中にいます。

　このことはあなたを苦しい立場に陥りますが、ヤハウェがあなたを預言者として選んだのはおそらく、神から求められでもしない限り、あなたが自分の友人たちを批判することはないであろうことが明白だからです。つまり、人間的な観点からみると、あなたは預言者としての召命によって社会的に様々な不利益を被ることになり、何も恩恵を受けたことはありません。これは、王や権力者たちに好ましい預言を与えて生計を立てている「職業的」預言者とは一線を画していると言えるでしょう。あなたの預言は明らかに裕福な（元）友人からの称賛を獲得するために計算されたものではありません。

　あなたの短い預言は「ヤハウェの日」について語っています。この中で、あなたの預言はアモスの主題のいくつかを反映しています。この日はヤハウェが神の山から出てユダの敵と戦う日ではありません。そうではなく、それは、ヤハウェがユダを含むすべての人を裁き、ユダを含むすべての人をその罪に対して罰する日です。ユダは不正に満ち、それに満足していますから、その日には歯を食いしばって泣くことにな

るでしょう。しかし、ヤハウェは人間を罰することのみを好む残酷な神ではありません。神は人間のゆえに喜び楽しみ、愛によって人間を新たにし、喜びの歌をもって楽しまれる方でもあるからです（ゼファニヤ書3:17）。

第2章で、あなたはユダの隣国やアッシリアを含む敵に対して悲惨な予測を語ります。ここであなたはナホムといくつかのテーマを共有していますので、あなたたちのメッセージについてお互いに話し合うべきです。

第1章と第3章の焦点はユダとエルサレムです。このテキストであなたは国家の指導者たちを厳しく批判し、宗教改革を呼びかけますが、身分の低い民がユダの望みであると考えています。彼らは残りの者となるでしょう（3:11-13）。

したがって、あなたは申命記派の一員であり、申命記派が提案する法令を可決させるために一生懸命働いています。しかし、ヤハウェは、ユダの上層階級の人々が陰謀を企む可能性を防ぐようあなたに促しました。エリートたちが自分たちに利益をもたらすような条項を「密かに」法律に入れることを防ぐために、法令と申命記をもっと一般民衆の利益に合致するものにする必要があります。あなたは一般民衆に関心を寄せ、彼らを擁護しているからです。

もし法令が、腐敗した指導者たちに恩恵を与え、身分の低い民に不利益を被らせるものであれば、そのような要素に対しては徹底的に反対し、それを法令から削除してください。あなたは、トビヤフの労働者1人が、衣服を没収されたことについて正義を求める嘆願書を送ったと聞いたことがあります。それはどうなったのでしょうか。

法令が正しく書かれていて、一般民衆の利益を優先する形の申命記が国の律法となるならば、ユダとエルサレムは真の意味で清められるでしょう、そしてあなたは町の門で、屋上であなたの喜びの歌（3:14-20）を歌うことができるでしょう。

❖職務：

　王立会議のセッションが始まる前に、フルダが預言者の会合を招集するかもしれません。その集会で、あなたは仲間たちと協力し、預言者の評判と名誉を守るために必要な知識を預言派全員で理解し、覚えることに務めてください。

　王立会議のセッションが始まると、あなたは預言者として、ヤハウェの言葉に従うよう人々に呼びかけ続ける義務があります。町の門（教室に入るとき）、屋上（メールを通じて）、またはセッションの間に熱心に勧告することで、あなたは彼らに神への忠誠を再び思い出させることができます。あなたは他の演説者を妨害しながら短い説教をすることができますが、状況を見ながら臨機応変に行ってください。預言者たちは権力者に反抗しますが（アモス書7:10–17）、逮捕され投獄される危険性があるからです（エレミヤは生涯の終わりごろに水溜めに投げ込まれます：エレミヤ書38:6）。もちろん、あなたの預言活動がアサヤやシャファンなど高位官吏を喜ばせるのであれば、処罰はそれほど早く下らないかもしれません。

❖勝利条件

◇ 第一級：ユダの経済正義と一致団結

　　1)「律法の書」を国法にすると宣言する法令に、エルサレムに住む上層階級の利益を制限する(例えば、税金の引き下げ)、あるいは一般民衆の利益を擁護する条項(例えば、領土回復のための戦争禁止)を追加させ、それを王立会議で可決させる。

　　2) 新しい法律を用いて、貧しい人々を搾取している人物、特に税金の引き上げを推進している人物を裁判にかけ、その人を有罪にさせることによって、ユダの経済正義を確立させる。

　　3) 新しい法律のゆえに、裁判にかけられた伝統主義者を弁護し、彼らを無罪にさせることによって、ユダの一致団結を図る。

あなたの特別な使命は、新しい法令がエルサレムのエリートのみを助けることのないように、身分の低い民衆に被害を与えないようにすることです。これは他の申命記派のメンバーたちが目指す目標ではありません。結局のところ、王政派のようなエリートたちは自分自身を経済的により豊かにしたいとか、より大きな権力や権威を得たいと考えがちです。同様に、祭司たちは（文字通り）より多くのいけにえを受け取りたいと思っていますから、エルサレムでより多くの祭儀と礼拝を行いたいと望んでいます。ですから、あなたは社会全体の正義と公正さを確実にするために法令の文言を変えるように努力しなければなりません。トビヤフはこれを手伝ってくれるでしょうか。

　あるいは、上層階級の人々が倫理的に正しく振る舞うことを義務づける規定を追加することも良いでしょう。そうすることでもあなたは上記の勝利条件のうち1番を満たせます。申命記には、王の力を制限したり（申命記17章）、あるいは戦争を行う王の権限を減らしたりする多くの戒めがあります（申命記20章）。王政派はこれらの制限に応じる意向があるでしょうか。なお、申命記は預言者が「真の」預言者であるかどうかについて明確な基準を提供しています（申命記18章）。しかし、ヨナのように預言のメッセージが人々の心を掴み、悔い改めを促すことに成功した預言者はどうでしょうか。申命記によればそのような預言者は偽預言者です。当初預言した破局が実現しなかったからです。預言者たちは、聴衆がその声に耳を傾けなかった預言者たち、つまり失敗した預言者たちのみが「真」の預言者であるという定義を受け入れるでしょうか。

　神の正義に対するあなたの理解と合うような形で「律法の書」が修正されれば、あなたはそれを支持し、王立会議で可決されるよう投票することができます。さもなければ、法令が王立会議で可決されたとしても上記の勝利条件のうち1番は満たされたことにはなりません。

　あなたが許容できる形で法令が王立会議で可決された場合、あなた

は全てのプレイヤーがその法令の基準に合うところまで成長するよう努力しなければなりません。もし不当な方法で貧しい人々を搾取している人がいれば、あなたはその人がどの派閥や分派に属していても関係なく裁判にかけなければなりません。

　新しい法令が可決されると、あなたには伝統主義者たちを弁護する義務があります。彼らの中で多くは貧しい人々であるからです。誰かが偶像崇拝などで新しく可決された法律に違反したとして裁判にかけられた場合、あなたはまず告発者にその証拠を求めるべきです。たとえ本当に法令に違反したとしても、身分が低く教育を受けていない人々は、伝統的な礼拝や祭儀の問題点を十分に理解することができなかったかもしれません。彼らは教育や理解の足りなさのゆえに処罰されるべきでしょうか。告発された伝統主義者が貧民でないとしても新しい法令のゆえに誰かを裁判にかけ処罰することはユダ全体の和をなすための良策ではありません。「ヤハウェの日」が近づいている今はユダの一致団結を図るべき時期なのです。しかも、ヤハウェは私たちのゆえに喜び楽しみ、愛によって私たちを新たにし、喜びの歌をもって楽しまれる方ではありませんか (ゼファニヤ書3:17)。

◇ 第二級：エジプトとの同盟
　エジプトと同盟を結ぶことを命じる法令が会議で多数決によって承認される。

　外交政策においては、家門の伝統の故にあなたは元々親エジプト派です。もし王立会議でユダがエジプトと同盟を組むことが決まれば、あなたは第二級の勝利を得るでしょう。ユダが他の国と同盟を結ぶ、あるいは独立することになれば、あなたは第2ラウンドで負けることになります。

◇ 第三級：ゼファニヤ書3:9–20の預言暗記とゼファニヤ書3:14–20を唱える弟子の
養成

　　1) ゼファニヤ書3:9–20を暗記し、王立会議の中でそれを預言者らし
　　　く唱える。

　　2) ゼファニヤ書3:14–20を暗記し、王立会議の中で唱えてくれる弟子
　　　を一人以上育てる。

　あなたの第三級の勝利条件は、ゼファニヤ書3:9–20を暗記し、それ
を王立会議の中で皆の前で神から頂いた預言として唱えることです。あ
なたの預言を聞いて人々は心を悔い改め、恵みと慈愛の神に従いたいと
いう気持ちになるかもしれません。そして、もう一つの第三級勝利条件
はゼファニヤ書3:14–20を暗記し、王立会議の中で唱えてくれる弟子を一
人以上養成することです。古代イスラエル社会では、優れた預言者には
多くの弟子たちが集まってきました（列王記下2:3–18、4:1、6:1、9:1）。あ
なたも弟子を育てるべきです。もしあなたが一人以上のプレイヤーにゼ
ファニヤ書3:14–20を暗記させ、唱えさせることができれば、あなたは第
三級勝利条件の残り一つをも満たすことになります。

❖戦略上のアドバイス：

　究極的に、あなたはヨシヤの宗教改革に賛成しています。しかし、
同時にあなたは祭司、裁判官、そして廷臣たちを汚職と堕落のゆえに非
難します（ゼファニヤ書3:1–4）。エルサレムの上層階級が経済的利益
や政治的支援を得るためにあなたに接近しても、あなたは彼らに対して
不信感を覚えるだけでしょう。しかし、あなたに近づいてくる人々が貧
民のために宗教的および政治的改革を進めようとしていることが分かれ
ば、あなたは彼らを一生懸命手伝うでしょう。あなたは激しい気質の持
ち主で、大胆な理想主義者であり、二面性を嫌う人物です。ですからあ
なたは他人の誠実さを確信するまで、彼らを懐疑的に捉えます。

あなたの預言書は非常に短いので、あなたはそれを慎重に勉強すべきです。あなたは身分の低い民に関心を寄せており、エリートに疑いを抱いているので、預言者先輩であるアモスとミカの書物も研究するべきです。彼らはおよそ100年前に預言し、社会正義を声高に叫んでいました。彼らもまた、上層階級が腐敗し、民を誤った道に導いていると批判しました。彼らのメッセージは今や有名であるため、適切であると思われるときにはいつでもそれをほのめかし、引用すべきです。

　第1ラウンドにおけるあなたの主な任務は、あなたが山師とみなす「職業的」預言者についての強い批判を行うことです。「職業的」預言者に対する批判的な言葉は、アモス書、ミカ書、そしてあなた自身の書で容易に見つけられます。あなたは列王記上18章にあるバアル預言者の物語や列王記上22章にあるアハブ王の周りにいた職業的預言者の記述も参考にするべきです。特に、列王記上22章では真の預言者ミカヤと職業的預言者が対比されているので、預言道を歩んで行こうとするあなたにとって良い勉強になるでしょう。あなたが「律法の書」を好む理由の一つは、この巻物が偽預言者から真の預言者を見分ける方法を説明しているからです（申命記18:15以下）。あなたはこの見分け方を強く支持しています、なぜならそれは（一部の）山師を排除することを可能にし、人々が預言や預言者をもっと真剣に受け止めるようになるはずであるからです。列王記下9章11節を読むとイエフという人物が生きていた時代に人々が預言者をどれほど酷く扱っていたのかが良く分かります。

❖ 追加資料:

Christensen, Duane L. "Zephaniah 2:4-15: a Theological Basis for Josiah's Program of Political Expansion." *Catholic Biblical Quarterly* 46 (1984): 669–82.

Sweeney, Marvin A. "Zephaniah." In *King Josiah of Judah: the Lost Messiah of Israel*. Oxford: Oxford University Press, 2001. pp. 185–97.

コナンヤ、レビ人の歌い手兼預言者
（預言派 − 申命記派 − バビロニア派）
❖

あなたはレビ系役人の一人です（歴代誌下35:9）が、音楽家、歌い手として預言を語りました（歴代誌下35:25）。あなたは、歌に預言を含める方法を熟知しています。あなたは「ダビデの最後の言葉」と呼ばれる歌がまさにそのような預言を含んでいることを知っています（サムエル記下23:3b-4）。

❖職務:

あなたは預言者であり、レビ系役人でもあります。あなたは預言者として独特なスタイルを持っています。つまり、あなたは預言をいつも詩や歌のように文学的に美しい形で語ります。あなたは五書や申命記主義的歴史書（ヨシュア記から列王記下までの歴史書）に見られる詩編や古代の歌を「採掘し」、それを自分の預言のために自由に使えます。例えば創世記49章、出エジプト記15章にある詩や歌はいかがでしょうか。レビ記26:3-39、民数記10:35-36、21:17、申命記32章、33章、士師記5章、サムエル記上2章、サムエル記下1章、22-23章なども参考になるでしょう。皆の心に響く預言を語るために、上記のテキストから適切な詩や歌を慎重に選ぶか、または新しい歌を自分で作ってみてください。

❖勝利条件

◇ 第一級:宗教改革の法令可決

「律法の書」に基づく法令が王立会議で可決される。

申命記派の一員として、あなたはヨシヤの改革を支持します。この運動をどのように進めるかについては、フルダに助言を求めてください。

◇ 第二級:過越祭開催の決定

1) 王立会議で過越祭をエルサレムで祝うことが承認される。

2) あなたがその祭りの司会者に任命される。

王立会議で過越祭をエルサレムで開催することが決定される場合、あなたは第二級の勝利を得ることになります。総理大臣アサヤがこの件に関してゲームの第2ラウンドであなたにアドバイスを求めるかもしれません。あなたから過越祭の開催についてアサヤに話し合いを要請しても大丈夫です。もしアサヤあるいは彼の代行者があなたを祭りの司会者に任命するとすれば、あなたはもう一つの第二級勝利条件を満たすことになるでしょう。

◇ 第三級:バビロニアとの同盟

バビロニアと同盟を結ぶことを命じる法令が会議で多数決によって承認される。

あなたは、ユダがバビロニアの同盟国（または属国）になる必要があると確信しています。あなたは、アッシリアに対して現在行われているバビロニアの攻撃が、アッシリアの一時的な後退で終わらないと信じています。むしろ、ヤハウェは何年も前にユダを破壊した罪とユダの隣国を抑圧した罪でアッシリアを罰しているのです。アッシリアの星は現

在消えつつあります。

　ある人はエジプトとの同盟を主張するでしょう、しかし、もしエジプトと同盟を組めば、エジプトに支配されることになります。ユダはエジプトの玄関口となり、彼らはユダをまるで玄関マットのように踏みつけるでしょう。バビロニアは遠く離れていますから、私たちを支配するのにより手間取るのではないでしょうか。

　あなたは仲間の会議参加者に、バビロニアと同盟を結ぶよう説得する必要があります。バビロニアはまた、エドム人のような隣接する民族が、ユダの南部地域へ侵入を続けないよう私たちに力を貸してくれるかもしれません。

　あなたは、ユダがバビロニアの王ナボポラッサルへの服従に同意すべきであると考えています。そのためにバビロニアと同盟を結ぶよう仲間たちを説得する必要があります。つまり、あなたは王立会議がナボポラッサルとの宗主権条約（Suzerain-Vassal Treaty）を締結するように務めなければなりません。

❖戦略的アドバイス：

　過越祭についての情報を聖書で探して下さい。あなたはこのトピックに特に関心を持っていますが、過越祭に関しては出エジプト記11-12章、34:18などに記されています。レビ記23章4-8節や申命記16章1-8節も参考になるでしょう。なお、列王記下23章21-22節、歴代誌下30章1-27節、および歴代誌下35章1-29節を読んで、過越祭の開催が公布される場合に何が起こり得るかについて考えをまとめて下さい。歴代誌下30章には過越祭を開催することに関する法令の一例文があります。それを参考に過越祭に関する法令草案を作っても良いでしょう。

　これについて、総理大臣アサヤに助言することをためらわないで下さい。レビ系役人の一人として、あなたには過越祭を主導する資格があります。

音楽家であり歌い手であるあなたは、過越祭の開催を促す歌を作り
あなたの主張を宣伝することができます。過越祭が実際に祝われたら、
皆であなたの歌を一緒に合唱することはいかがでしょうか。きっと素敵
なプログラムの一つになるでしょう。

❖ 追加資料:

Abba, Raymond. "Priests and Levites in Deuteronomy." *Vetus Testamentum* 27, no. 3 (1977): 257–67.

Bronstein, Herbert. *A Passover Haggadah.* Rev. ed. Drawings by Leonard Baskin. New York: Central Conference of American Rabbis; 1993.

Emerton, J. A. "Priests and Levites in Deuteronomy: An Examination of Dr. G.E. Wright's Theory." *Vetus Testamentum* 12 (1962): 129–38.

Leuchter, Mark. "'The Levite in Your Gates': The Deuteronomic Redefinition of Levitical Authority." *Journal of Biblical Literature* 126 no. 3 (2007): 417–36.

Wright, G. Ernest. "The Levites in Deuteronomy." *Vetus Testamentum* 4 (1954): 325–30.

ネタンエル、レビ人の歌い手兼預言者
（預言派 − 申命記派 − エジプト派）
❖

あなたはレビ系役人の一人です（歴代誌下35:9）が、音楽家、歌い手として預言を語りました（歴代誌下35:25）。あなたは、歌に神託を含める方法を熟知しています。あなたは「ダビデの最後の言葉」と呼ばれる歌がまさにそのような神託を含んでいることを知っています（サムエル記下23:3b−4）。

❖**職務**:

あなたは預言者であり、レビ系役人でもあります。あなたは預言者として独特なスタイルを持っています。つまりあなたは預言をいつも詩や歌のように文学的に美しい形で語ります。あなたは五書や申命記主義的歴史書（ヨシュア記から列王記下までの歴史書）に見られる詩編や古代の歌を「採掘し」、それを自分の預言のために自由に使えます。例えば創世記49章、出エジプト記15章にある詩や歌はいかがでしょうか。レビ記26:3−39、民数記10:35−36、21:17、申命記32章、33章、士師記5章、サムエル記上2章、サムエル記下1章、22−23章なども参考になるでしょう。皆の心に響く預言を語るために、上記のテキストから適切な詩や歌を慎重に選ぶか、または新しい歌を自分で作ってみてください。

❖勝利条件

◇ 第一級：宗教改革の法令可決

「律法の書」に基づく法令が王立会議で可決される。

申命記派の一員として、あなたはヨシヤの改革を支持します。この運動をどのように進めるかについては、フルダに助言を求めてください。

◇ 第二級：過越祭開催の決定

1) 王立会議で過越祭をエルサレムで祝うことが承認される。

2) あなたがその祭りの司会者に任命される。

王立会議で過越祭をエルサレムで開催することが決定される場合、あなたは第二級の勝利を得ることになります。総理大臣アサヤがこの件に関してゲームの第2ラウンドであなたにアドバイスを求めるかもしれません。あなたから過越祭の開催についてアサヤに話し合いを要請しても大丈夫です。もしアサヤあるいは彼の代行者があなたを祭りの司会者に任命するとすれば、あなたはもう一つの第二級勝利条件を満たすことになるでしょう。

◇ 第三級：エジプトとの同盟

エジプトと同盟を結ぶことを命じる法令が会議で多数決によって承認される。

あなたはエジプトと同盟を結ぼうとする外交政策を支持します。この件に関しては同じエジプト派であるゼファニヤと相談してください。アッシリアは弱く、また、不正な反逆者たちが、王位を篡奪するためにアッシリアの中心地で内戦を起こしています。これは、アッシリアの支

配がやがてユダから取り除かれるという期待をあなたに抱かせます。

　ユダがすべての外的勢力から独立することを求める人もいますが、あなたは今が適期ではないと認識しています。最近の国際情勢は激変しているためとても危険であり、ユダのような小国は、大国の力を借りて生き延びなければならないのです。もし仮にアッシリアの内乱が収まり、70年前にセンナケリブがしたように、強力な指導者が実権を握り、反抗的な国々を罰し始めたらどうするつもりなのでしょう。ユダは保護者を必要としているのです。

　バビロニアを潜在的な保護者と見なす人もいます。バビロニアも力をつけてきてはいますが、バビロニアの内部でも王位争奪戦が起きている現状です。どの国と同盟を結ぶべきか、決めることは簡単ではありません。また歴史書を読んでいたあなたは、バビロニアがヒゼキヤを裏切ったこと（列王記下20:12-15）や、イザヤのバビロニアに関する警告的な預言（列王記下20:16-18）などを知っています。明らかに、バビロニアは信頼できません。

　エジプトは古代文明です。パレスチナとは長く関係があります。ユダとの関わりは必ずしも良いものではありませんでした。ファラオのシシャクがヤロブアムをかくまい、ソロモンから逃げるのを手伝い、エルサレムの支配から北イスラエルが反乱を起こす手助けをしました（列王記上11:40、12:1-20）。またおなじファラオが神殿を略奪しました（列王記上14:25-28）。しかしこれらは昔の出来事で、近年ではエジプトとユダの関係は平和であり、できる限りユダを助けてくれています。最高の同盟相手ではなくとも、他と比べればより良い同盟相手であることは確かです。

　ですから、会議においてエジプトと同盟を結ぶように周りを説得して下さい。エジプトが攻撃された時にユダが助けることを約束すれば、エジプトも同盟を結んでくれるかもしれません。したがって、あなたはエジプトと同盟を結ぶように王立会議を導かなければなりません。もし

それができれば、あなたはもう一つの勝利を収めます。

❖ 戦略的アドバイス:

　過越祭についての情報を聖書で探して下さい。あなたはこのトピックに特に関心を持っていますが、過越祭に関しては出エジプト記11-12章、34:18などに記されています。レビ記23章4-8節や申命記16章1-8節も参考になるでしょう。なお、列王記下23章21-22節、歴代誌下30章1-27節、および歴代誌下35章1-29節を読んで、過越祭の開催が公布される場合に何が起こり得るかについて考えをまとめて下さい。歴代誌下30章には過越祭を開催することに関する法令の一例文があります。それを参考に過越祭に関する法令草案を作っても良いでしょう。

　これについて、総理大臣アサヤに助言することをためらわないでください。レビ系役人の一人として、あなたには過越祭を主導する資格があります。

　音楽家であり歌い手であるあなたは、過越祭の開催を促す歌を作りあなたの主張を宣伝することができます。過越祭が実際に祝われたら、皆であなたの歌を一緒に合唱することはいかがでしょうか。きっと素敵なプログラムの一つになるでしょう。

❖ 追加資料:

Abba, Raymond. "Priests and Levites in Deuteronomy." *Vetus Testamentum* 27, no. 3 (1977): 257–67.

Bronstein, Herbert. *A Passover Haggadah.* Rev. ed. Drawings by Leonard Baskin. New York: Central Conference of American Rabbis; 1993.

Emerton, J. A. "Priests and Levites in Deuteronomy: An Examination of Dr. G.E. Wright's Theory." *Vetus Testamentum* 12 (1962): 129–38.

Leuchter, Mark. "'The Levite in Your Gates': The Deuteronomic Redefinition of Levitical Authority." *Journal of Biblical Literature* 126 no. 3 (2007): 417–36.

Wright, G. Ernest. "The Levites in Deuteronomy." *Vetus Testamentum* 4 (1954): 325–30.

アズルの子ハナンヤ、神殿預言者、
エレミヤのライバル
（預言派 – 申命記派 – アッシリア派）
❖

　あなたは神殿預言者であり、エレミヤの神学的ライバルでもあります（エレミヤ書28章）。エレミヤがくびき（エレミヤ書27:2）をつくり、エルサレムでそれを身に着け、預言的象徴行為を行った際に彼の対決相手であったあなたは、バビロニアを破壊するヤハウェの力を説明するためにくびきを打ち砕きました。あなたはエレミヤと同じ申命記派ですが正直なところ彼とはあまり仲が良くはありません。エルサレム神殿で預言者として働いているあなたは、申命記主義的改革についてはエレミヤと同じく大賛成ですが、外交政策においては現状維持を優先し、アッシリアとの同盟にとどまるべきであると考えています。あなたは自分を取り巻く歴史の流れの中で心を尽くしてヤハウェの御心を代弁し、自分が真の預言者であることを証明しようと強く決意しています。

❖職務：

　王立会議のセッションが始まる前に、フルダが預言者の会合を招集するかもしれません。その集会で、あなたは仲間たちと協力し、預言者の評判と名誉を守るために必要な知識を預言派全員で理解し、覚えることに務めてください。

　王立会議のセッションが始まると、あなたは預言者として、ヤハウェの言葉に従うよう人々に呼びかけ続ける義務があります。町の門（教室に入るとき）、屋上（メールを通じて）、またはセッションの間に熱

心に勧告することで、あなたは彼らに神への忠誠を再び思い出させることができます。あなたは他の演説者を妨害しながら短い説教をすることができますが、状況を見ながら臨機応変に行ってください。預言者たちは権力者に反抗しますが（アモス書7:10-17）、逮捕され投獄される危険性があるからです（エレミヤは生涯の終わりごろに水溜めに投げ込まれます：エレミヤ書38:6）。もちろん、あなたの預言活動がアサヤやシャファンなど高位官吏を喜ばせるのであれば、処罰はそれほど早く下らないでしょう。

❖勝利条件

◇ 第一級：宗教改革の法令可決
「律法の書」に基づく法令が王立会議で可決される。

申命記派の一員として、あなたはヨシヤの改革を支持します。この運動をどのように進めるかについては、フルダに助言を求めてください。

◇ 第二級：アッシリアとの同盟と預言的対決
1) アッシリアと同盟を結ぶことを命じる法令が王立会議で多数決によって承認される。
2) エレミヤが進めるバビロニア同盟の不合理性について預言し、バビロニア同盟案が王立会議で否決されることに貢献する。

あなたの第二級の勝利条件は、外交政策の現状を維持することです。あなたは、王立会議でアッシリアとの宗主権条約（Suzerain-Vassal Treaty）を批准させる必要があります。国際情勢は非常に不透明ですが、ユダはアッシリアの忠実な属国でした。アッシリアの支配下で長期にわたる平和を享受してきました。預言派の一員として、あなたはアッシリ

ア人の機嫌を保つことに関心を持っています。もしユダが反乱を起こしたり、独立しようとしたりすれば、その先に待ち構えている結末はどのようなものでしょうか。それがあまりにも不確実なのです。

　アッシリア人を初めとするメソポタミアの勢力に対して、エジプトがユダを援助すると主張する人もいるかもしれません。しかし、あなたは私たちが以前にその道を歩み、どのような結末を迎えたのかをよく知っています。その時に、エジプトは何の役にも立たず、「壊れた葦」のように信頼できない同盟であることを自ら証明したのです（列王記下18:13-37参照）。あなたは愛する同胞にその苦い経験をもう一度させたくないのです。

　他の人たちは、バビロニアの星が登りつつあると主張するでしょう。特にあなたのライバルであるエレミヤは、親バビロニア派であることで有名です。バビロニアは確かに将来的には強くなるかもしれませんが、今は時期尚早です。さらに、バビロニアは信頼できません。ヒゼキヤはバビロニアと同盟を結ぼうとしましたが（列王記下20:12-19参照）、彼らはヒゼキヤを裏切ってアッシリア人がユダの町を破壊し、エルサレムを包囲するまで何もやってくれなかったのです（列王記下18:13参照）。[1] もし、あなたがバビロニア同盟の不当性について預言し（「神はこう言われる。バビロニアは…」など）、最終的にバビロニア同盟案が否決されれば、あなたはもう一つの第二級勝利を手にすることになります。

1　聖書に記録されているヒゼキヤ治世の出来事の順序/年表はおそらく間違っています。たとえば、聖書の著者がそれをヒゼキヤ治世の最後に置いたとしても、ヒゼキヤがバビロニアへ使者を派遣したのはアッシリアの侵略の前に起こったに違いありません。詳しくは、HarperCollins Study BibleやOxford Annotated Bible、その他の学術研究用の聖書脚注をご覧下さい。

◇ 第三級：過越祭開催の決定

　　1）王立会議で過越祭をエルサレムで祝うことが承認される。

　　2）あなたがその祭りの司会者に任命される。

　　王立会議で過越祭をエルサレムで開催することが決定される場合、あなたは第二級の勝利を得ることになります。あなたから過越祭の開催についてアサヤに話し合いを要請しても良いでしょう。もしアサヤあるいは彼の代行者があなたを祭りの司会者に任命するとすれば、あなたはもう一つの第三級勝利条件を満たすことになります。

❖戦略的アドバイス：

　　あなたの預言活動はエレミヤを大変意識したものになります。あなたはエレミヤが偽りの預言者であるかもしれないと考えています。歴史の行方によってあなたの預言が真実であることが明らかになるでしょう。エレミヤ書を注意深く読みエレミヤの預言が矛盾だらけであることを論証すれば、あなたの預言が正当であることをより多くの人々が認めてくれるかもしれません。あなたは王立会議で歴史を振り返ることによって自分の論点を展開することができます。聖書には成就された預言を語った預言者の例が多くあります。列王記上11章31節以下は列王記上12章15-16節で成就されています。列王記上14章6節以下は列王記上15章28-29節で成就され、列王記上14章12節は14章17節で成就されました。列王記上16章2節は、16章12節で成就されています。それ以外にも多くの例がエリヤとエリシャの物語（列王記上17章−列王記下8章）にあります。ツェビト（Zevit）の本はこのトピックについて考察するために有効な助けになるでしょう。

　　真の預言は信頼できるし、またあなたの預言はすべて成就しているので、あなたが申命記を神の真の啓示として支持すること、そしてアッシリアとの同盟を神の御心として賛成することは大きな重みを持ちます。

過越祭についての情報を聖書で探して下さい。あなたはこのトピックに特に関心を持っていますが、過越祭に関しては出エジプト記11–12章、34:18などに記されています。レビ記23章4–8節や申命記16章1–8節も参考になるでしょう。なお、列王記下23章21–22節、歴代誌下30章1–27節、および歴代誌下35章1–29節を読んで、過越祭の開催が公布される場合に何が起こり得るかについて考えをまとめて下さい。歴代誌下30章には、過越祭を開催することに関する法令の一例文があります。それを参考に過越祭に関する法令草案を作っても良いでしょう。

　これについて、総理大臣アサヤに助言することをためらわないでください。神殿預言者の一人として、あなたには過越祭を主導する資格があります。

❖追加資料:

Bronstein, Herbert. *A Passover Haggadah.* Rev. ed. Drawings by Leonard Baskin. New York: Central Conference of American Rabbis; 1993.

Zevit, Ziony. *The Religions of Ancient Israel: A Synthesis of Parallactic Approaches.* London & New York: Continuum, 2001. [Fulfilled and Unfulfilled Prophecies], 482–86.

マカヤ、神殿預言者
（預言派 – 伝統派 – バビロニア派）

❖

　　あなたは神殿預言者ですが、申命記的改革には反対です。いかなる宗教改革も、あなたにとってほとんど意味がありません。それは多くの問題を引き起こすだけであろうと疑っているからです。伝統的なヤハウェ宗教は、これまで何の問題もなく上手く機能してきたのです。バアルとアシェラ崇拝さえもヤハウェ宗教をより豊かにしてくれる有益な要素であり、地方にある高台や聖所に関しては言うまでもありません。もちろん、ヤハウェは神々の中で最も大切な神ですが、それは私たちがユダという国で暮らしているからです。申命記以外のどの聖典もヤハウェ以外の神は一切存在しないと断言はしていないのです（イザヤ書45章5–7は例外です）。

　　逆に、聖書には神が複数であるという見解を示す箇所がたくさんあります。ヤハウェはおそらく、多くの神々で構成されている会議を主導していると読み取れます（詩編82:1、89:5,8、ヨブ記1:6）。創世記1章で神が人間を造られた時、神は「我々にかたどり、我々に似せて、人を造ろう」と言われました。偉大な預言者モーセは、「主よ、神々の中にあなたのような方が誰かあるでしょうか（出エジプト記15:11）」と歌っています。申命記でも、他国の神々への言及がたくさんあります（申命記4:7、　34など）。第一の戒めは、「あなたには、わたしをおいてほかに神があってはならない」（申命記5:7）ですが、それは他の神々の存在を前提にした命令のように聞こえます。

他の神々も預言者を通して話すことはエレミヤ書によって明らかであり、そこでエレミヤはパレスチナの諸国にいる様々な神託の仲裁者などを挙げています。エレミヤはエドム、モアブ、アンモン、ティルス、そしてシドンの指導者たち（27:3）に向かって、彼らの預言者、占い師、幻視者、魔術師のいうことを聞かないように忠告しています（27:9）。しかし、エレミヤはこれら神託仲裁者たちの正当性や彼らが信じる神々の存在自体を否定していません。要するに、申命記的改革のような急進的変化は国論を分裂させるだけなのです。今は宗教的寛容政策を施し国内の一致団結を図るべき時期です。

❖ **職務**:

　王立会議のセッションが始まる前に、フルダが預言者の会合を招集するかもしれません。その集会で、あなたは仲間たちと協力し、預言者の評判と名誉を守るために必要な知識を預言派全員で理解し、覚えることに務めてください。

　王立会議のセッションが始まると、あなたは預言者として、ヤハウェの言葉に従うよう人々に呼びかけ続ける義務があります。町の門（教室に入るとき）、屋上（メールを通じて）、またはセッションの間に熱心に勧告することで、あなたは彼らに神への忠誠を再び思い出させることができます。あなたは他の演説者を妨害しながら短い説教をすることができますが、状況を見ながら臨機応変に行ってください。預言者たちは権力者に反抗しますが（アモス書7:10–17）、逮捕され投獄される危険性があるからです（エレミヤは生涯の終わりごろに水溜めに投げ込まれます：エレミヤ書38:6）。もちろん、あなたの預言活動がアサヤやシャファンなど高位官吏を喜ばせるのであれば、処罰はそれほど早く下らないでしょう。

❖勝利条件

◇ 第一級：伝統的宗教活動の継続

　　1) 提案された申命記的法令が王立会議で否決される。

　　2) 伝統主義者の中で誰も裁判で有罪判決を受けない。

　　ユダの法として申命記を採択するために提案された法令を却下するよう王立会議を説得できれば、あなたは大きな勝利を得ることができます。

　　大勝利（法令の拒絶）するためには、あの疑わしい「律法の書」がユダ王国で長年続けられてきた正しい宗教に対するとんでもない敵であることを強調する必要があります。それは法制化されるべきではないし、直ちに拒否されなければなりません。

　　聖書本文の中で占い師を肯定している例を探せば、あなたは王立会議の議論に積極的に参加できるでしょう。最も明白な事例はヨセフで、彼は夢を解釈する者として（創世記37、40、41章）、また占いをする者としても（創世記44:5、15）有名でした。神は夢や幻の中で族長に（創世記15、28章）、またソロモン（列王記上3、9章）に現れました。そして、イスラエルを助けた占い師の話もあります。例えばバラムがイスラエルの敵を呪ったときです。ヤハウェは夢の中でバラムと話をしましたが（民数記22:9）、彼は占い師でした（民数記22:7）。エン・ドルの霊媒師（一種の占い師）は、サウルがサムエルの幽霊と交わるのを助けました（サムエル記上28:3-19）。たとえ彼が伝えたメッセージが悪い便りだったとしても。

　　また、預言者は占い師とほとんど変わらないと主張しても良いかもしれません。実はあなた自身も現在占いを行っているのです。結局のところ、預言者はかつて「先見者」（サムエル記上9:9）と呼ばれていましたが、未来を見ることは占い師がすることです。特に顕著なのはエゼキエルですが、何人かの預言者は、神の霊に満たされ、数々の素晴らし

く、また恐ろしい幻を見たと述べられています。自分が見た幻を述べた預言者にはアモス（アモス書7–9章）、イザヤ（イザヤ書6章）そしてエレミヤ（エレミヤ書1章）などが含まれます。ヤハウェは夢や幻の中で預言者に現れると言っています（民数記12:6）。誰がどうやって占いと預言の境界線を引けるのでしょうか。

　仮に法令が可決されるとしても絶望する必要はありません。もし伝統主義者の中で誰も裁判で有罪判決を受けなければ、あなたは一つの立派な勝利条件を満たすことになります。

　法令が成立すれば、一部の伝統主義者は不法な慣習でイスラエルの宗教を汚してきた悪者として告発されるでしょう。あなたはこれに対する弁護を先導する義務があります。ここに一つの有力な防御策があります。法令が成立する前は、伝統的な宗教的慣習は違法ではありませんでした。法律が可決される前のあなたの行動に対して責任を問うことは公正ではありません。例えば、アメリカの法律体制で、これは遡及法（事後法）として知られており、違憲です。ヤハウェが遡及法を拒否したと思われる聖書箇所を探しておくと良いでしょう。なぜ神がイスラエルを違法な宗教的慣行のために処罰したのかを記述する際に、聖書はヤハウェがイスラエルに対して繰り返し警告のメッセージを送ったと述べています（「すべての預言者、すべての先見者を通して」列王記下17:13参照）。

◇ 第二級：バビロニアとの同盟

　バビロニアと同盟を結ぶことを命じる法令が会議で多数決によって承認される。

　あなたは、ユダがバビロニアの同盟国（または属国）になる必要があると確信しています。あなたは、アッシリアに対して現在行われているバビロニアの攻撃が、アッシリアの一時的な後退で終わらないと信じ

ています。むしろ、ヤハウェは何年も前にユダを破壊した罪とユダの隣国を抑圧した罪でアッシリアを罰しているのです。アッシリアの星は現在消えつつあります。

　ある人はエジプトとの同盟を主張するでしょう、しかし、もしエジプトと同盟を組めば、エジプトに支配されることになります。ユダはエジプトの玄関口となり、彼らはユダをまるで玄関マットのように、踏みつけるでしょう。バビロニアは遠く離れていますから、私たちを支配するのにより手間取るのではないでしょうか。

　あなたは仲間の会議参加者に、バビロニアと同盟を結ぶよう説得する必要があります。バビロニアはまた、エドム人のような隣接する民族が、ユダの南部地域へ侵入しないよう私たちに力を貸してくれるかもしれません。

　あなたは、ユダがバビロニアの王ナボポラッサルへの服従に同意すべきであると考えています。そのためにバビロニアと同盟を結ぶよう仲間たちを説得する必要があります。つまり、あなたは王立会議がナボポラッサルとの宗主権条約（Suzerain-Vassal Treaty）を締結するように務めなければなりません。

❖戦略的アドバイス:

　預言分派の多数が申命記派であるため、伝統派のあなたは少数派です。そのことについて伝統派の仲間たちと話し合って下さい。あなたは預言分派の動きについて報告することにより、伝統派の勝利に貢献できるかもしれません。

❖追加資料:

Freedman, David Noel, ed. *Anchor Bible Dictionary*. S.v. "Baal in the OT" by John Day. New York: Doubleday, 1992.

Toorn, Karel van der, Bob Becking, and Pieter W. van der Horst, Editors. *Dictionary of Deities and Demons in the Bible*. S.v. "Baal" by W. Herrmann, 132-39. 2nd extensively revised ed. Leiden/Grand Rapids: Brill/Eerdmans, 1999.

Zevit, Ziony. *The Religions of Ancient Israel: A Synthesis of Parallactic Approaches*. London &
New York: Continuum, 2001.

ネリヤの子バルク、エレミヤの秘書・書記
（預言派 − 申命記派 − バビロニア派）
❖

　エレミヤ書によれば、あなたはエレミヤの忠実な秘書であり書記でもあります（エレミヤ書36章）。あなたが記録する前には、エレミヤの言葉は書き留められていませんでした。つまり、エレミヤが預言し、あなたがそれをクラスに投稿すれば、他の学生が引用のためにその預言を利用することが出来ます。あなたはエレミヤを心から尊敬しており、彼と目標を分かち合う同志ですから、彼を手伝い、守ることに心を注いでください。

　エレミヤの預言は、申命記に表われる多くのテーマを反映しています。その預言を語ったのはエレミヤですが、それを書き記したのはあなたですから、そのテキストにはあなたの価値観も反映されているに違いありません。つまりあなたは生粋の申命記主義者なのです。あなたは、悪人は自らの罪のゆえに、その人生において罰せられるという、申命記的な因果応報の原理を受け入れています。そして、善を成す者は、その人生において、富や健康などの報酬を得ることを信じるようになりました。このように「律法の書（申命記）」はあなたに深い影響を与えます。あなたは国家の拡大に賛成です。そして、あなたは申命記の律法とそれに付随する宗教改革の実施に反対している人々と対立します。実際に、あなたはこの巻物とその宗教的基準を受け入れるため舞台裏で精力的に働いています（特に申命記13章と18章を参照）。

　したがって、祭司たちが階級として、「律法の書」に基づいた改革

に抵抗したり、反対したりする場合、あなたは新しい祭司の一族に門戸を開き、神殿の責任を与えることを検討しなければなりません。ヒルキヤは非常に高齢であり、いずれ後継者を見つけなければなりません。後継者はヒルキヤと同じツァドク家から出さなければならないのでしょうか。それとも、改革を積極的に進めているシャファン家から誰か一人を選ぶべきでしょうか。

❖職務:

王立会議のセッションが始まる前に、フルダが預言派の会合を招集するかもしれません。その集会で、あなたは仲間たちと協力し、預言者の評判と名誉を守るために必要な知識を預言派全員で理解し、覚えることに務めるでしょう。この会合を使って、すべての預言者が申命記改革プログラムを確実に支持するようにしてください。

王立会議のセッションが始まると、あなたは預言者として、ヤハウェの言葉に従うよう人々に呼びかけ続ける義務があります。町の門（教室に入るとき）、屋上（メールを通じて）、またはセッションの間に熱心に勧告することで、あなたは彼らに神への忠誠を再び思い出させることができます。あなたは他の演説者を妨害しながら短い説教をすることができますが、状況を見ながら臨機応変に行ってください。預言者たちは権力者に反抗しますが（アモス書7:10–17）、逮捕され投獄される危険性があるからです（あなたの親友エレミヤは生涯の終わりごろに水溜めに投げ込まれます：エレミヤ書38:6）。もちろん、あなたの預言活動がアサヤやシャファンなど高位官吏を喜ばせるのであれば、処罰はそれほど早く下らないかもしれません。

❖ 勝利条件

◇ 第一級：ユダの宗教浄化

1)「律法の書」を国の法律であると宣言する法令が会議で多数決によって承認される。

2) 新しい法律を用いて、一人以上の伝統主義者を裁判にかけ、彼らを有罪にさせ、追放することによって、ユダの礼拝と宗教を浄化する。

したがって、あなたは法令を可決させ、かつ伝統主義者に有罪判決を下すように王立会議を導く必要があります。対戦相手に対抗し、また彼らの論拠の弱点を看破することができるよう、法令に反対する人々の主張に注意深く耳を傾ける必要があるでしょう。そうすれば、あなたは彼らに対して遡及法（事後法）禁止の論理を破ることができるかもしれません。

遡及法（事後法）禁止の論理とは、被告人が過去に伝統的な宗教儀礼を行っていた場合、その当時はその慣習が違法ではなかったという理屈です。しかし、一旦法令が可決されれば、それらの儀礼は違法になりますが、もし彼らが伝統的な宗教をやめれば、違法ではなくなります。ですからあなたが過去の宗教行為のために伝統主義者を裁判にかけ、彼らを追放しようとすると、プレイヤーのほとんどはそれを不公平であるとみなすでしょう。現代社会の法制度ではある行為を後から出来た法律で処罰することは違法となるからです。あなたの勝利条件を満たすためには遡及法の論理をどのようにして論破するかが鍵となります。

したがって、あなたは伝統主義者たちが法令の可決以前に存在していた様々規範に反する行為を行ったという証拠を発見することに努めなくてはなりません。その証拠は出エジプト記の20章やレビ記の17章、18章21節、19章、20章1-10節、26章1-2節に見ることができます。あるいは、あなたは昔の預言者から証拠を見つけることが出来るかもしれませ

ん。ホセアとイザヤは特に不適切な宗教的慣習を懸念していて、彼らの警告や預言は明らかに伝統主義者の宗教習慣を批判していました（もちろん、警告は法律ではありませんが…）。アモスもまた様々な宗教的悪習について言及しています。

　あるいはあなたは、神が遡及法（事後法）禁止の論理を無視し、後から作られた法律をもって以前の行為を処罰したという、いくつかの事例を引用した方が良いかもしれません。ヤハウェが遡及法（事後法）禁止の論理を受け入れなかったならば、陪審員もそうするように説得することが出来るはずです。つまり、古代の法概念は現代の法概念とは異なるということを強調する戦略です。遡及法が神によって受け入れられるならば、それらは陪審員によって受け入れられるべきです。もう一方で、聖書の執筆者たちも、実は遡及法の不公平さを認めていました。なぜ神がイスラエルを滅亡させ、追放する処罰を下したかを説明するとき、彼らはヤハウェがイスラエルにあらゆる預言者とあらゆる戒めを通して警告したと主張しました（列王記下 17:13）。ですから、神の処罰は正当なものであったという論理です。

　なお、遡及法を適用することは、申命記派のメンバーにも被害をもたらすかもしれません。たとえば、ヒルキヤは、法令が可決される前には大祭司としてエルサレム神殿で多くの不当な祭儀を行ったはずです。遡及法が適用されるのであれば、彼も裁判にかけられ有罪判決を受けることになるのではないでしょうか。つまり、あなたの対戦相手に有罪判決を受けさせることは、実際には法令を可決させることよりさらに難しい課題かもしれません。

　特にあなたを悩ませるのは、モレク崇拝です（レビ記18:21; 20:1–5、申命記18:10、エレミヤ書19:5、32:34–35）。もしあなたが民の中からモレクの儀式者を発見し、彼らを起訴し有罪判決を下させることに成功すれば（申命記18:9–14）、あなたは上記の勝利条件（2）を達成することになるでしょう。

◇ 第二級：北方領土の回復とバビロニアとの同盟

    1) 申命記的法令に北方領土の回復を命じる条文が含まれる。

    2) バビロニアと同盟を結ぶことを命じる法令が会議で多数決によって承認される。

    神は、「北からの敵」（2:14-19）を送るとあなたに言われましたが、過去70年ほどとは異なり、それはアッシリアではありません。神はアッシリアに代わりバビロニアを大きく成長させました。ですから、バビロニアの支配に服従することが、ユダにとって重要です。なぜなら、それが神の御心に従うことになるからです。エレミヤは昔北イスラエル王国の領土であって、現在はアッシリアの属州になったサマリヤの聴衆に向かって預言し（2:3, 14, 31、3:23、4:1）、この地域がダビデ家の統治によって（30:5-11、31:7-14）修復されることを望んでいるようです。

    あなたは、ユダがバビロニアの王ナボポラッサルへの服従に同意すべきであると考えています。そのためにバビロニアと同盟を結ぶよう仲間たちを説得する必要があります。つまり、あなたは王立会議がナボポラッサルとの宗主権条約（Suzerain-Vassal Treaty）を締結するように務めなければなりません。

◇ 第三級：エレミヤの保護と支援

    1) エレミヤのライバルであるハナンヤを偽預言者の容疑で告発し、有罪判決を受けさせることでエレミヤを保護する。

    2) エレミヤが裁判にかけられても無罪放免される。

    神殿預言者ハナンヤがエレミヤを虐めています。親友であるエレミヤを保護するために、あなたはハナンヤを偽預言者の容疑で起訴し、裁判で彼が有罪判決を受けるようにする必要があります。それに成功すればあなたは第三級の勝利を手にします。もし、エレミヤが裁判にかけら

れた場合には何とかして彼が無罪放免されるように最善を尽くして彼を
守って下さい。それがもう一つの第三級勝利条件です。

❖戦略的アドバイス:

　　エレミヤ書の中で、特に2–6章と30–31章は、このゲームにおけるあ
なたとエレミヤの役目と直結する興味深い部分です。まず、これらの章
を注意深く読んで下さい。

　　第1ラウンドであなたがすべき主張は、ほとんど「律法の書」に関
するものです。あなたはこの巻物が古代の文書であり、モーセの知恵
だけではなく、神の教えを反映していると信じています。あなたの論
拠を強める1つの方法は、神がエレミヤに出エジプトについての啓示を
明らかにされた箇所を研究し、それを公に発表することです（エレミ
ヤ書2:6、7:22–25、11:4–7、16:14、31:32参照）。そして申命記でも出エ
ジプトについて言及する箇所を探し、両者を比較してみてください。
そうすれば、あなたは、神がモーセとエレミヤに同様のメッセージを
明らかにして下さったということが分かるでしょう。それゆえ、申命
記はモーセによって伝えられた神の真実なる教えであることが証明さ
れるのです。

❖追加資料:

Brueggemann, Walter. "The 'Baruch Connection': Reflections on Jer 43:1-7." *Journal of Biblical Literature* 113, no. 3 (1994): 405-20.

Rowton, M. B. "Jeremiah and the Death of Josiah." *Journal of Near Eastern Studies* 10 (1951): 128–30.

Sweeney, Marvin A. "Jeremiah 30-31 and King Josiah's Program of National Restoration and Religious Reform." *Zeitschrift für die alttestamentliche Wissenschaft* 108 no. 4 (1996): 569–83.

_____. "Jeremiah." In *King Josiah of Judah: the Lost Messiah of Israel*. Oxford: Oxford University Press, 2001. pp. 208–33.

Terblanche, Marius. "No Need for a Prophet Like Jeremiah: the Absence of the Prophet

Jeremiah in Kings." *Past, Present, Future: The Deuteronomistic History and the Prophets.* Eds. Johannes C. De Moor and Harry F. Van Rooy. Oudtestamentische Studiën 44. Boston: Brill, 2000. pp. 307–14.

祭司分派

✢

祭司分派には、祭司とレビ人の両方が含まれます。この2つのグループは、五書の大部分、すなわち創世記の一部、出エジプト記のかなりの部分、レビ記と民数記の大部分を執筆しました。彼らの神学的後継者に当たる捕囚期以後の祭司たちもまた、歴代誌とエゼキエル書の執筆や編集にかかわったと思われます。聖書学で記号「P」として知られている祭司分派は五書の執筆だけではなく、その編集にも関わりました。

「律法の書」（申命記12-26）に見られる法典を実行することは、いくつかの点で、上記の祭司伝承を取り替えることになるでしょう。

・「律法の書」は祭司が伝統的に認めていた地方の聖所や高台を廃止し、エルサレム神殿で礼拝と祭儀を集中させようとします。
・「律法の書」は世俗的な屠殺を許すため、どこででも肉を手に入れることができます（申命記12:15-28）。もう一方で伝統的な祭司伝承では、すべての屠殺は「神聖な」もの、すなわち宗教的な儀式の一部であると定められています（レビ記17:1-38）。祭司やレビ人は彼らの食料や収入の一部を動物の屠殺とそのいけにえから得ているので、ヨシヤ王が進める改革が実行されれば、エルサレム以外で働く祭司やレビ人の収入は急激に減少してしまうでしょう。
・祭司分派は、正しい宗教のあり方を教えることによって、大衆的

な形のヤハウェ礼拝を打ち消そうとしました。しかし、現在王立会議で提案された法令は、トップダウン改革として実施され、神殿を一掃し、地方のすべての神殿を破壊することを目指すものです。地方の聖所や高台で務める祭司やレビ人は、何らかの反対給付を与えない限り、閉め出されることに反発するでしょう。

・「律法の書」に基づく法令が王立会議で可決されれば、聖所の集中化に伴い動物のいけにえはエルサレム神殿でのみ献げられることになります。それは、経済的資源も首都エルサレムに集中させることにつながるでしょう。そのような変化がエルサレムにある宮殿と神殿にもっと多くの富をもたらすことは目に見えています。ヨシヤの宗教改革が狙う経済のあり方は、政治家や大祭司、そしてエルサレムの上層階級の仲間たちに有利なものになることは確かですが、それはおそらくエルサレム以外の場所で働く祭司やレビ人に対しては非常に不利なものになってしまうでしょう。

あなたは次のことについて深く考えなければなりません。宗教改革により祭司たちの間に格差が生じることによって、上層階級と下層階級に分かれることになるでしょうか。つまり、それはユダの祭司たちを分断させるでしょうか。祭司派に属する全てのメンバーがこの戦略に同意するわけではありませんが、あなたは改革の一部または全部を取り消したいと思うかもしれません。自分たちが分裂していると感じた際に、あなたはどう振る舞うべきでしょうか。

クラスの人数にもよりますが、あなたの仲間は、9人のプレイヤーと預言派に属している2人の歌い手です。
・大祭司ヒルキヤ
・エルサレム神殿の祭司アザルヤ
・神殿の改造を手助けしたレビ系職人ヤハト

・レビ人女性ミリアム

・地方聖所の祭司ナダブ

・エルサレム神殿の新米祭司イタマル

・ヤハウェの聖なる高台の祭司アビフ

・地方聖所の祭司ハシャブヤ

・エルサレム神殿の祭司シェマヤ

・レビ人の歌い手、コナンヤとネタンエル。預言派所属

　列王記下22–23章および歴代誌下34–35章に記されているヨシヤ改革の描写を注意深く読んでみて下さい。両者の記述はその詳細において異なります。またこれらの聖書箇所をレビ記17章および23章にある礼拝要件、あるいは出エジプト記34章の戒めと比較してみて下さい。なお、出エジプト記34章はJまたはヤハウィストによって書かれたと思われるテキストです。祭司たちによって書かれたと思われる神聖法典（レビ記17–26章）は、占いや魔術（レビ記19–20章）と一緒にモレク崇拝（レビ記18章および20章）を抑制することに熱心ですが、地方聖所に関しては寛大であるように見えます（レビ記17章）。もちろん、あなたは提案された宗教改革の効果を予測するために、祭司とレビ人に関する申命記の規定について調べたいと思うでしょう。

❖**開会式における祈りまたは説教**：

　ゲームのセッションが始まる前に、大祭司ヒルキヤはくじを引き、どの祭司が開会式で祈りと説教をするかを決定します。この祈りと説教は簡潔でなければなりませんが、これは集まったすべてのプレイヤーに祭司派のメッセージを伝える戦略的機会となるかもしれません。ですから、優先順位を決めて情熱を込めてインパクトのある祈りと説教を行いましょう。

あなたは人々を祝福する際に、民数記6章24-26節に記されている古代祭司の祝祷を受け継ぎ、それをお手本にすることを覚えてください。

　主があなたを祝福し、あなたを守られるように。
　主が御顔を向けてあなたを照らし／あなたに恵みを与えられるように。
　主が御顔をあなたに向けて／あなたに平安を賜るように。

　あなたが身に着けている銀のお守りにはより短いバージョンが記されています。

　主があなたを祝福し、あなたを見守ってくださるように。
　主が御顔をあなたに向けて照らされるように。
　主が平安を与えてくださるように。
　（エルサレムのケテフ・ヒンノム［Ketef Hinnom］から出土された銀製のお守り＃2。紀元前7世紀末の遺物）。

❖祈りの専門知識

　祈りのやり方に関しては、出エジプト記または民数記にあるモーセの祈り、あるいはサムエル記下にあるダビデの祈り、または列王記上にあるソロモンの祈りなど、旧約聖書における祈りの模範から学ぶべきです。また、モシェ・グリーンバーグ(Moshe Greenberg)の「Biblical Prose Prayer as a Window to the Popular Religion of Ancient Israel（古代イスラエルの大衆宗教への窓としての聖書の祈り）」を読んでみるのもよいでしょう。このゲームで、あなたは自分の信念や主張を発信する機会として祈りを用いるべきです。例えば、あなたは（あなたの対戦相手とは異なり）ヤハウェの意志を誠に行おうとしているので、あなたの真実性を他のプレイヤーに知ってもらい、彼らを導けるような説得力のあるメッセージを含んだ祈りを思慮深く準備すると良いでしょう。

言うまでもなく、あなたの祈りは、ヤハウェ、すなわちユダヤ人の神に対するユダヤ人による祈りであり、イエスや他の宗教の神への言及を含むべきではありません。つまり、ユダヤ教徒、キリスト教徒、イスラム教徒の祈りや、または他の宗教からの祈りではなく、聖書の原型に基づいた祈りを行うべきです。ユダヤ教とキリスト教は聖書を正典としていますが、これらの宗教は古代ユダヤ人あるいは古代イスラエル人の宗教とは大きく異なります。これについては、学生用教本にある「イスラエルとユダの宗教」という節を参照してください。

❖祭司分派に関連する資料：

Bibb, Bryan D. "'Be Mindful, Yah Gracious God.' Extra-Biblical Evidence and Josiah's Reforms." *Koinonia* 12 (2000): 156-74.

Dever, William G. *Did God Have a Wife? Archaeology and Folk Religion in Ancient Israel.* Grand Rapids & Cambridge: William B. Eerdmans, 2005. p. 130.

Bronstein, Herbert. *A Passover Haggadah.* Rev. ed. Drawings by Leonard Baskin. New York: Central Conference of American Rabbis; 1993.

Greenberg, Moshe. *Biblical Prose Prayer as a Window to the Popular Religion of Ancient Israel.* Berkeley: University of California Press, 1983.

Gutmann, Joseph. "Deuteronomy: Religious Reformation or Iconoclastic Revolution?" In *The Image and the Word: Confrontations in Judaism, Christianity, and Islam.* Missoula: Scholars Press, 1977. pp. 5-25.

Kitz, Anne Marie. "The Plural Form of 'ÛRÎM and TUMMÎM." *Journal of Biblical Literature* 116, no. 3 (1997): 401-10.

Lohfink, Norbert. "The Cult Reform of Josiah of Judah: 2 Kings 22-23 As a Source for the History of Israelite Religion." *Ancient Israelite Religion: Essays in Honor of Frank Moore Cross.* Eds. Patrick D. Miller, Jr., Paul D. Hanson, and S. Dean McBride. Philadelphia: Fortress Press, 1987. pp. 459-75.

Tatum, Lynn. "Jerusalem in Conflict: The Evidence for the Seventh-Century BCE Religious Struggle Over Jerusalem." *Jerusalem in Bible and Archaeology: The First Temple Period.* Eds. Andrew G. Vaughn and Ann E. Killebrew. Society of Biblical Literature Symposium Series, 18. Atlanta: Society of Biblical Literature. pp. 291-306.

ヒルキヤ
（祭司派 – 申命記派 – アッシリア派）
❖

　あなたは大祭司であり、祭司分派の指導者です。あなたは神殿修理の際に、「律法の書」を発見した労働者のグループを監督していました。それがフルダによって読まれ確認されると、あなたはその正しさをはっきりと確信するようになりました。あなたは申命記派の一員であり、ユダの宗教的慣行を浄化することを目指して頑張っています。

　あなたは神殿から発見された「律法の書」を書記官シャファンに渡し、王の前で読み上げるようにしました。あなたはその巻物が神の啓示であることを検証するため、シャファンと共に女預言者フルダのところに行きました。そして、ヨシヤ王は顧問や自分を王にした「国の民」と相談した後に、あなたにバアルとアシェラ崇拝で汚れた神殿を浄化するよう命じるに違いないと期待しています。

　結局のところ、大祭司としてのあなたの仕事は、儀式の体系全体を維持することです（レビ記16章）。このため、あなたには特に清さが求められます。例えば、大祭司は選ばれた集団の女性（レビ記21章）と結婚することになっています。大祭司の配偶者になる女性は下級祭司たちよりもさらに厳しい基準に基づいて選抜されます。つまり、あなたは祭司の中で最高の行動規範を守ることが期待されるわけです。ですから、儀式における誤りや間違いなどは最悪の結果をもたらす可能性があります（レビ記10章）。

　最近、神殿での奉仕当番が回る際に、祭司やレビ人の働きにある種

のずさんさがあることにあなたは気づきました。あなたは神殿の汚れた大衆的な祭儀慣習にうんざりしています。祭司たちがすべての汚れを一掃するように注意していないのであれば、ヤハウェの栄光と臨在は神殿から離れるかもしれません（エゼキエル書10章）。

巻物がユダの国法となるならば、申命記派が待ち望むように、あなたは外国の宗教からの汚れと伝統的な礼拝慣習からエルサレム神殿を浄化するために新しい法律を使うことができます。

あなたが申命記の採用を好む理由の一つは、王が祭司の学生になるところにあります。「律法の書」によりますと（申命記17:14-20）、王は毎日律法を読むことになっていますが、結局、誰が王にそれを説明できるのでしょうか。つまり、「律法の書」が王立会議で可決されれば、**あなたは王や他の役人から「律法の書」の特定の法律が何を意味するのかを説明するよう求められるようになるでしょう。**ですから、あなたは申命記12-26章を注意深く読み、それに注釈を付け、王にそれを教える準備を整えて下さい。申命記12-26章を研究する過程で良く理解できないことがあればゲームマスターに質問するとよいでしょう。

しかし、申命記はあなたの分派である祭司派に属する一部のメンバーにかなり悪い影響を及ぼします。すべての地方聖所や高台が閉鎖された場合、そこで務めていた祭司やレビ人はどうなるでしょうか。あなたは彼らにエルサレムの神殿での仕事を用意することで彼らを説得することができるかもしれません。それとも他の誘引策や説得方法があるのでしょうか。

❖職務：

◇ 王立会議（ゲーム）セッション開始前の任務：

あなたは祭司分派の指導者です。王立会議が始まる前に、あなたは祭司分派の集会を招集して、彼らがユダの法律として申命記を採用するという法令を支持するよう説得できるかどうかを確かめる必要があるで

しょう。あなたは、彼らの支持を得るためにいくらかの利益を彼らに提供することによって、何らかの「駆け引き」をしなければならないかもしれません。

事前集会の中で、王立会議の開会式における祈りや説教の当番を決めるべきです。おそらく大祭司であるあなたが最初の祈りと説教を担当することになるでしょう。しかし、あなたはくじ引き（ウリムとトンミム）によって次の会議で祈りと説教を担当する祭司を選ぶ必要があります。

❖ウリムとトンミムの使い方

ユダヤ人はヤハウェの御心を伺うためにウリムとトンミムを使いました。例としてヨシュア記7章16-18節またはサムエル記上10章20-21節を見てください。ウリムとトンミムを再現するためには、まず白黒の石または2つの異なる色のサイコロを用意しましょう。そして、それを袋に入れて、候補になっている祭司の名前を唱えながら、目隠しをしてその中から1つを取り出します。各祭司に対してこれを2回ずつ行います。連続して2回白い石(トンミム)に当たった人が選ばれます。2人以上の祭司が連続して2回白い石に当たった場合は、2巡目で、さらに3巡目でというように、1人の祭司が選択されるまで石を取り出し続けます。

この手順に従って、各会議で開会式を行う祭司を選ぶことができます。最初会議の前に、開会式を担当する祭司のリストをアサヤとゲームマスターに渡して下さい。

なお、裁判のために陪審員を選ぶように頼まれる場合もありますので、ゲームの間、ウリムとトンミムをいつでも使えるように準備しておいて下さい。繰り返しになりますが、プレイヤーの1人を指名しながら目隠しで石を袋から取り出します。連続して2回白い石(トンミム)に当たったら、その人は陪審員として選ばれたことになります。特別な手順に関しては下記を参照してください。

◇ 王立会議（ゲーム）セッション中の任務：

　　大祭司として、あなたは最初会議の開会式における祈りと説教を捧げます。総理大臣アサヤは最初の会議を開会式の祈りから始めるようあなたに求めるでしょう。その祈りは簡潔でなければなりませんが、熱心と情熱が感じられる祈りを行った方が後に様々なプレイヤーを説得するために有利です。開会式の際に必要であればあなたの主張を効果的に伝える説教も行ってください。

　　また、あなたはゲームマスターと相談して、開会式で感謝のいけにえを献げることもできます。献げ物をどのように献げるかについてはレビ記1–7章に詳しい説明があります。該当箇所を読んで、開会式で祭司が行う儀式的な行動を研究しておくとよいでしょう。前回の会議が無事に終わったことを感謝する、あるいは今回の会議が上手く進むことを祈願するために開会式で当番の祭司が神にいけにえを献げることはこのゲームのプレイヤーであれば誰もが楽しみにしていることでしょう。大祭司としてあなたは祭司分派のメンバーたちにいけにえの正しい献げ方を教育する義務があります。

◇ 裁判：

　　イスラエルの民や祭司は、偶像崇拝、バアル崇拝、魔術、占い、任務放棄（神殿での酩酊など）、または虚偽預言で問題を起こした場合、起訴され裁判にかけられる可能性があります。その裁判では大祭司のくじ引きによって、5人の陪審員が選ばれ、彼らが判決を下すことになっています。裁判はいつでも起こり得ますが、主に第1ラウンドで特定の改革が可決された後に起こるかもしれません。第2ラウンドでは、第1ラウンドでの投票結果が影響を及ぼす可能性があります。大祭司は陪審員を基本的にウリムとトンミムで選びますが、もしあなたがその方法を好まない場合や時間の余裕があまりない時には、もう一つのやり方があります。すなわち対象となるすべてのユダヤ人に自分の名前をオストラ

コン（3 x 5サイズのカード）に書いてもらい、それを壺に入れます。そして大祭司であるあなたが目隠しでその壺から5人のオストラコンを1枚ずつ引き抜き、彼らに陪審員になってもらう方法です。アブドン、アクボル、ハンナ、タマル、そして外国人であるヤイルは、陪審員として働く資格がありません。もちろん、被告人や原告人など現在進行中の裁判に関わっている人も陪審員になれないので注意して下さい。あなた自身が告発されたか、有罪判決を受けた場合、アザルヤが代わりにくじやオストラコンを引きます。裁判の流れは次の通りです。原告人が誰かを告発します。陪審員は被告、原告、そして証人の言葉に耳を傾け、彼らに質問し、またその答えを聞いた後に裁きを下します。有罪裁決が下された場合、最も重い処罰は王国からの追放または死刑です。そのような処罰を受けたプレイヤーはゲームへの積極的な参加ができなくなるので、受け入れられるか否かは別にして、まずは赦しを嘆願することができます。総理大臣であるアサヤと大祭司であるあなたは、適正な手続きに従って法的問題を提起する者に対して説明を行う責任があります。アサヤは神が有罪判決を受けた被告に慈悲を与え、その罪を赦し、無罪にしてくださるかどうかを問うために再びウリムとトンミムを取り出すようあなたに求めるかもしれません。

　ですから、あなたは以下の機会にウリムとトンミムを袋から取り出すことができます。その機会とは祭司の当番決め、陪審員の決定、そして赦免の可否についての決定です。ゲームマスターは、アサヤを通して4番目の機会を与えるかもしれません。それはゲームが終わりに近づき、時間が足りなくなったとき、どの議事を優先するか選ぶことです。

❖ 勝利条件

◇ 第一級：申命記的法令の可決

　「律法の書」を国の法律であると宣言する法令が会議で多数決によって承認される。

したがって、法令を可決させなければなりません。しかし、あなた、ヒルキヤは遡及的な起訴に反対しています。あなたはエルサレム神殿を管理する際に、あらゆる種類の反申命記主義的慣行を黙認してきました。それは列王記下23章で神殿から取り除かれなければならなかった祭具類の長いリストを見ても直ぐに分かる事実です。したがって、法令が可決される前に行った振る舞いも起訴対象にされるならば、あなたは間違いなく裁判にかけられ有罪判決を受けることになるでしょう。

◇ 第二級：アッシリアとの同盟

　アッシリアと同盟を結ぶことを命じる法令が会議で多数決によって承認される。

　あなたの第二級の勝利条件は、外交政策の現状を維持することです。あなたは、王立会議でアッシリアとの宗主権条約（Suzerain-Vassal Treaty）を批准させる必要があります。国際情勢は非常に不透明ですが、ユダはアッシリアの忠実な属国でした。アッシリアの支配下で長期にわたる平和を享受してきました。祭司派の一員として、あなたはアッシリア人の機嫌を保つことに関心を持っています。もしユダが反乱を起こしたり、独立しようとしたりすれば、真っ先にあなたの首が飛ぶかもしれないからです。

　アッシリア人を初めとするメソポタミアの勢力に対して、エジプトがユダを援助すると主張する人もいるかもしれません。しかし、あなたは私たちが以前にその道を歩み、どのような結末を迎えたのかをよく知っています。その時に、エジプトは何の役にも立たず、「壊れた葦」のように信頼できない同盟であることを自ら証明したのです（列王記下18:13-37参照）。あなたは愛する同胞にその苦い経験をもう一度させたくないのです。

　他の人たちは、バビロニアの星が登りつつあると主張するでしょ

う。それは確かに将来的には正しいかもしれませんが、今は時期尚早です。さらに、バビロニアは信頼できません。ヒゼキヤはバビロニアと同盟を結ぼうとしましたが（列王記下20:12–19参照）、彼らはヒゼキヤを裏切ってアッシリア人がユダの町を破壊し、エルサレムを包囲するまで何もやってくれなかったのです（列王記下18:13参照）。[1]

❖戦略上のアドバイス:

　　あなたは大祭司が持つ権威と権力をできるだけ活発に使うべきです。祭司は各会議セッションの最初に祈りや説教を行う機会を持っており、これは他の分派にはない特権です。そのうえ、あなたは大祭司として神のために働いているのですから、あなたに反対するのは神に反対することだと主張することができます。しかし、預言者たちはこの点においてあなたと意見が一致しないかもしれません。

　　あなたは祭司たちの指導者であり、できるだけ多くの祭司があなたの指導に従うように一生懸命努力しなければなりません。申命記を国法として課すことは、聖なる高台や地方の聖所でヤハウェのために働いている多くの祭司やレビ人に損害を与えてしまうということを覚えておいてください。あなたは彼らの支持を得るために、彼らの利益を守る何らかの方策を見つけなければならないでしょう。

1　聖書に記録されているヒゼキヤ治世の出来事の順序/年表はおそらく間違っています。たとえば、聖書の著者がそれをヒゼキヤ治世の最後に置いたとしても、ヒゼキヤがバビロニアへ使者を派遣したのはアッシリアの侵略の前に起こったに違いありません。詳しくは、HarperCollins Study BibleやOxford Annotated Bible、その他の学術研究用の聖書脚注をご覧ください。

❖追加資料:

Barrick, W. Boyd. "Dynastic Politics, Priestly Succession, and Josiah's Eighth Year." *Zeitschrift für die alttestamentliche Wissenschaft* 112 no. 4 (2000): 564–82.

Breslauer, S. Daniel. "Scripture and Authority: Two Views of the Josianic Reformation." *Perspectives in Religious Studies*, no. 10 (1983): 135–43.

Droge, Arthur J. "'The Lying Pen of the Scribes': of Holy Books and Pious Frauds." *Method and Theory in the Study of Religion* 15, no.2 (2003): 117–47.

Lundbom, Jack R. "Lawbook of the Josianic Reform." *Catholic Biblical Quarterly*, no. 38 (1976): 293–302.

Schweitzer, Steven James. "The High Priest in Chronicles: An Anomaly in a Detailed Description of the Temple Cult." *Biblica* 84, no. 3 (2003): 388–402.

アザルヤ、エルサレム神殿の祭司
（祭司派 − 伝統派 − 独立派）
❖

　あなたは、エルサレム神殿に仕える祭司です。あなたは大祭司ヒル
キヤの座を受け継ぎたいのですが、彼は白髪になって久しい今も頑なに
引退を拒否しています。

　ヒルキヤの座を狙っているのはあなただけではありません。王の書
記官シャファンも実は祭司です。大祭司ヒルキヤはあなたと同じツァド
ク家出身です。しかしシャファンはライバルの「シャファン家」の出身
です。あなたはこのことからシャファンが大祭司として選ばれることは
ないと確信しているのですが、実は彼は幅広い人脈とつながりを持って
います。伝統に反するとしても、王が望めば彼を大祭司として任命でき
るということを忘れてはいけません。

　ヒルキヤが「律法の書」（申命記）を「見つけたとき」、彼はあなたと
ほかの祭司たちにそれを見せました。あなたは、申命記が祭司の権限を覆
し神聖法典（レビ記）を改訂していたのにもかかわらず、ヒルキヤが申命
記派への加入を決めたことに驚きました。エルサレム神殿に儀式の中心を
置くということは、他の聖所で働いている兄弟たちに深刻な損害を及ぼし
ます。端的にいえば、祭司分派において申命記は賛否両論あり、賛成者の
中でも疑問が残っているのです。たとえば、祭司によって生贄がささげら
れる代わりに、人々が世俗的に自分で自分の動物を殺すことを許すことな
どは今までの祭司の特権を損なうことにつながるでしょう。

　あなたはこのような申命記の問題点を示すことによって、ツァドク

家の一員であるヒルキヤの大祭司職を受け継ごうと願います。歴代誌下
31章10節と13節によりますと、ツァドク家に属する同名のアザルヤはヒ
ゼキヤ王のもとで大祭司でした。あなたは**祭司分派の裏の指導者**となるこ
とでこの目標を達成できます。そのためには、他の祭司と一人ずつ個人
的に話し、申命記についてそれぞれがどのような立場を持っているのか
を探らなければなりません。また、会議で発言する人たちの話を注意深
く聞き、頼りになりそうな人に個人的に、ヒルキヤを引き下ろすことに
賛成してくれるか聞く必要があります。その交渉においてほかの件につ
いてのあなたの賛成と引き換えにしてもよいでしょう。

　ヒルキヤを引き下ろすための一番効果的な方法は、大祭司として役
目を十分に果たしていないという罪で彼を裁判にかけることです。その
ことをほのめかすだけで、ヒルキヤは黙って引退するかもしれません。
ヒルキヤが、祭司法典の特別な掟（レビ記10:8-11）を破り、聖所で酒
に酔っていたという噂をあなたも同僚祭司たちも聞いています。実際に
目撃した証人を見つけることができたら、ヒルキヤを告発し、裁判にか
け、有罪とした上で大祭司の座から引き下ろすことができるでしょう。
ヒルキヤにワインを売ったのはペリシテ人のワイン商人ヤイルでしょう
か。それとも、ユダのワイン製造者でしょうか。ヒルキヤを引き下ろす
ことは申命記派を弱めることでしょうし、申命記的法令の制定を阻むこ
とにもなります。

❖職務：

　あなたにはヒルキヤと申命記的法令に対抗する勢力を密かにまと
める役割のほかに、王立会議において祭司として行う普段の仕事もあ
ります。

　王立会議は毎回、大祭司ヒルキヤによって選ばれた祭司が祈りと説教
を行うことからはじまります。祈る順番は会議が始まる前にヒルキヤがくじ
引きをして決めておきます。あなたの順番が回ってきた際は、心を込めて開

会の祈りと説教を準備して下さい。開会の祈りと説教は、簡潔であると同時に、その場にいる全員に対して強い感動やインパクトを与えるものにした方が絶対に有利です。その祈りと説教に影響を受けた人々はいざという時にあなたが大祭司になることを支持してくれるはずであるからです。

❖勝利条件

◇ 第一級：大祭司職を獲得

    1) ヒルキヤが起訴され、有罪判決を受け大祭司職から解任される。
    2) あなたが大祭司に任命される。

あなたの第一級の勝利条件は大祭司に任命されることです。そのためにはヒルキヤが起訴され、有罪判決を受け大祭司職から解任される必要があります。あなたはその目的のために頑張らなければなりません。もしその目標が成就すれば、あなたは一つの立派な勝利条件を満たすことになります。そのあとで、王立会議は新しい大祭司を選ぶために投票を行うでしょう。その際にもしもあなたが大祭司として選ばれるならば、あなたはもう一つの第一級勝利を収めます。あなたが祭司分派において裏のリーダーであるならば、結果は明確でしょう。もしそうでないならば、シャファンが大祭司として選ばれるかもしれません。

◇ 第二級：申命記的法令の否決

提案された申命記的法令が王立会議で否決される。

あなたの第二級の勝利条件は申命記的法令の否決です。あなたと祭司分派の仲間たちは申命記的法令が、エルサレム神殿で仕えている祭司を除いて、祭司分派全体にとって都合の良いものではないことを知っています。以下のことを覚えておくとよいでしょう。

・申命記において、祭司とレビ人が区別されていることに注目しましょう。申命記10章6節と8節を読むと、神はレビ族全体を一般的な聖職者として選び、特別な聖職のためにはさらにその中から祭司を選択したように描かれています。ここで問題が生じます。契約の箱を運ぶのは祭司とレビ人のどちらなのでしょうか。もしくは両者でしょうか（申命記10:8参照）。主の前に立って仕えること、つまり祭壇の前で仕事をすることが許されるのは祭司だけなのでしょうか（申命記17:12、18:5、21:5参照）。これは祭司分派の内部で分裂を引き起こし、祭司たちを支配しやすくするための企てではないでしょうか。

・地方聖所の祭司たちは、エルサレムにある神殿で仕えても良いのでしょうか。地方聖所が閉じられることになれば、そこで働いていた祭司たちは何をして生計を立てればよいのでしょうか。彼らも「律法の書」が命じる過越祭に参加することができるのでしょうか。それとも同じ祭司であるのにもかかわらず、彼らは排除され、エルサレム神殿に勤める祭司のみが過越祭の祝いに参加できるのでしょうか。

　あなたは伝統的な宗教慣習を続けようとしているため、保守的な立場をとることになります。つまり、あなたは神殿内で画や像などの象徴的な物を盛り込んだヤハウェ礼拝だけではなく、地方聖所も民の宗教的な選択肢として尊重すべきであると考えています。どうしてわざわざ各自がいけにえを献げるためにエルサレムまで上って行かなければならないでしょうか。しかも、申命記でエルサレムへ巡礼するよう求められているのは、成人男性のみなのです。これはあまりにも不合理な法令であると言わざるを得ません。

❖戦略上のアドバイス：

あなたは祭司が持つ権威と権力をできるだけ有効に使うべきです。祭司は各会議セッションの最初に祈りや説教を行う機会を持っており、これは他の分派にはない特権です。そのうえ、あなたは祭司として神のために働いているのですから、あなたに反対するのは神に反対することだと主張することができます。しかし、預言者たちはこの点においてあなたと意見が一致しないかもしれません。

申命記的法令に対する有力な反論として、あなたは誰もが知っている古代文書に書かれている祭司の医療的役割（レビ記14章）、祭司の任命（レビ記8-9章）、祭司の家柄（民数記3-4章）、そしてレビ人の特務（民数記10章）などを喚起することができます。これらの務めや役割の多くは、申命記において勝手に再定義され、変更されてしまいました。

「律法の書」の出所については、未だ謎に包まれている部分があります。例えば誰かが何らかの理由でヒルキヤに見つかるように「律法の書」を神殿に隠しておいたかもしれません。あの怪しい巻物とは対照的に、レビ記や民数記は確固たる歴史的信憑性をもっています。レビ記と民数記のほうが古いということが分かっているのですから、新しい巻物よりも信頼され、また重要視されるべきでしょう。

ですから、あなたは注意深くレビ記と民数記を読み、申命記との相違点を見つけておく必要があります。相違点が多ければ多いほど三つの書物が同じ著者によって書かれたとは言えないことを証明できるでしょう。申命記よりも古い書物であるレビ記と民数記がより信憑性が高いと論証することができるでしょう。

年代記著者のアブドンとアクボルは、王立会議で起きる出来事について情報を提供してくれるという意味で、部分的にはあなたの味方と見ても良いでしょう。どちらも投票はできませんが、両者ともそれぞれの理由で、ヒルキヤの降格を望んでいるようです。さらに彼らは日々、年代記を書き記しています。書記の持つ道具であるペンは剣に勝るという

のは格言に過ぎないのでしょうか。

❖追加資料：

Barrick, W. Boyd. "Dynastic Politics, Priestly Succession, and Josiah's Eighth Year." *Zeitschrift für die alttestamentliche Wissenschaft* 112 no. 4 (2000): 564–82.

イタマル、エルサレム神殿の新米祭司
（祭司派 − 申命記派 − 独立派）
❖

　あなたはエルサレム神殿で働き始めて間もない祭司です。祭司であった父親に倣い、ヤハウェに仕え続けてきた家系の一員であることを誇りに思っています。しかし、あなたは神殿で時折見かける様々な光景に違和感を覚えています。預言者からはヤハウェのみを礼拝することの重要性を聞いてきました。ですから、バアルやアシェラのための祭具や、太陽のための馬車や、天の女王のために焼き菓子をつくっている女たちをみて、動揺を隠しきれませんでした。

　さらに、あなたの神ヤハウェをヤハウェが命じる方式で正しく礼拝したいという願望を持っているあなたは、ユダにある他の聖所に行くたびに衝撃を受けます。地方聖所の祭司たちは、エルサレム神殿で犯されている様々な間違いを踏襲するだけではなく、生贄のささげ方や、血のふりかけ方においても何一つ正しくできていなかったのです。

　つまり、あなたはユダの礼拝慣習を危惧しています。ですから、神殿修理中にヒルキヤと彼の働き手が古代の「律法の書」を見つけたことを知ったとき、またその内容が公開された時、驚くと同時に安心したのです。あなたが懸念していたことが巻物で禁じられていたからです。あなたはすぐさま申命記派となり、巻物をこの地の法として採用するべきだと、提言し始めます。

　あなたはフルダの預言と巻物が与える厳重な警告が気がかりです。しかし、他の申命記派と同様にヤハウェが「恵みと憐れみの神であり、

忍耐深く、慈しみに富み、災いをくだそうとしても思い直される方」
（ヨナ書4:2）であることを知っています。ユダの唯一の望みは、今まで誰
もが当たり前としてきた、不純な礼拝慣習を、直ちに完全に断ち切るこ
とです。そうすれば、もしかしたら、すべてを飲みつくすヤハウェの怒
りが静められるかもしれません。

　あなたは申命記派の仲間たちと共に申命記的法令を可決し、ユダを
より良い国にするために全力を尽くします。申命記が明記するように、
神の掟を破るものは神から罰を受けるのです。

❖職務：

　王立会議は毎回、大祭司ヒルキヤによって選ばれた祭司が祈りと説
教を行うことからはじまります。祈る順番は会議が始まる前にヒルキヤ
がくじ引きをして決めておきます。あなたの順番が回ってきた際は、心
を込めて開会の祈りや説教を準備して下さい。開会の祈りと説教は、簡
潔であると同時に、その場にいる全員に対して強い感動やインパクトを
与えるものにした方が絶対に有利です。その祈りと説教に影響を受けた
人々はいざという時にあなたが進める申命記的な法令に支持の一票を投
じてくれるはずであるからです。

❖勝利条件

◇ 第一級：申命記的法令の可決とユダの一致団結
　　1)「律法の書」を国の法律であると宣言する法令が会議で多数決に
　　　よって承認される。
　　2) 申命記的法令のゆえに、裁判にかけられた伝統主義者を弁護し、
　　　彼らを無罪にさせることによって、ユダの一致団結を図る。

　したがって、申命記的法令を王立会議で可決させ、国法として守ら
れるようにしなければなりません。もう一方で新しい法令が可決される

と、あなたには伝統主義者たちを弁護する義務があります。今我々は内部的に闘うべきではありません。神は現在我々に国を富強にするための絶好のチャンスを与えておられるのであり、我々は何よりも北方領土を回復し、独立を達成するために力を合わせ一致団結すべきです。新しい法令のゆえに誰かを裁判にかけ処罰することは、ユダ全体の和をなすための良策ではありません。

◇ 第二級：税金引き上げ、北方領土の回復、そしてユダ独立の実現

    1) 申命記的法令に税金を引き上げるという条文が含まれる。
    2) 申命記的法令に北方領土の回復を命じる条文が含まれる。
    3) ユダの独立を命じる法令が会議で多数決によって承認される。

　申命記的改革には複数の側面があります。言うまでもなくこれは宗教改革でありますが、同時に経済・軍事改革でもあります。つまり経済・軍事的観点から見てもこの改革がもたらせる効果は計り知れないのです。今は国際情勢において激変の時代です。これはユダが強大国になるために二度と訪れない絶好のチャンスです。申命記的改革によって宗教を一元化し、内部結束を図ると同時に、税金を引き上げ、軍備を拡充し北方領土を回復するべきです。申命記的法令に税金の引き上げを命じる条文が含まれれば、あなたは第二級の勝利条件を満たすことになります。もう一つの第二級勝利条件は、申命記的法令にユダが北へ進出しその領土を拡大することを命じる条文が含まれることです。ある人はそれを冒険主義あるいは好戦主義などと言いながら悪しき考えのように非難しますが、それは弱虫の寝言のようなものです。全くユダの未来を考えない近視眼的現実安住主義に過ぎません。未来の栄光のためには現在の苦労と犠牲が必要であることは子供でさえも知っている永久不変の真理なのです。

　申命記的法令が王立会議で否決されたとしても、まだ逆転の機会は

あります。あなたにとってもう一つの第二級勝利条件は、王立会議でヤハウェがユダの独立を求めておられると説き伏せ、ユダの独立を命じる法令が多数決によって承認されることです。あなたは下記のような論拠を用いて3つの外国勢力すべてに反対することができます。

アッシリア: 内戦に巻き込まれました。神はその力を終わらせることを宣言しました。

バビロニア: 信頼できない味方/宗主国です。ヒゼキヤはバビロニアと同盟を結ぼうとしましたが（列王記下20:12-19参照）、バビロニアは裏切ってアッシリア人がエルサレム以外のユダの町を破壊し、首都を包囲するのを許しました（列王記下18:13参照）。[1]

エジプト: 信頼できない味方/宗主国です。ユダとの関係はいつも良好ではありませんでした。シシャク王はヤロブアムをかくまい、それによってエルサレムの支配からイスラエル人が離れることが進みました（列王記上 11:40; 12:1-20）。同じ王は神殿を略奪しました（列王記上14:25-28）。またエジプト人はアッシリアの侵略に対してヒゼキヤを支援しませんでした（列王記下18:21）。

つまり、いかなる強大国も信頼できません。

神は奇跡を行う方であり、もし私たちが真の信仰を持つならば、神は私たちを救い出して下さいます。イザヤが預言した通りに、神はヒゼキヤを病気から救い出し、ユダはアッシリア人による全滅の危機から救

1　聖書に記録されているヒゼキヤ治世の出来事の順序/年表はおそらく間違っています。たとえば、聖書の著者がそれをヒゼキヤ治世の最後に置いたとしても、ヒゼキヤがバビロニアへ使者を派遣したのはアッシリアの侵略の前に起こったに違いありません。詳しくは、HarperCollins Study BibleやOxford Annotated Bible、その他の学術研究用の聖書脚注をご覧ください。

い出されたのではないでしょうか。

　あなたが王立会議で周りの人々を説得し、諸同盟派に投票で勝つことに成功するなら、あなたは第二級の勝利条件を満たすことになるでしょう。そのためには、預言者や祭司たちが、バビロニアやエジプトに対して個人的に傾倒していたとしても、あなたが進めるユダの独立に投票するよう説得する必要があります。彼らは独立がアッシリアとの同盟を破るための最良の方法であると納得した場合、あなたと共通の目標を目指して共に戦ってくれるかもしれません。アッシリアへの依存は、あなたがた全員にとって惨めな状態だったのではないでしょうか。

❖戦略上のアドバイス:

　あなたは祭司が持つ権威と権力をできるだけ有効に使うべきです。祭司は各会議セッションの最初に祈りや説教を行う機会を持っており、これは他の分派にはない特権です。そのうえ、あなたは祭司として神のために働いているのですから、あなたに反対するのは神に反対することだと主張することができます。しかし、預言者たちはこの点においてあなたと意見が一致しないかもしれません。

　法令を支持するためにあなたが用いることができる主な論点は、あまりにも退廃してしまった伝統的な祭儀慣習は廃止されるべきであり、中央集権的な礼拝と入れ替えて宗教の正当さを維持するために監視を強めるべきであるということです。

　レビ記と申命記の大事な箇所を注意深く読み、これらの聖書箇所が正しい礼拝の仕方をどのように説明しているかを理解しておく必要があるでしょう。特筆すべき点として、申命記には、生贄に関連して何をするべきか具体的には書いてありません。むしろ、この書の中心的な訴えは、他の神々がヤハウェと共に礼拝されており、ヤハウェが正しく礼拝されていないというところにあります。ですから、レビ記は祭儀や礼拝の具体的なやり方に関する説明において正しいと論じることができま

す。しかし、遠隔地では祭司がこのやり方を守ることについて過ちを犯す可能性が大いにあり、祭司とは言え人間に過ぎない彼らを全面的に信頼することはできません。ですから、申命記が訴える礼拝と祭儀の中央集権化は正しい方向を示しているのです。祭儀は注意深く監視される必要があり、そのためには唯一の中心的な場所、すなわちエルサレム神殿に限るのが最善策です。

　申命記的法令に税金の引き上げや北方領土の回復と関連する条文を追加することは非常に敏感な問題です。多くの人々の暮らしに深い影響を及ぼすからです。これらの議題について強い反感を覚える人々がいることを忘れてはいけません。それは反対者の存在に怯えるためではなく、彼らの反論を上手く論駁するためです。ヤハウェは正義の戦争を助ける神であり（創世記14章、申命記20章、ヨシュア記6章）、北方領土は神がイスラエルに与えられた嗣業であるため（民数記34章7-9節）、それを回復することはユダヤ人としての当然な義務であるという論理はどうでしょうか。それよりもさらに説得力のある論拠があれば、ぜひその論拠を活用して相手を説得して下さい。

　法的なものも年代記的なものも含め、アッシリアとバビロニアの文書を注意深く読んだ上で、どちらかと同盟を結ぶことの恐ろしさをよく理解してから議論に参加することをお勧めします。勝利するためには、ユダがヤハウェ主義に基づき独立することを推進すべきというあなたの立場に同調する者を、未確定者の中から見つけなければなりません。諸同盟派の中からも彼ら自身の外交政策が失敗で終わるという絶望の中で、最終的にあなたに接近して来る人もいるかもしれません。

❖ 追加資料：

Abba, Raymond. "Priests and Levites in Deuteronomy." *Vetus Testamentum* 27, no. 3 (1977): 257–67.

Emerton, J. A. "Priests and Levites in Deuteronomy: An Examination of Dr. G.E. Wright's Theory." *Vetus Testamentum* 12 (1962): 129–38.

ミリアム、レビ人女性
（祭司派 – 伝統派 – アッシリア派）
❖❖❖

　レビ人女性として、あなたはレビ人の合唱団で歌い、祭司の衣服や聖所の幕などを繕う仕事をしています。毎回、当番表によって一年に一度エルサレムに行き、一か月間歌うよう呼び出されますが、その季節がやってきました。あなたの夫、ヤハトも王立会議に参加し、神殿の修繕をするために一緒に都に上ってきました。普段あなたは、家事がすべて終わって何もすることがなくなったら、村の作物の収穫を手伝っています。しかし、地方聖所でしていた祭司の衣服や聖所の幕を繕う仕事によってあなたの技術は村の中でも一流のものとなり、織物屋を開けることになりました。祭司との仕事で鍛えられたので、織り糸の間に生えたかびを見分けるのが得意です（レビ記13:47–59）。また、他の女性たちと同様、織物の守護者であるアシェラ（サマリヤではヤハウェの配偶者）を敬っています。また、シロの聖所でハンナがしたように、いけにえの手伝いもします（Gruberの文献を参照してください）。

　エルサレムに着いたあなたは、神殿で見つかった新しい「律法の書」がレビ人の職務を変え、あなたのアシェラへの信仰を禁止するらしいということを耳にします。これらの変化は、あなたが地方聖所から受けている支援にどんな影響を及ぼすでしょうか。何とか自立して生活するために、あなたは地方聖所での仕事で得ることができる収入よりもさらに多くを必要としています。地方聖所が閉鎖された場合、レビ人は臨時の歌唱や補修の雑用以外の仕事をエルサレムの聖所ですることができ

るのでしょうか。あなたの大祭司ヒルキヤは申命記派に賛成しているようです。**あなたは「彼の」意向がどこにあるかを「彼に」詳しく問い質したいと思うでしょう。**

　あなたは、現状維持を重んじるという意味において保守的です。その現状とはヤハウェ礼拝において、画や像や象徴的な物を自由に使いながら行われる祭儀が許されることであり、地方にも神を礼拝する場所があって当然であるという観念が共有されることです。どうして神を礼拝するためにわざわざ各自がエルサレムまで上って行く必要があるのでしょうか。しかも、申命記でエルサレムへ巡礼するよう求められているのは、成人男性のみなのです。これはあなたを含む全ての女性にとって極めて差別的な法令です。

❖職務:

　ヒルキヤが率いる祭司分派の一員として、あなたはヒルキヤが祭司分派の集会を招集した時には集合します。ゲームが始まる前に、ヒルキヤがくじを引き、**王立会議で開会の祈りや説教をする祭司とレビ人の順番を決めます。**これは、大祭司によって招集された祭司分派の最初の集会で行われます。開会式で祈りや説教の当番が回ってきたらあなたは合唱団の歌い手として、あなたと同名のミリアムが出エジプト記15章でしたように祈りや説教を歌の形で行うことができます。もしあなたが皆の前で歌いたくなければ、もちろん歌わなくても大丈夫です。もし歌で祈りや説教をすることになれば短く行うべきですが、デボラが士師記5章でしたように、そこにいる人々全員に対して何らかの教えを伝えてください。シロで、ヤハウェがハンナに祭司エリと話す機会を与えたように（サムエル記上1–2章）、これは集まった人々の「注意を引く」戦略的な機会ですので、心を込めて準備するようにして下さい。

　伝統的な礼拝儀式を保ちたいと望む保守的なユダヤ人として、あなたは伝統派の集会にも密かに参加します。特に、あなたは牧場主からの

連絡を待っています…

❖勝利条件

◇ 第一級：申命記的法令の否決

　　提案された申命記的法令が王立会議で否決される。

　　あなたの一番の勝利条件は、申命記的改革を止めることです（過越祭の祝典では歌うことができるので、それだけは残しておいても良いかもしれませんが）。あなたの助けによって伝統派が投票で勝つのであれば、あなたは大きな勝利を収めます。いけにえと十分の一の献げものを中央集権化することに関して、特にあなたはその変化が自分の経済的不利につながる事を危惧します。勝てるかどうかは分かりませんがあなたは少なくともこれらの不穏な変化に対して戦わなければならないと決意しています。

◇ 第二級：アッシリアとの同盟

　　アッシリアと同盟を結ぶことを命じる法令が会議で多数決によって承認される。

　　あなたは、アッシリアとの緩い同盟関係になんの不満もありません。国際関係に関する具体的な情勢はあまり知りませんが、同盟が継続されればユダにおける礼拝形式の多様性が保たれると予測できます。そうすれば、女性がどのようにヤハウェを拝むべきかについて色々と要らない文句を言う人々はいなくなるでしょう。

❖戦略的アドバイス：

　　あなたはエディダが織り手であるということを知っており、また彼女がアシェラ崇拝者であることも聞いています。もし彼女と交流が持てれ

ば、彼女と協力しながら伝統派の主張を助けてあげることができるかもしれません。王太后は息子にそれなりの影響力を持っているでしょう。

　　祈りに関する専門的知識：あなたは開会式で行う祈りを準備する際に旧約聖書にある祈りの手本から習うことができます。出エジプト記、民数記、詩編などにモーセの祈りが記されています。それを参照してください。「歌い手」として、可能であれば祈りを歌ってもよいでしょう。

❖追加資料：

Abba, Raymond. "Priests and Levites in Deuteronomy." *Vetus Testamentum* 27, no. 3 (1977): 257–67.

Ackerman, Susan. "Asherah, the West Semitic Goddess of Spinning and Weaving?" *Journal of Near Eastern Studies* 67, no. 1 (2008): 1–29.

_____. "Why Is Miriam Also Among the Prophets? (And Is Zipporah Among the Priests?)." *Journal of Biblical Literature* 121, no. 1 (2002): 47–80.

Emerton, J. A. "Priests and Levites in Deuteronomy: An Examination of Dr. G.E. Wright's Theory." *Vetus Testamentum* 12 (1962): 129–38.

Greenberg, Moshe. *Biblical Prose Prayer as a Window to the Popular Religion of Ancient Israel*. Berkeley: University of California Press, 1983.

Gruber, Mayer I. "Women in the Cult According to the Priestly Code." In *Judaic Perspectives on Ancient Israel*. Eds Jacob Neusner, Baruch A. Levine, and Ernest S. Frerichs. Philadelphia: Fortress Press, 1987. pp. 35–48.

Leuchter, Mark. "'The Levite in Your Gates': The Deuteronomic Redefinition of Levitical Authority." *Journal of Biblical Literature* 126 no. 3 (2007): 417–36.

Wright, G. Ernest. "The Levites in Deuteronomy." *Vetus Testamentum* 4 (1954): 325–30.

ヤハト、レビ人の職人・神殿修復の現場監督
（祭司派 − 伝統派 − 未確定）
❖

　あなたはレビ人の職人ヤハトで、最近終わった神殿修復の現場監督をしていました（歴代誌下34:12）。しかし、ヒルキヤが欠陥を見つけ、やり直しすべき点を指摘してきたのです。あなたは、優れた職人の技を持ったベツァルエルの霊を受けるよう切に祈ってきました（出エジプト記35:30、36:2）。あなたは、神殿の合唱隊で歌うためにエルサレムへ上って行く妻と共に都に向かいます。

　あなたはヒルキヤが何か他のことに関心を持っているという噂を聞きつけました。あなたの部下たちが壁に隠された古びた巻物を見つけた時のことを思い出します。シャファンが王にその巻物を読み上げたとき、王は驚き、フルダにじっくりと鑑定するように命じました。あなたが都へ呼ばれたのはこの巻物と関係があるのでしょうか。また、あなたはこの巻物によって、レビ人の役割が根本から覆され、礼拝儀式がまったく変質してしまうかもしれないということも聞きました。アシェラに忠誠を誓っている妻がいる以上、あなたにとってもこれは大変な関心事です。

　この巻物は本当に祭壇で仕事をすることが許される祭司とそれが許されないレビ人を区別しているのでしょうか。祭司とレビ人のどちらが契約の箱を運ぶのでしょうか。両方でしょうか。地方聖所や高台の祭司たちはエルサレムの神殿で宗教儀式を行う際に司式を務めることを許可されるでしょうか。地方聖所が閉鎖された場合、彼らの生活はどうなる

のでしょう。**とにかく、あなたが神殿で発見された巻物を手にしたら、そのあたりを注意深く読む必要があるでしょう。**

　ヒルキヤはおそらく巻物に肯定的な派閥を支持するらしいです。**あなたは「彼の」意向がどこにあるかを「彼に」詳しく聞きたいと思うでしょう。**彼が万が一あなたに不利なことをしようとするのであれば、**彼の不祥事と倫理的堕落を暴くことを真剣に考えなければならないかもしれません。**アロンも儀式の間違いに関してモーセから叱責を受け（レビ記10:3,16-18）、彼は酔っぱらっていたというように読み取れます（レビ記10:8-10）。あなたは、ユダヤ人でオリーブを栽培しワインを醸造するアサエルという人が美味しいワインをヒルキヤに売っていることを知っています。ヒルキヤが神殿で職務中に一杯やっていたりしないか、この業者なら知っているかもしれません。

　あなたは自分の役割について聖書にはどう書いてあるか調べてみても良いでしょう。民数記3-4章ではあなたの家系があげられていますし、民数記10章ではレビ人が幕屋とその聖なる祭具をどのように運ぶかについて記されています。それでは、「申命記」ではレビ人の役目についてどのように書かれているのでしょう。

　あなたは、現状維持を重んじるという意味において、保守的です。その現状というのはヤハウェ礼拝において、画や像や象徴的なものを自由に使いこなしながら行われる祭儀が許されることであり、地方にも神を礼拝する場所があって当然であるという考えが共有されることです。

❖職務：

　ヒルキヤが率いる祭司分派の一員として、あなたはヒルキヤが祭司分派の集会を招集した時には集合します。ゲームが始まる前に、ヒルキヤがくじを引き、王立会議で開会の祈りや説教をする祭司とレビ人の順番を決めます。これは、大祭司によって招集された祭司分派の最初集会で行われます。開会式で祈りや説教の当番が回ってきたらあなたはその祈りと説教

を簡潔にするべきですが、集まった全員に対する諭しの言葉を入れるようにしてください。これは集まった人々の「注意を引く」戦略的な機会ですので、心を込めて準備しておきましょう。ヤハウェはあなたを一番良い時に王立会議に送りこんで下さったのです。

なお、伝統的な礼拝儀式を保ちたいと望む保守的なユダヤ人として、あなたは伝統派の集会にも密かに参加します。特に、あなたは牧場主からの連絡を待っています…

あなたは国際関係には疎いので、外交政策において何が最善策であるのかは良くわかりません。**あなたは、どの帝国と同盟関係を結ぶべきか、あるいはユダが独立するべきか、それともヨシヤが旧北王国まで領土を拡大してそれを支配すべきか、決めかねています。**従って、あなたは外交政策に関して納得できる意見を待っています。最終的に決断する前に、様々な意見を注意深く聞いてそれらを比較する必要があるでしょう。

❖勝利条件

◇ 第一級:申命記的法令の否決

提案された申命記的法令が王立会議で否決される。

あなたは自分の職業と経済的な状況から、申命記的改革には強く反対しています。伝統主義者として、また自分の妻を守るためにも、あなたは礼拝儀式の改革に反対しなければなりません。過越祭の祝典を除く(過越祭はどうでも良いでしょう)全ての改革を止めることができたら、あなたは大きな勝利を得ます。

◇ 第二級:3枚以上のセフェル(保護状)の獲得

3枚以上のセフェル(保護状)を手に入れる

第2ラウンドで、あなたは外国との同盟関係などについて自分の意

見を決める前に様々な人々の論拠や主張に耳を傾ける必要があります。その中から最も説得力があるものに一票を投じましょう。あるいは交渉の駆け引きの末に決めることも可能です。例えば、もしも、王室の誰かがあなたにヒルキヤを大祭司職からやめさせるための助けを求めてきたとしたら、あなたはどうしますか。宗教の浄化を目的とした裁判において、有罪となり追放や死刑を受ける可能性からあなたの妻を守るためにも、ヒルキヤを大祭司職から解任させようとする人々を手伝わなければならないかもしれません。これらの事柄に関して支持を求められたら、特別な保護のしるしをお願いするといいでしょう。あなたとあなたの妻の保護と支援を約束する、セフェル（保護状）という書類のことです。オストラコンに書いてもらいましょう（3×5カードを使ってください）。子どもの保護まで念頭におくと、保護状は少なくとも3枚は要るでしょう。3枚以上の保護状を手に入れたらあなたは第二級の勝利条件を満たしたことになります。

❖戦略的アドバイス：

　　祈りに関する専門的知識：あなたは開会式で行う祈りを準備する際に旧約聖書にある祈りの手本から習うことができます。出エジプト記、民数記、詩編などにモーセの祈りが記されています。それを参照して下さい。

　　セフェル（sefer）セフェルを手に入れる、または使うのに適した機会があります。伝統主義者たちを知っているか聞かれた場合、免責特権を約束するセフェルを書いてもらいましょう。あなたとあなたの妻を守るためには最低でも2つのセフェルが必要になります。投票がなされる前に王室顧問や高位官吏にセフェルを頼めるように、アサヤの議事日程に関するどんな情報も注意深く聞き、見逃さないようにしましょう。

❖追加資料:

Abba, Raymond. "Priests and Levites in Deuteronomy." *Vetus Testamentum* 27, no. 3 (1977): 257–67.

Emerton, J. A. "Priests and Levites in Deuteronomy: An Examination of Dr. G.E. Wright's Theory." *Vetus Testamentum* 12 (1962): 129–38.

Greenberg, Moshe. *Biblical Prose Prayer as a Window to the Popular Religion of Ancient Israel*. Berkeley: University of California Press, 1983.

Leuchter, Mark. "'The Levite in Your Gates': The Deuteronomic Redefinition of Levitical Authority." *Journal of Biblical Literature* 126 no. 3 (2007): 417–36.

Wright, G. Ernest. "The Levites in Deuteronomy." *Vetus Testamentum* 4 (1954): 325–30.

ナダブ、ラキシュの地方聖所の祭司
（祭司派 − 伝統派 − 未確定）
❖

　　地方聖所の祭司として、あなたは長く古い伝統を受けついでいます。エリはシロの祭司ではなかったでしょうか（サムエル記1章）。サムエルは年に一度、北部にある聖所ベテル、ギルガル、ミツパ、ラマの間を旅して回っていなかったでしょうか（サムエル記上7:16–17）。ハツォル、メギド、タナク、またサマリヤにも立派な聖所があります。南部では、ラキシュ、アラド、そしてベエル・シェバに長い伝統を持つ聖所が昔から存在してきました。

　　あなたはまたモレク祭儀も実践しています。子供をいけにえとして犠牲にすると考える人がいますが、これはまったくの嘘です（Zevit, 550参照）。実際は子供を献身させるのです。その献身のために、公に明かすことの出来ない秘密儀式が行われます。しかし、レビ記18章21節と20章1–6節における非難は、その儀式を誤解しています。その儀式では文字通りの犠牲ではなく、比喩的かつ象徴的な犠牲を行うだけなのです。あなたがこの儀式を、バアルのバマ、つまり高台で行っていると思う人がいます（エレミヤ書19:4–5、32:34–35）。つまり、これはバアル崇拝の一部であって、ヤハウェ信仰ではないということです。しかし、あなたはそのような見解に強く反対します。

　　あなたは、現状を維持したいと考えているという意味では保守主義者です。その現状というのはヤハウェ礼拝において、画や像や象徴的な物を自由に使いながら行われる祭儀が許されることであり、地方にも神

を礼拝する場所があって当然であるという観念が共有されることです。エルサレムにたどり着くためには、モリア山の尾根を越えなければならないのです。どうして神を礼拝するためにわざわざ各自がエルサレムまで上って行く必要があるでしょうか。

　この巻物は本当に祭壇で仕事をすることが許される祭司とそれが許されないレビ人を区別しているのでしょうか。祭司とレビ人のどちらが契約の箱を運ぶのでしょうか。両方でしょうか。地方聖所や高台の祭司たちはエルサレムの神殿で宗教儀式を行う際に司式を務めることを許可されるでしょうか。地方聖所が閉鎖された場合、彼らの生活はどうなるのでしょう。**とにかく、あなたが神殿で発見された巻物を手にしたら、そのあたりを注意深く読む必要があるでしょう。**

　ヒルキヤはおそらく巻物に肯定的な派閥に加入する可能性が高いです。**あなたは「彼の」意向がどこにあるかを「彼に」詳しく聞きたいと思うでしょう。**彼が万が一あなたに不利なことをしようとするのであれば、**彼の不祥事と倫理的堕落を暴くことを真剣に考えなければならないかもしれません。**アロンも儀式の間違いに関してモーセから叱責を受けたわけですし（レビ記10:3，16-18）、彼は酔っぱらっていたという風に読み取れます（レビ記10:8-10）。あなたは、ユダヤ人でオリーブを栽培しワインを醸造するアサエルという人が美味しいワインをヒルキヤに売っていることを知っています。ヒルキヤが神殿で職務中に一杯やっていたりしないか、この業者なら知っているかもしれません。

❖ 職務：

　ヒルキヤが率いる祭司分派の一員として、あなたはヒルキヤが祭司分派の集会を招集した時には集合します。ゲームが始まる前に、ヒルキヤがくじを引き、**王立会議で開会の祈りや説教をする祭司とレビ人の順番を決めます。**これは、大祭司によって招集された祭司分派の最初の集会で行われます。開会式で祈りや説教の当番が回ってきたらあなたはその祈りと説

教を簡潔にするべきですが、集まった全員に対する諭しの言葉を入れるようにしてください。これは集まった人々の「注意を引く」戦略的な機会ですので、心を込めて準備しておきましょう。神はあなたを一番良いタイミングで王立会議に送りこんで下さったのです。

　なお、伝統的な礼拝儀式を保ちたいと望む保守的なユダヤ人として、あなたは伝統派の集会にも密かに参加します。特に、あなたは牧場主からの連絡を待っています…

　あなたは国際関係には疎いので、外交政策において何が最善策であるのかは良くわかりません。**あなたは、どの帝国と同盟関係を結ぶべきか、あるいはユダが独立するべきか、それともヨシヤが旧北王国まで領土を拡大してそれを支配すべきか、決めかねています。**従って、あなたは外交政策に関して納得できる意見を待っています。最終的に決断する前に、様々な意見を注意深く聞いてそれらをお互いに比べる必要があるでしょう。

❖**勝利条件**

◇ **第一級：申命記的法令の否決**
　提案された申命記的法令が王立会議で否決される。

　あなたは自分の職業と経済的な状況から、申命記的改革には強く反対しています。なお、伝統主義者として、古代から受け継がれてきた宗教伝統が変質してしまうため、あなたは礼拝儀式の改革にも反対しなければなりません。その宗教伝統とはあなたも共に育ってきた大切なものであるからです。しかも、この「律法の書」または「申命記」とやらは、神から最初に与えられた律法に書かれているいくつかの戒めを変えてしまったらしいのです。ヤハウェが心変わりするということがありうるでしょうか。過越祭の祝典を除く（過越祭はどうでも良いでしょう）全ての改革を止めることができたら、あなたは大きな勝利を得ます。

◇ 第二級：3枚以上のセフェル（保護状）の獲得

3枚以上のセフェル（保護状）を手に入れる

　　第2ラウンドで、あなたは外国との同盟関係などについて自分の意見を決める前に様々な人々の論拠や主張に耳を傾ける必要があります。その中から最も説得力があるものに一票を投じましょう。あるいは交渉の駆け引きの末に決めることもできます。例えば、もしも、王室の誰かがあなたにヒルキヤを大祭司職からやめさせるための助けを求めてきたとしたら、あなたはどうしますか。宗教の浄化を目的とした裁判において、有罪となり追放や死刑を受ける可能性からあなた自身と家族を守るためにも、ヒルキヤを大祭司職から解任させようとする人々を手伝わなければならないかもしれません。これらの事柄に関して支持を求められたら、特別な保護のしるしをお願いするといいでしょう。あなたとあなたの家族の保護と支援を約束する、セフェル（保護状）という書類のことです。オストラコンに書いてもらいましょう（3×5カードを使ってください）。子どもの保護まで考えると、保護状は少なくとも3枚は要るでしょう。3枚以上の保護状を手に入れたら、あなたは第二級の勝利条件を満たすことになります。

❖戦略的アドバイス：

　　祭司の役目、資質、仕事などに関する記述を、レビ記と申命記の両方で比較しながら読んでみるとよいでしょう。これらのことについては、ゲームが始まる前にゲームマスターと相談してください。また、該当箇所を見つけるために、聖書検索ツールを使うのもよいでしょう。これらのデータは申命記的改革に関する議論の時に役立つに違いありません。

　　聖書にはモレク祭儀を批判する預言者がかなりいるようですが、なぜ彼らがモレク崇拝をそんなに嫌うのかを事前に研究しておくと議論の際に説得力がある反論を展開することが出来るでしょう。

祈りに関する専門的知識：あなたは開会式で行う祈りを準備する際に旧約聖書にある祈りのお手本から習うことができます。出エジプト記、民数記、詩編などにモーセの祈りが記されています。それを参照してください。

　セフェル（sefer）セフェルを手に入れる、または使うのに適した機会があります。伝統主義者たちを知っているか聞かれた場合、免責特権を約束するセフェルを書いてもらいましょう。あなたとあなたの妻を守るためには最低でも2つのセフェルが必要になります。投票がなされる前に王室顧問や高位官吏にセフェルを頼めるように、アサヤの議事日程に関するどんな情報も注意深く聞き、見逃さないようにしましょう。

❖ 追加資料：

Abba, Raymond. "Priests and Levites in Deuteronomy." *Vetus Testamentum* 27, no. 3 (1977): 257–67.

Emerton, J. A. "Priests and Levites in Deuteronomy: An Examination of Dr. G.E. Wright's Theory." *Vetus Testamentum* 12 (1962): 129–38.

Greenberg, Moshe. *Biblical Prose Prayer as a Window to the Popular Religion of Ancient Israel*. Berkeley: University of California Press, 1983.

Zevit, Ziony. *The Religions of Ancient Israel: A Synthesis of Parallactic Approaches*. London & New York: Continuum, 2001. "Molekh," pp. 469, 473, 476, 550, 643.

アビフ、ヤハウェの聖なる高台の祭司
（祭司派 – 伝統派 – 独立派）
❖

　あなたはヤハウェの聖なる高台の祭司です。高台というのは山頂を意味するだけでなく、マナセ王によって作られた町の高台も含まれます。こうした場所は郊外（列王記下23:5）にもありますが、あなたはまさにエルサレムにある高台（列王記下23:8）を管理しています。高台がしばしばバアルなどの非ヤハウェ信仰の慣習と結びつくのは確かですが、あなたはヤハウェの高台を管理していることを誇りに思っています。サムエルもサウルにイスラエルの王として油を注ぐ前に、都市の高台に行って聖なる食事をしていました（サムエル記上9:17–10:1）。偉大なソロモン王も自分の高台を持っていたではありませんか（列王記上11:7）。もし国民がサウルやダビデ、ソロモンの時代の偉大さと栄光を取り戻したいと願うのなら、新しい「律法の書」に惑わされている暇などないのです。すぐにでもその奇妙な巻物を壊し、また捨てるべきです。

　あなたは、現状維持を重んじるという意味において、保守主義者です。その現状というのはヤハウェ礼拝において、画や像や象徴的な物を自由に使いながら行われる祭儀が許されることであり、地方にも神を礼拝する場所があって当然であるという観念が共有されることです。エルサレムにたどり着くためには、モリア山の尾根を越えなければならないのです。どうして神を礼拝するためにわざわざ各自がエルサレムまで上って行く必要があるでしょうか。

　その巻物は本当に祭壇で仕事をすることが許される祭司とそれが許

されないレビ人を区別しているのでしょうか。祭司とレビ人のどちらが契約の箱を運ぶのでしょうか。両方でしょうか。地方聖所や高台の祭司たちはエルサレムの神殿で宗教儀式を行う際に司式を務めることを許可されるでしょうか。地方聖所が閉鎖された場合、彼らの生活はどうなるのでしょう。**とにかく、あなたが神殿で発見された巻物を手にしたら、そのあたりを注意深く読む必要があるでしょう。**

　ヒルキヤはおそらく巻物に肯定的な派閥に加入するようです。**あなたは「彼の」意向がどこにあるかを「彼に」詳しく聞きたいと思うでしょう。**彼が万が一あなたに不利なことをしようとするのであれば、**彼の不祥事と倫理的堕落を暴くことを真剣に考えなければならないかもしれません。**アロンも儀式の間違いに関してモーセから叱責を受けたわけですし（レビ記10:3, 16–18）、彼は酔っぱらっていたというように読み取れます（レビ記10:8–10）。あなたは、ユダヤ人でオリーブを栽培しワインを醸造するアサエルという人が美味しいワインをヒルキヤに売っていることを知っています。ヒルキヤが神殿で職務中に一杯やっていたりしないか、この業者なら知っているかもしれません。

❖**職務**：

　ヒルキヤが率いる祭司分派の一員として、あなたはヒルキヤが祭司分派の集会を招集した時には集合します。ゲームが始まる前に、ヒルキヤがくじを引き、**王立会議で開会の祈りや説教をする祭司とレビ人の順番を決めます**。これは、大祭司によって招集された祭司分派の最初の集会で行われます。開会式で祈りや説教の当番が回ってきたらあなたはその祈りと説教を簡潔にするべきですが、集まった全員に対する諭しの言葉を入れるようにしてください。これは集まった人々の「注意を引く」戦略的な機会ですので、心を込めて準備しておきましょう。ヤハウェはあなたを一番良いタイミングで王立会議に送りこんで下さったのです。

　なお、伝統的な礼拝儀式を保ちたいと望む保守的なユダヤ人とし

て、あなたは伝統派の集会にも密かに参加します。特に、あなたは牧場主からの連絡を待っています…

❖勝利条件

◇ 第一級：申命記的法令の否決

　　提案された申命記的法令が王立会議で否決される。

　　あなたは自分の職業と経済的な状況から、申命記的改革には強く反対しています。なお、伝統主義者として、古代から受け継がれてきた宗教伝統が変質してしまうため、あなたは礼拝儀式の改革にも反対しなければなりません。その宗教伝統とはあなたも共に育ってきた大切なものであるからです。しかも、この「律法の書」または「申命記」とやらは、神から最初に与えられた律法に書かれているいくつかの戒めを変えてしまったらしいのです。ヤハウェが心変わりするということがありうるでしょうか。過越祭の祝典をのぞく（過越祭はどうでも良いでしょう）すべての改革を止めることができたら、あなたは大きな勝利を得ます。

◇ 第二級：ユダの独立を実現

　　ユダの独立を命じる法令が会議で多数決によって承認される。

　　あなたの第二級の勝利条件は、王立会議でヤハウェがユダの独立を求めておられると説き伏せ、ユダの独立を命じる法令が多数決によって承認されることです。あなたは下記のような論拠を用いて3つの外国勢力すべてに反対することができます。

　　アッシリア：内戦に巻き込まれました。神はその力を終わらせることを宣言しました。
　　バビロニア：信頼できない味方/宗主国です。ヒゼキヤはバビロニアと

同盟を結ぼうとしましたが（列王記下20:12–19参照）、バビロニア
は裏切ってアッシリア人がエルサレム以外のユダの町を破壊し、首
都を包囲するのを許しました（列王記下18:13参照）。[1]

エジプト:信頼できない味方/宗主国です。ユダとの関係はいつも良好
ではありませんでした。シシャク王はヤロブアムをかくまい、それ
によってエルサレムの支配からイスラエル人が離れることが進みま
した（列王記上11:40、12:1–20）。同じ王は神殿を略奪しました（列
王記上14:25–28）。またエジプト人はアッシリアの侵略に対してヒ
ゼキヤを支援しませんでした（列王記下18:21）。

つまり、いかなる強大国も信頼できません。

神は奇跡を行う方であり、もし私たちが真の信仰を持つならば、神
は私たちを救い出して下さいます。イザヤが預言した通りに、神はヒゼ
キヤを病気から救い出し、ユダはアッシリア人による全滅の危機から救
い出されたのではないでしょうか。

あなたが王立会議で周りの人々を説得し、諸同盟派に投票で勝つこ
とに成功するなら、あなたは第二級の勝利条件を満たすことになるでし
ょう。そのためには、預言者や祭司たちが、バビロニアやエジプトに対
して個人的に傾倒していたとしても、あなたが進めるユダの独立に投票
するよう説得する必要があります。彼らは独立がアッシリアとの同盟を
破るための最良の方法であると納得した場合、あなたと共通の目標を目

---

1 聖書に記録されているヒゼキヤ治世の出来事の順序/年表はおそらく間違っていま
す。たとえば、聖書の著者がそれをヒゼキヤ治世の最後に置いたとしても、ヒゼキヤ
がバビロニアへ使者を派遣したのはアッシリアの侵略の前に起こったに違いありませ
ん。詳しくは、HarperCollins Study BibleやOxford Annotated Bible、その他の学術研究用
の聖書脚注をご覧ください。

指して共に戦ってくれるかもしれません。アッシリアへの依存は、あな
たがた全員にとって惨めな状態だったのではないでしょうか。

❖戦略的アドバイス:

　祭司の役目、資質、仕事などに関する記述を、レビ記と申命記の
両方で比較しながら読んでみると良いでしょう。これらのことについて
は、ゲームが始まる前にゲームマスターと相談してください。また、該
当箇所を見つけるために、聖書検索ツールを使うのもよいでしょう。こ
れらのデータは申命記的改革に関する議論の時に役立つに違いありませ
ん。高台に反対する預言者には十分に注意しましょう。

　祈りに関する専門的知識:あなたは開会式で行う祈りを準備する際に旧
約聖書にある祈りのお手本から習うことができます。出エジプト記、民
数記、詩編などにモーセの祈りが記されています。それを参照してくだ
さい。

❖追加資料:

Abba, Raymond. "Priests and Levites in Deuteronomy." *Vetus Testamentum* 27, no. 3
　(1977): 257–67.
Dever, William G. *Did God Have a Wife? Archaeology and Folk Religion in Ancient Israel.*
　Grand Rapids & Cambridge: William B. Eerdmans, 2005. pp. 92–95.
Emerton, J. A. "Priests and Levites in Deuteronomy: An Examination of Dr. G.E. Wright's
　Theory." *Vetus Testamentum* 12 (1962): 129–38.
Greenberg, Moshe. *Biblical Prose Prayer as a Window to the Popular Religion of Ancient
　Israel.* Berkeley: University of California Press, 1983.

ハシャブヤ、ベエル・シェバ地方聖所の祭司
（祭司派 － 伝統派 － バビロニア派）
❖

　　地方聖所の祭司として、あなたは長く古い伝統を受けついています。エリはシロの祭司ではなかったでしょうか（サムエル記1章）。サムエルは年に一度、北部にある聖所ベテル、ギルガル、ミツパ、ラマの間を旅して回っていなかったでしょうか（サムエル記上7:16-17）。ハツォル、メギド、タナク、またサマリヤにも立派な聖所があります。南部では、ラキシュ、アラド、そしてベエル・シェバに長い伝統を持つ聖所が昔から存在してきました。

　　あなたはまたモレク祭儀も実践しています。子供をいけにえとして犠牲にすると考える人がいますが、これはまったくの嘘です（Zevit, 550参照）。実際は子供を献身させるのです。その献身のために、公に明かすことの出来ない秘密儀式が行われます。しかし、レビ記18章21節と20章1-6節における非難は、その儀式を誤解しています。その儀式では文字通りの犠牲ではなく、比喩的かつ象徴的な犠牲を行うだけなのです。あなたがこの儀式を、バアルのバマ、つまり高台で行っていると思う人がいます（エレミヤ書19:4-5、32:34-35）。つまり、これはバアル崇拝の一部であって、ヤハウェ信仰ではないということです。しかし、あなたはそのような見解に強く反対します。

　　あなたは、現状を維持したいと考えているという意味では保守主義者です。その現状とはヤハウェ礼拝において、画や像や象徴的なものを自由に使いこなしながら行われる祭儀が許されることであり、地方に

も神を礼拝する場所があって当然であるという考えが共有されることです。エルサレムにたどり着くためには、モリア山の尾根を越えなければならないのです。どうして神を礼拝するためにわざわざ各自がエルサレムまで上って行く必要があるでしょうか。

　この巻物は本当に祭壇で仕事をすることが許される祭司とそれが許されないレビ人を区別しているのでしょうか。祭司とレビ人のどちらが契約の箱を運ぶのでしょうか。両方でしょうか。地方聖所や高台の祭司たちはエルサレムの神殿で宗教儀式を行う際に司式を務めることを許可されるでしょうか。地方聖所が閉鎖された場合、彼らの生活はどうなるのでしょう。**とにかく、あなたが神殿で発見された巻物を手に入れたら、そのあたりを注意深く読む必要があるでしょう。**

　ヒルキヤはおそらく巻物に肯定的な派閥に加入する可能性が高いです。**あなたは「彼の」意向がどこにあるかを「彼に」詳しく聞きたいと思うでしょう。**彼が万が一あなたに不利なことをしようとするのであれば、**彼の不祥事と倫理的堕落を暴くことを真剣に考えなければならないかもしれません。**アロンも儀式の間違いに関してモーセから叱責を受けたわけですし（レビ記10:3, 16–18）、彼は酔っぱらっていたというように読み取れます（レビ記10:8–10）。あなたは、ユダヤ人でオリーブを栽培しワインを醸造するアサエルという人が美味しいワインをヒルキヤに売っていることを知っています。ヒルキヤが神殿で職務中に一杯やっていたりしないか、この業者なら知っているかもしれません。

❖ 職務：

　ヒルキヤが率いる祭司分派の一員として、あなたはヒルキヤが祭司分派の集会を招集した時には集合します。ゲームが始まる前に、ヒルキヤがくじを引き、**王立会議で開会の祈りや説教をする祭司とレビ人の順番を決めます。**これは、大祭司によって招集された祭司分派の最初の集会で行われます。開会式で祈りや説教の当番が回ってきたらあなたはその祈りと説

教を簡潔にするべきですが、集まった全員に対する諭しの言葉を入れるようにしてください。これは集まった人々の「注意を引く」戦略的な機会ですので、心を込めて準備しておきましょう。神はあなたを一番良いタイミングで王立会議に送りこんで下さったのです。

　なお、伝統的な礼拝儀式を保ちたいと望む保守的なユダヤ人として、あなたは伝統派の集会にも密かに参加します。特に、あなたは牧場主からの連絡を待っています…

❖勝利条件

◇ 第一級：申命記的法令の否決

　提案された申命記的法令が王立会議で否決される。

　あなたは自分の職業と経済的な状況から、申命記的改革には強く反対しています。なお、伝統主義者として、古代から受け継がれてきた宗教伝統が変質してしまうため、あなたは礼拝儀式の改革にも反対しなければなりません。その宗教伝統とはあなたも共に育ってきた大切なものであるからです。しかも、この「律法の書」または「申命記」とやらは、神から最初に与えられた律法に書かれているいくつかの戒めを変えてしまったらしいのです。ヤハウェが心変わりするということがありうるでしょうか。過越祭の祝典を除く（過越祭はどうでも良いでしょう）全ての改革を止めることができたら、あなたは大きな勝利を得ます。

◇ 第二級：バビロニアとの同盟

　バビロニアと同盟を結ぶことを命じる法令が会議で多数決によって承認される。

　あなたは、ユダがバビロニアの同盟国（または属国）になる必要があると確信しています。あなたは、アッシリアに対して現在行われてい

るバビロニアの攻撃が、アッシリアの一時的な後退で終わらないと信じています。むしろ、ヤハウェは何年も前にユダを破壊した罪とユダの隣国を抑圧した罪でアッシリアを罰しているのです。アッシリアの星は現在消えつつあります。

　ある人はエジプトとの同盟を主張するでしょう、しかし、もしエジプトと同盟を組めば、エジプトに支配されることになります。ユダはエジプトの玄関口となり、彼らはユダをまるで玄関マットのように、踏みつけるでしょう。バビロニアは遠く離れていますから、私たちを支配するのにより手間取るのではないでしょうか。

　あなたは仲間の会議参加者に、バビロニアと同盟を結ぶよう説得する必要があります。バビロニアはまた、エドム人のような隣接する民族が、ユダの南部地域へ侵入しないよう私たちに力を貸してくれるかもしれません。

　あなたは、ユダがバビロニアの王ナボポラッサルへの服従に同意すべきであると考えています。そのためにバビロニアと同盟を結ぶよう仲間たちを説得する必要があります。つまり、あなたは王立会議がナボポラッサルとの宗主権条約（Suzerain-Vassal Treaty）を締結するように務めなければなりません。

❖戦略的アドバイス：

　祭司の役目、資質、仕事などに関する記述を、レビ記と申命記の両方で比較しながら読んでみるとよいでしょう。これらのことについては、ゲームが始まる前にゲームマスターと相談してください。また、該当箇所を見つけるために、聖書検索ツールを使うのもよいでしょう。これらのデータは申命記的改革に関する議論の時に役立つに違いありません。

　聖書にはモレク祭儀を批判する預言者がかなりいるようですが、なぜ彼らがモレク崇拝をそんなに嫌うのかを事前に研究しておくと議論の

際に説得力がある反論を展開することが出来るでしょう。

祈りに関する専門的知識：あなたは開会式で行う祈りを準備する際に旧約聖書にある祈りのお手本から習うことができます。出エジプト記、民数記、詩編などにモーセの祈りが記されています。それを参照してください。

❖追加資料：

Abba, Raymond. "Priests and Levites in Deuteronomy." *Vetus Testamentum* 27, no. 3 (1977): 257–67.

Emerton, J. A. "Priests and Levites in Deuteronomy: An Examination of Dr. G.E. Wright's Theory." *Vetus Testamentum* 12 (1962): 129–38.

Greenberg, Moshe. *Biblical Prose Prayer as a Window to the Popular Religion of Ancient Israel*. Berkeley: University of California Press, 1983.

Zevit, Ziony. *The Religions of Ancient Israel: A Synthesis of Parallactic Approaches*. London & New York: Continuum, 2001. "Molekh," pp. 469, 473, 476, 550, 643.

シェマヤ、エルサレム神殿の祭司
（祭司派 − 伝統派 − アッシリア派）
❖

　あなたは、エルサレム神殿に仕える祭司です。あなたは大祭司ヒル
キヤの座を受け継ぎたいという願望を抱いているアザルヤの親友です。

　親友としてあなたはアザルヤを手伝ってあげたいのですが、ヒルキ
ヤの座を狙っているのはアザルヤだけではありません。王の書記官シャ
ファンも実は祭司です。大祭司ヒルキヤはあなたと同じツァドク家出身
です。しかしシャファンはライバルの「シャファン家」の出身です。あ
なたはこのことからシャファンが大祭司として選ばれることはないと確
信しているのですが、実は彼は幅広い人脈とつながりを持っています。
伝統に反するとしても、王が望めば彼を大祭司として任命できるという
ことを忘れてはいけません。

　ヒルキヤが「律法の書」（申命記）を「見つけたとき」、彼はあなた
とほかの祭司たちにそれを見せました。あなたは、申命記が祭司の権限
を覆し神聖法典（レビ記）を改訂していたのにもかかわらず、ヒルキヤ
が申命記派への加入を決めたことに驚きました。エルサレム神殿に儀式
の中心を置くということは、他の聖所で働いている兄弟たちに深刻な損
害を及ぼします。端的にいえば、祭司分派において申命記は賛否両論あ
り、賛成者の中でも疑問が残っているのです。たとえば、祭司によって
生贄がささげられる代わりに、人々が世俗的に自分で自分の動物を殺す
ことを許すことなどは今までの祭司の特権を損なうことにつながるでし
ょう。

ヒルキヤを引き下ろすための一番効果的な方法は、大祭司として役目を十分に果たしていないという罪で彼を裁判にかけることです。そのことをほのめかすだけで、ヒルキヤは黙って引退するかもしれません。ヒルキヤが、祭司法典の特別な掟（レビ記10:8–11）を破り、聖所で酒に酔っていたという噂をあなたも同僚祭司たちも聞いています。実際に目撃した証人を見つけることができたら、ヒルキヤを告発し、裁判にかけ、有罪とした上で大祭司の座から引き下ろすことができるでしょう。ヒルキヤにワインを売ったのはペリシテ人のワイン商人ヤイルでしょうか。それとも、ユダのワイン製造者でしょうか。ヒルキヤを引き下ろすことは申命記派を弱めることでしょうし、申命記的法令の制定を阻むことにもなります。

❖職務:

　あなたにはヒルキヤと申命記的法令に対抗する勢力を密かにまとめる役割のほかに、王立会議において祭司として行う普段の仕事もあります。

　王立会議は毎回、大祭司ヒルキヤによって選ばれた祭司が祈りと説教を行うことからはじまります。祈る順番は会議が始まる前にヒルキヤがくじ引きをして決めておきます。あなたの順番が回ってきた際は、心を込めて開会の祈りと説教を準備してください。開会の祈りと説教は、簡潔であると同時に、その場にいる全員に対して強い感動やインパクトを与えるものにした方が絶対に有利です。その祈りと説教に影響を受けた人々はいざという時にあなたの主張と信念を支持してくれるはずであるからです。

❖ 勝利条件

◇ 第一級：アザルヤが大祭司職を獲得

    1) ヒルキヤが起訴され、有罪判決を受け大祭司職から解任される。

    2) アザルヤが大祭司に任命される。

    あなたの第一級の勝利条件はアザルヤが大祭司に任命されることです。そのためにはヒルキヤが起訴され、有罪判決を受け大祭司職から解任される必要があります。あなたはその目的のために頑張らなければいけません。もしその目標が成就すれば、あなたは一つの立派な勝利条件を満たすことになります。そのあとで、王立会議は新しい大祭司を選ぶために投票を行うでしょう。その際にもしもアザルヤが大祭司として選ばれるならば、あなたはもう一つの第一級勝利を収めます。

◇ 第二級：申命記的法令の否決

    提案された申命記的法令が王立会議で否決される。

    あなたの第二級の勝利条件は申命記的法令の否決です。あなたと祭司分派の仲間たちは申命記的法令が、エルサレム神殿で仕えている祭司を除いて、祭司分派全体にとって都合の良いものではないことを知っています。以下のことを覚えておくとよいでしょう。

    ・申命記において、祭司とレビ人が区別されていることに注目しましょう。申命記10章6節と8節を読むと、神はレビ族全体を一般的な聖職者として選び、特別な聖職のためにはさらにその中から祭司を選択したように描かれています。ここで問題が生じます。契約の箱を運ぶのは祭司とレビ人のどちらなのでしょうか。もしくは両者でしょうか（申命記10:8参照）。主の前に立って仕えること、つまり祭壇の前で仕事をすることが許されるのは祭司だけな

のでしょうか(申命記17:12、18:5、21:5参照)。これは祭司分派の内部で分裂を引き起こし、祭司たちを支配しやすくするための企てではないでしょうか。

- 地方聖所の祭司たちは、エルサレムにある神殿で仕えても良いのでしょうか。地方聖所が閉められてしまったら、そこで働いていた祭司たちは何をして生計を立てればよいのでしょうか。尚、彼らも「律法の書」が命じる過越祭に参加できるのでしょうか。それとも同じ祭司なのに彼らは排除され、エルサレム神殿で勤める祭司のみが過越祭の祝いに参加できるのでしょうか。

　あなたは伝統的な宗教慣習を続けようとしているため、保守的な立場をとることになります。つまり、あなたは神殿内で画や像などの象徴的な物を盛り込んだヤハウェ礼拝だけではなく、地方聖所も民の宗教的な選択肢として尊重すべきであると考えています。どうしてわざわざ各自がいけにえを献げるためにエルサレムまで上って行かなければならないでしょうか。しかも、申命記でエルサレムへ巡礼するよう求められているのは、成人男性のみなのです。これはあまりにも不合理な法令であると言わざるを得ません。

❖戦略上のアドバイス：

　あなたは祭司が持つ権威と権力をできるだけ有効に使うべきです。祭司は各会議セッションの最初に祈りや説教を行う機会を持っており、これは他の分派にはない特権です。そのうえ、あなたは祭司として神のために働いているのですから、あなたに反対するのは神に反対することだと主張することができます。しかし、預言者たちはこの点においてあなたと意見が一致しないかもしれません。

　申命記的法令に対する有力な反論として、あなたは誰もが知っている古代文書に書かれている祭司の医療的役割（レビ記14章）、祭司の任

命（レビ記8–9章）、祭司の家柄（民数記3–4章）、そしてレビ人の特務（民数記10章）などを喚起することができます。これらの務めや役割の多くは、申命記において勝手に再定義され、変更されてしまいました。

「律法の書」の出所については、未だ謎に包まれている部分があります。例えば誰かが何らかの理由でヒルキヤに見つかるように「律法の書」を神殿に隠しておいたかもしれません。あの怪しい巻物とは対照的に、レビ記や民数記は確固たる歴史的信憑性をもっています。レビ記と民数記のほうが古いということが分かっているのですから、新しい巻物よりも信頼され、また重要視されるべきでしょう。

ですから、あなたは注意深くレビ記と民数記を読み、申命記との相違点を見つけておく必要があります。相違点が多ければ多いほど三つの書物が同じ著者によって書かれたとは言えないことを証明できるでしょう。申命記よりも古い書物であるレビ記と民数記が、より信憑性が高いと論証することができるでしょう。

年代記著者のアブドンとアクボルは、王立会議で起きる出来事について情報を提供してくれるという意味で、部分的にはあなたとアザルヤの味方と見ても良いでしょう。どちらも投票はできませんが、両者ともそれぞれの理由で、ヒルキヤの降格を望んでいるようです。さらに彼らは日々、年代記を書き記しています。書記の持つ道具であるペンは剣に勝るというのは格言に過ぎないのでしょうか。

❖ **追加資料**：

Barrick, W. Boyd. "Dynastic Politics, Priestly Succession, and Josiah's Eighth Year." *Zeitschrift für die alttestamentliche Wissenschaft* 112 no. 4 (2000): 564–82.

庶民分派

❖

ユダの庶民たちは一つのまとまった党派ではありませんが、王室の輪に属さない普通の人々を指します。クラスの規模にもよりますが、以下の9人が庶民分派に属します。

- 牧場主アブネル
- 女商人／宿屋アビガイル
- 庶民分派の指導者、コンヤフ将軍
- ラキシュに駐在中の千人隊長ホシャヤフ
- やもめナオミ
- キャラバン商人ナバル
- オリーブとブドウの栽培者／ワイン醸造家アサエル
- 田舎の乙女エグラ
- 田舎の乙女アディナ

庶民分派の人々はそれぞれ他のグループと関係します。商人や農家は王室に供物や税金を納めます。また、軍関係者は王に仕えており、宿屋では様々な分派の人々の間に交流が起こります。ヤハウェ信仰を持っていない人々は、この分派で似たような考えの持ち主と出会えるかもしれません。庶民分派の人々はヨシヤの改革によって日常生活の中で大きな影響を受けます。伝統的な宗教は弾圧され、いけにえを捧げることは難しくなるでしょう。税金は中央集権的になり、北にまで軍が進出する

ことになります。あなたたちの中で多くのメンバーが分かち合う共通の目標は申命記的改革を阻止し、その改革案が王立会議で可決されないよう他の人々を説得することです。

　多くの庶民分派のメンバーが目指す目標として以下のものがあげられます。（1）税金引き上げを阻止する。（2）軍の進出（エドム、アンモン、ペリシテ、サマリヤなど近隣地への侵略・攻撃）を阻止する。これは軍の勢力を伸ばすことによって力の均衡が崩れ、アッシリア、バビロニア、エジプトなど周りにある強大国の復讐や反撃を招く危険性があるからです。（3）庶民たちが守ってきた伝統的な礼拝形式を禁じる宗教改革を阻止する。あるいは少なくとも、今まで何の問題もなく守ってきた宗教的慣行を処罰対象にし、庶民分派のメンバーを追放あるいは死刑にまで処しようとするいかなる試みを阻止する。

　列王記下22-23章と歴代誌下34-35にあるヨシヤ改革に関する記述を注意深く読みましょう。列王記と歴代誌を比較しながら読みますと詳細において異なる箇所があります。

❖庶民分派に関連する資料：

Albertz, Rainer. *A History of Israelite Religion in the Old Testament Period, V.1: From the Beginnings to the End of the Monarchy*. Louisville, KY: Westminster/John Knox, 1994. Social abuses, pp. 216–19.

Lundbom, Jack R. "Lawbook of the Josianic Reform." *Catholic Biblical Quarterly*, no. 38 (1976): 293–302.

Pritchard, James B. *Ancient Near Eastern Texts Relating to the Old Testament*. 3rd ed. Princeton, NJ: Princeton UP, 1969. Letter from Josiah's time, p. 568.

アブネル、牧場主、伝統主義者のリーダー
（庶民派 － 伝統派 － 未確定）
❖

　あなたはアモスのように、牛と羊を世話し、イチジクの実を管理しています。あなたはそれらの事業が上手く行ったため、ユダ王国では経済的エリートの一人に数えられています。ときどき王太后とその側近に謁見するほどです。

　しかし、アモスとは異なり、あなたはバアル神を拝んでいます。これは誰にも知られてはいけない秘密です。**またあなたはバアルの祭司として働いたこともあります。**あなたは、ペリシテ人のワイン商人であり、バアルゼブルの預言者でもあるヤイルから、エクロンの祭儀がどうなっているか聞くのを心待ちにしています。王太后エディダがあなたを危険から守り、キャラバン商人を介して王室で何が起こっているかを知らせてくれます。**あなたは秘密派閥（伝統派）のリーダーであり、現在王国内で行われている申命記的改革運動への対応を総指揮するのもあなたです。**ヨシヤの宗教改革はあなたのような人々を処罰対象として狙っています。ですから、自分の身を守るためにも、リスクを冒し、あるいはあらゆる手段を用いて、申命記的宗教改革とその支持者たちを打ち負かす必要があるのです。あなたは妥協してはいけません。しかし同時に慎重でなければなりません。従って、同じ考えを持つ仲間とも、王立会議の中だけではなく、秘密裏に会う必要があります。

❖職務:

　伝統派のリーダーとしてヤハウェ礼拝を拒否している、もしくは別の神々を拝んでいる人々との連絡手段を見つけなければなりません。しかしそれと同時に、生き残るために慎重に動く必要もあるのです。外交政策に関して、**あなたの意見は定まっていません**。他の人々の意見や議論を聞き、一番説得力のある立場を選んでください。あなたはコンヤフ将軍が率いる庶民分派の集会にも参加します。しかし、あなたが庶民分派メンバーのほとんどに影響力を持っていることをコンヤフ将軍は知りません。

❖勝利条件

◇ 第一級：申命記的法令の否決

　提案された申命記的法令が王立会議で否決される。

　あなたは自分の職業と経済的な状況から、申命記的改革には強く反対しています。あなたの礼拝形式を禁じる改革、特に今まで何の問題もなく守ってきた宗教的慣行を処罰対象にし、あなたを追放あるいは死刑にまで処する恐れがある宗教改革を阻止することが出来ればあなたは大きな勝利を収めます。

◇ 第二級：税金引き下げと戦争反対

　1）新しい法令に税金を引き下げるという条文が含まれる。
　2）新しい法令に軍が永久に北へ進出しないという条文が含まれる。

　申命記的法令を王立会議で否決させることに失敗したとしても、まだ逆転の機会があります。つまり、申命記的法令に税金の引き下げを命じる条文が含まれればあなたは第二級の勝利条件を満たすことになります。もう一つの第二級勝利条件は申命記的法令にユダが永久に北へ進出しないという実質上の戦争放棄宣言が含まれることです。特に、あなた

は軍の冒険主義によってアッシリアとエジプトという二つの超大国の間に成立している力のバランスを崩すことに反対します。あなたは外交政策に関しては明確な意見を持っていないため、説得される余地はありますが、いずれにせよ悲惨な戦争につながる北への進出はやめるべき危険な試みです。北への進出をこれから永久に諦めるという条文が新しい法令に追加されれば、あなたはもう一つの勝利を得ます。

❖戦略的アドバイス：

　　あなたのバアル信仰が知られた場合、第2ラウンドで裁判にかけられ処罰対象になる可能性があります。もし本当に告発された場合には、弁護についてゲームマスターに相談することをお勧めします。犠牲となる羊を探す申命記主義者の中には、あなたの仲間に自白を強要する人もいるでしょう。しかし、もう一方であなたは申命記派の誰かと交渉することができるかもしれません。軍の冒険主義を阻止しつつ、あなたは申命記派の誰かと協力することができるでしょうか。

❖追加資料：

Freedman, David Noel, ed. *Anchor Bible Dictionary*. S.v. "Baal in the OT" by John Day. New York: Doubleday, 1992.

Toorn, Karel van der, Bob Becking, and Pieter W. van der Horst, Editors. *Dictionary of Deities and Demons in the Bible*. S.v. "Baal" by W. Herrmann, 132–39. 2nd extensively revised ed. Leiden/Grand Rapids: Brill/Eerdmans, 1999.

アビガイル、女商人／宿屋
（庶民派 − 伝統派 − 未確定）
❖

　宿屋かつ女商人という立場から、あなたはエリコのラハブに似ています（ヨシュア記2章）。あなたは王室や、軍のリーダー、キャラバン商人などの行商人を「お客様」として迎えます。特にキャラバン商人とは関係が深く、あなたが王室で聞いたことやユダの国境で聞いた話を、彼によく話します。彼の商売を助けるためです。ラキシュのホシャヤフ隊長もエルサレムにいる間はあなたのところに泊まっています。

　世俗的な女性として、あなたが誰か（男性）の権威のもとにいないことに対して、一部の人々が軽蔑の念を抱いていることをあなたは知っています。おそらくそういう人々はやもめも同じ理由で軽蔑するでしょう。あなたはヤハウェに信仰心を持っていますが、それと同時に女性たちの宗教的風習を魅力的だとも思っています。もしかするとヤハウェも、他の国々の神々のように、配偶者（アシェラ）を持っていても問題ないのではないでしょうか。キャラバン商人はあなたにクンティレット・アジュルド（Kuntillet Ajrud）の隊商宿の話をしてくれましたが、クンティレット・アジュルドの街にある「聖なる高台」には、アシェラについての言及があるらしいです。エクロンから来たペリシテ人のワイン商人も彼が信仰している女神Ptgyh（Pot–GI–yah）について話していました。このような話を聞くと、あなたはなぜか心が踊るのです。

❖職務:

　　あなたの第一の目標は生き残ることです。外交政策に関しては決め
かねているため、他人の主張や議論をよく聞き、最も説得力があるもの
を選ばなければなりません。コンヤフ将軍が主導する庶民分派の集会に
参加するほか、あなたが秘密裏に所属している伝統派の人々とも関係を
保つように心掛けましょう。

❖勝利条件

◇ 第一級：申命記的法令の否決

　　提案された申命記的法令が王立会議で否決される。

　　あなたは自分の経済的な状況や信仰の在り方から、申命記的改革に
は強く反対しています。あなたの礼拝形式を禁じる改革、特に今まで何
の問題もなく守ってきた宗教的慣行を処罰対象にし、あなたを追放ある
いは死刑にまで処する恐れがある宗教改革を阻止することが出来ればあ
なたは大きな勝利を収めます。

◇ 第二級：税金引き下げと戦争反対

　　1) 新しい法令に税金を引き下げるという条文が含まれる。
　　2) 新しい法令に軍が永久にエドム、アンモン、ペリシテなど近隣地
　　　　を侵略・攻撃しないという条文が含まれる。

　　申命記的法令を王立会議で否決させることに失敗したとしても、
まだ逆転の機会があります。つまり、申命記的法令に税金の引き下げを
命じる条文が含まれれば、あなたは第二級の勝利条件を満たすことにな
ります。もう一つの第二級勝利条件は申命記的法令にユダが永久にエド
ム、アンモン、ペリシテなど近隣地を侵略・攻撃しないという実質上の
戦争放棄宣言が含まれることです。特に、**軍の冒険主義によってアッシリ**

アとエジプトという二つの超大国の間に成立している力のバランスを崩すことはどうしても避けたいことです。現状があなたにとって、商売的にも宗教的にも一番幸せに暮らせる状況なのです。あなたは外交政策に関しては明確な意見を持っていないため、説得される余地はありますが、いずれにせよ悲惨な戦争につながる北への進出はやめるべき危うい営みです。北への進出をこれから永久に諦めるという条文が新しい法令に追加されればあなたはもう一つの勝利を得ます。

❖戦略的アドバイス:

キャラバン商人ナバルが貴重な情報を持っていることを忘れないでください。彼はあなたにとって有用な情報源なのです。彼を通してまたは自分で、伝統派の仲間たちに様々な情報を伝えることも勝利に役立つでしょう。

❖追加資料:

Hallo, William W. and K. Lawson Younger, Jr., eds. *The Context of Scripture*, vol. 2: *Monumental Inscriptions from the Biblical World*. Leiden; Boston: Brill; 2003. "Kuntillet Ajrud Inscriptions," 171–72.

シャバイの子ホシャヤフ、千人隊長
（ラキシュに駐在中）
（庶民派 ‒ 未確定 ‒ エジプト派）
✤

　あなたは千人隊長であり大きな軍組織の指揮官であると同時に、
コンヤフ将軍の部下でもあります。ラキシュからエルサレムに王立会
議のために訪れ、今は女商人アビガイルの宿に泊まっています。他の
軍人とは異なり、あなたは読み書きができます。ですから、ヤウシュ
様が手紙であなたがまったく文を読めないと言ったことについて腹を
立てています。

　あなたのしもべ、ホシャヤフから我が主ヤウシュ様へ。ヤハウェが
あなたに最善の知らせを与えられますように。昨晩あなたがあなたのし
もべに送られたあの手紙について、説明をお願いしたく存じます。あな
たがわたくしに宛てた手紙を読んでから、気になってしまって仕方がな
いのです。我が主はその手紙でこうおっしゃいました。「手紙の読み方
をお前は知らないな。」ヤハウェが生きておられる限り、私が手紙を読
んでもらったことは一度もありません。さらに、わたし宛ての手紙で読
んだものは、細部に至るまで覚えております。（ラキシュの手紙#3、
Hallo & Younger 3, 2003:79 より）

　あなたはヤウシュ様に、コンヤフ将軍とトビヤフに関する報告の手
紙をこれまで何回も送ってきました。

拝啓。あなたのしもべは、エルナタンの子、コンヤフ将軍がエジプトに入るため南に移動を始めたとの情報を得ました。また将軍がアヒヤの子、ホダブヤフとその手下たちを呼び出すように使いに命じたとのことです。私は王のしもべであるトビヤフの手紙も主に送ります。それは預言者からヤダの息子のシャルムのもとに届いたもので、「気をつけろ」と書いてありました。（ラキシュの手紙＃3、Hallo & Younger 3, 2003:79より）

ヤウシュ様は今エルサレムにいないため、王立会議に参加できません。もしも、信頼されないのであれば、彼に情報を伝えることには意味がなくなってしまいます。どちらにしろ、あなたはエルサレムへ上ることも、奥地での生活も嫌になってしまいました。あなたはラキシュが先の戦争でアッシリアのサルゴン2世によって紀元前712年に破壊されたことを知っています。あなたの駐屯部隊は休む暇もなく再び戦争に投げ込まれてしまうのでしょうか。国の領土拡張への営みは始まっています。ヨシヤ王は自分の覇権を北王国イスラエルの領土であった地域にまで広げようとしています。宗教に関しても、軍事に関しても同様です。もしもそうなれば、ヒゼキヤ王時代のように戦争は敗戦で終わってしまい、莫大な賠償金と貢物を用意し、支払わなければいけなくなる恐れはないのでしょうか。カラク（Kalach）からの手紙を読む限り、当時はたくさんの馬が貢物として求められたようです。

　あなたは申命記的改革に関しては**明確な意見をまだ持っていません**。しかし外交政策に関しては、国としても、あなたの部隊としても、アッシリアに屈辱的に負けてしまうことは二度と味わいたくありません。エジプトと同盟を組むべきだと思っています。

　しかし、一つ気になることがあります。あなたが担保として衣服を奪い取った強制労働者が、あなたの上司に正式な嘆願をしたというのです。今後どうなるのか、心配でたまりません。嘆願書（セフェル）には

こう書いてありました。

　　私の主よ、しもべの嘆願を聞いてください。
　　あなたのしもべは収穫の中で働いています。（次の事件が発生した
ときに）しもべはハチャル・アラムにいました。
　　あなたのしもべは数日前に刈り取りを行い、その仕事を終わらせ、
（穀物を）貯蔵しました。あなたのしもべが数日前に刈り取りを終えて
それを貯蔵したとき、シャバイの息子ホシャヤフが来てあなたのしもべ
の衣服を取りました。数日前のその時に私が刈り取り終わったとき、
彼はあなたのしもべの衣服を取りました。熱い太陽の下で私と一緒に刈
り取りをしていたすべての同僚どもは私のために証言してくれるでしょ
う：私の仲間たちは間違いなく私が無実であることを保証してくれます。
　　［（だから）お願いですから、彼に命じて］わたしの衣服を［返す
ようにさせてください］。［あなたのしもべの衣服を］返却させること
があなたの義務ではないと判断される場合でも、私をあわれみどうかあ
なたのしもべの［衣服を返らせて下さい］。
　　（メサド・ハシャブヤフから出土されたオストラコン、Hallo ＆
Younger 3, 2003:77-78; Pritchard, 1969:568）
　　困ったことになりました。

❖職務：

　　外交政策に関して、**あなたの意見は定まっていません。**他の人々の意見や
議論を聞き、一番説得力のある立場を選んでください。またあなたには
（腹立たしいことにコンヤフ将軍が率いる）庶民分派の集会に参加する
義務があります。

❖ 勝利条件

◇ 第一級：エジプトとの同盟

エジプトと同盟を結ぶことを命じる法令が会議で多数決によって承認される。

あなたは熱狂的にエジプトとの同盟を支持します。シャファンもその意味ではあなたの味方です。第2ラウンドまではこの問題は表に出てきません。それまでは、あなたの意見を弁証するための準備をして下さい。あなたは以前からエジプトのきらびやかな文化に魅了されていました。読み書きができる者として、あなたはソロモンの箴言と「アメンエムオペトの訓戒」が非常に類似していることを知っています。アッシリアは弱く、王座を奪い合うための内乱の真っ最中です。あなたはこれを機にアッシリアの圧力からユダが自由になることができるのではないかという希望を抱いています。

ユダはどの国からも独立するべきだという人々もいますが、あなたは今がその時ではないと考えています。外交・軍事的に独り歩きの世界は危険で、ユダのような小さな国は、大国の力を借りて生き延びなければならないのです。もし仮にアッシリアの内乱が収まり、70年前にセンナケリブがしたように、強力な指導者が実権を握り、反抗的な国々を罰し始めたらどうするつもりなのでしょう。ユダには守護者が必要なのです。

バビロニアが守ってくれると言う人々もいます。バビロニアも力をつけてきてはいますが、バビロニアの内部でも王座の取り合いが起きているのが現状です。どの国と同盟を組むべきか、決めるのは簡単ではありません。また歴史書を読んでいたあなたは、バビロニアがヒゼキヤを裏切ったこと（列王記下20:12-15）や、イザヤのバビロニアに関する警告的な預言（列王記下20:16-18）などを知っています。バビロニアを信頼できないことは確かです。

エジプトは古代文明です。レバント（地中海東部沿岸地域）とも深いつながりがあります。ユダとの関わりは必ずしも良いものではありませんでした。ファラオのシシャクがヤロブアムをかくまい、ソロモンから逃げるのを手伝い、エルサレムの支配から北イスラエルが反乱を起こす手助けをしました（列王記上11:40、12:1-20）。またおなじファラオが神殿を攻撃しました（列王記上14:25-28）。しかしこれらは昔の出来事で、近年ではエジプトとユダの関係は平和であり、できる限りユダを助けてくれています。最高の同盟相手ではなくとも、他と比べればよりよい同盟相手なのは確かです。

　したがって、あなたはエジプト人と同盟を結ぶように王立会議の参加者たちを説得しなければなりません。もしエジプトが攻撃される時に、ユダがエジプトを支援することを約束すれば、おそらくエジプトもユダが侵略される際に助けることを約束してくれるのではないでしょうか。

　王立会議がエジプトとの宗主権条約（Suzerain-Vassal Treaty）を可決した場合、あなたは大きな勝利を収めます。

◇ 第二級：税金引き上げの阻止と十分の一税の中央集権化の阻止、そして無罪判決
　　1) 新しい法令に税金引き上げを命じる条文が含まれないようにする。
　　2) 新しい法令に十分の一税の中央集権化を命じる条文が含まれないようにする。
　　3) 衣服のことで告発されないか、あるいは告発され、裁判にかけられても無罪判決を受ける。

　あなたの二次的な目標は、第1ラウンドと関係します。あなたはユダの一般庶民として税金の引き上げを心より嫌悪します。税金引き上げは庶民生活を貧困化するだけではなく軍の冒険主義を刺激し、戦争につ

ながりやすいからです。ですからあなたは税金引き上げには熱烈に反対します。また、ラキシュの経済的弱体化につながりかねないため、十分の一税の中央集権化も恐れています。

エルサレムに行くには、長い間上り坂を通って行かなければならないのです。宗教改革そのものに関してはそれほど興味がなく、他の人たちの意見や主張を聞いてみたいと思っています。税金引き上げを阻止するか、あるいは十分の一税の中央集権化を阻止することができたら、あなたは第二級の勝利条件を満たすことになります。

あなたが強制労働者から奪い取った衣服のことで、誰かがあなたを告発し裁判にかけようとするかもしれません。もしそうなれば、あなたは自分の身を守るために、陪審員の前で最善を尽くしてその行為の正当性を語り、無罪判決を勝ち取らなければなりません。それに成功すれば、あなたはもう一つの第二級勝利を手に入れます。

❖戦略的アドバイス:

宿屋がなにか戦略的に有用な情報を持っていないか探索してみてください。情報は商品として扱われるものだということをあなたは心得ています。

ひょっとすると、あなたが抱えているあの衣服問題から、コンヤフ将軍の注意を逸らす何かがあるでしょうか。

❖追加資料:

Hallo, William W. and K. Lawson Younger, Jr., eds. *The Context of Scripture*, vol. 1: *Canonical Compositions from the Biblical World*. Leiden; Boston: Brill; 2003. "Amenemope," 115–22.

_____. *The Context of Scripture*, vol. 3: *Archival Documents from the Biblical World*. Leiden; Boston: Brill; 2003. Hebrew letters and ostraca including letters from Lachish and a royal decree fragment, 77–86; Kalach, 245.

Pritchard, James B. *Ancient Near Eastern Texts Relating to the Old Testament*. 3rd ed. Princeton, NJ: Princeton UP, 1969. Letter from Josiah's time, p. 568.

エルナタンの子コンヤフ将軍
（庶民派 − 未確定 − アッシリア派）
❖

あなたは、その理性的かつ控えめな性格のゆえにユダヤ庶民たちの
リーダーになりました。戦争、またアモン王の暗殺の代価をその身で感
じているため、現状を変える動きには特に注意を払って警戒をします。
あなたは保守派です。物事を今のままで保つことがあなたの理想です。
ですから、**改革に関して、確固たる意見はもっていません。**しかし、外交政策に
関しての意見は定まっています。もちろん、アッシリアとの現状を保つ
のみです。

あなたの部下、ホシャヤフ千人隊長に関して問題が生じています。
次のような正式な請願が強制労働者から送られてきました。

私の主よ、しもべの嘆願を聞いてください。

あなたのしもべは収穫の中で働いています。（次の事件が発生した
ときに）しもべはハチャル・アラムにいました。

あなたのしもべは数日前に刈り取りを行い、その仕事を終わらせ、
（穀物を）貯蔵しました。あなたのしもべが数日前に刈り取りを終えて
それを貯蔵したとき、シャバイの息子ホシャヤフが来てあなたのしもべ
の衣服を取りました。数日前のその時に私が刈り取り終わったとき、彼
はあなたのしもべの衣服を取りました。熱い太陽の暑さの中で私と一緒
に刈り取りをしていたすべての同僚どもは私のために証言してくれるで
しょう：私の仲間たちは間違いなく私（が）［無実］であることを保証

してくれます。

　［（だから）お願いですから、彼に命じて］わたしの衣服を［返す
ようにさせてください］。［あなたのしもべの衣服を］返却させること
があなたの義務ではないと判断される場合でも、私をあわれみどうかあ
なたのしもべの［衣服を返らせて下さい］。

　　（メサド・ハシャブヤフから出土されたオストラコン：Hallo & Young-
er 3, 2003:77–78、Pritchard, 1969:568）

❖職務:

　　庶民分派のリーダーとして、ゲームが始まる前に教室の中もしくは
外で庶民分派のメンバーを集める必要があります。電子メールや電子掲
示板などを使って連絡するのも一つの手段です。最初の集会でメールア
ドレスを集めましょう。

　　あなたには庶民分派の人々と共通目標がいくつもあります。宗教改
革に関してはそれぞれ立場が異なる場合もあるかと思いますが… 彼らは
それぞれ個人的な理由に基づく意見やスタンスを持っています。ですか
ら、彼らと話し合って目標が一致する事案がありましたら、その共通目
標のために課題を分担しお互いに協力してください。「多くの手が仕事
を軽くする。」聖書の箴言ではありませんが、そういうことです。

　　申命記的改革に関してあなたの見解はまだ未確定です。他の人々
の話を注意深く聞き、最も説得力のある意見を選びましょう。庶民分派
のリーダーとして、また軍のリーダーとしてあなたは申命記的改革に対
して明確な意見をもっていない他の人々をまとめる潜在力を持っていま
す。彼らと積極的に接していきましょう。

❖勝利条件

◇ 第一級：税金引き上げの阻止とアッシリアとの同盟

1) 新しい法令に税金引き上げを命じる条文が含まれないようにする。
2) アッシリアと同盟を持ち続けることを命じる法令が会議で多数決によって承認される。

　申命記的法令に税金の引き上げを命じる条文が含まれないことになれば、あなたは第一級の勝利条件を満たすことになります。もう一つの第一級勝利条件はアッシリアと同盟を結ぶことを命じる法令が会議で多数決によって可決されることです。二大強大国であるアッシリアとエジプトの力関係を冒険主義によって崩さないことが大事です。現状を維持さえすれば、経済的繁栄も宗教的寛容もユダを訪れるでしょう。ユダはさらに豊かで強い国になるに違いありません。今のような薄い関係をアッシリアと持ち続けること、つまり今までの同盟をそのまま維持するという法令が王立会議で可決されれば、あなたの大きな勝利です。

◇ 第二級：未確定派の結集と弱者搾取の防止

1) 申命記的改革に関して未確定な人々を集め、一つの「派」をつくり、一斉に同じ投票をするようになる。
2) 労働者の着物を不当に奪い取った罪目でホシャヤフ隊長が告発され、有罪判決を受ける。

　プレイヤーの中にはあなたを含め、申命記的改革に関して未確定な人々が沢山います。彼らを集めて一つのグループをつくり、一斉に同じ投票をするようにまとめることができれば、それはあなたの第二級の勝利になります。なお、労働者の着物を不当に奪い取った罪目でホシャヤフ隊長を告発し、有罪判決を受けさせることができればもう一つの第二級勝利条件を満たすことになります。そうすることによって、ホシャヤ

フが容赦なく行った弱者搾取の悪習がユダに根を下ろすことを防止することができるでしょう。

❖戦略的アドバイス:

アッシュールバニパル（Ashurbanipal）とセンナケリブ（Snnacherib）の軍事行動を記した文献を読み、アッシリアの勢力がどれほどであるか知っておきましょう。国際関係も気にかけつつ、戦争について教える申命記の戒めや箴言の言葉を学んでおきましょう。ホシャヤフからラキシュのヤウシュ宛てに書かれた手紙は特に興味深いものです。あなたのことについてこう書いてあります。

拝啓。あなたのしもべは、エルナタンの子、コンヤフ将軍がエジプトに入るため南に移動を始めたとの情報を得ました。また将軍がアヒヤの子、ホダブヤフとその手下たちを呼び出すように使いに命じたとのことです。私は王のしもべであるトビヤフの手紙も主に送ります。それは預言者からヤダの息子のシャルムのもとに届いたもので、「気をつけろ」と書いてありました。（ラキシュの手紙＃3、Hallo & Younger 3, 2003:79）

なぜホシャヤフはヤウシュ様に軍事情報を報告しているのでしょうか。どちらにしろ、ホシャヤフをどうするかについてこれまで以上に真剣に考えなければならない時期が来たことは明らかです。

❖追加資料:

Beckman, Gary M. *Hittite Diplomatic Texts*. Atlanta: Scholars Press; 1996. pp. 59–64; 122–31.

Cogan, Mordechai, Translated and annotated by. *The Raging Torrent: Historical Inscriptions From Assyria and Babylonia Relating to Ancient Israel*. A Carta Handbook. Jerusalem: Carta, 2008. Sennacherib texts, pp. 110–27; Esarhaddon texts: pp. 143-47;

Ashurbanipal texts: pp. 148-65; Neo-Babylonian texts: pp. 177–99.

Hallo, William W. and K. Lawson Younger, Jr., eds. *The Context of Scripture*, vol. 1: *Canonical Compositions from the Biblical World*. Leiden; Boston: Brill; 2003. "Amenemope," 115–22; "Ilu on a Toot," 302-05; "The Babylonian Chronicle," 467–68.

_____. *The Context of Scripture*, vol. 2: *Monumental Inscriptions from the Biblical World*. Leiden: Brill; 2003. "Kuntillet Ajrud Inscriptions," 171–72; "Sennacherib's Siege of Jerusalem," 302–05; "Sennacherib's Capture and Destruction of Babylon," 305; "Neo-Babylonian Laws," 360–61.

_____. *The Context of Scripture*, vol. 3: *Archival Documents from the Biblical World*. Leiden; Boston: Brill; 2003. Hebrew letters and ostraca including letters from Lachish and a royal decree fragment, 77–86.

Pritchard, James B. *Ancient Near Eastern Texts Relating to the Old Testament*. 3rd ed. Princeton, NJ: Princeton UP, 1969. Letter from Josiah's time, p. 568.

ナオミ、やもめ、霊媒師
（庶民派 − 伝統派 − 未確定）
❖

　あなたはユダヤ人のやもめであり、庶民分派の人々と協力していま
す。やもめであることは、貧困であり自立しなければならないという両
方を意味します。ルツ記に描かれているナオミの生活が（偶然にもあな
たと同名ですが）その良い例です。ナオミはもう一人のやもめルツに頼
り、ルツが収穫畑に出かけてその日の糧を得ることによってかろうじて
生活していました。それと同時に、女商人アビガイルのように、男性の
保護の外側にいるので、屈辱と不名誉が付きまといます。あなたが性的
に奔放かどうか、それがうわさ話の種です。また結婚前に集めた持参金
と花嫁としての資金を使い果たした後の貧しい状況の中、どのようにし
て生計を立てればよいのでしょう。

　あなたは、ヤハウェが貧しい人々の保護について語っておられるこ
とを知っています。出エジプト記、レビ記及び箴言には、貧しい人々に
関する多くの戒めが記されています。また、あなたは最近エルサレム神
殿で発見された「律法の書」にも貧者保護の規定が数多く存在するとい
うことを聞きました。ユダヤ社会においてやもめは貧者の中でも最も貧
しい人であり、そのため特別な保護と支援の対象です。王がやもめの話
を聞き、彼女のわずかな財産をだまし取ろうとする悪人から守ることは
ユダヤ社会が理想とする正義の根幹です。

　極度の貧困に苦しんでいたあなたは最近、お金を稼ぐ方法を見つけ
ました。霊媒師、つまり、死者の霊を呼び出すことです。この意味であ

なたはサムエル記上28章に記されているエン・ドルの女と同じ仕事をしているわけです。彼女はサウル王のためにサムエルの霊を呼び起こしました。厄介なことは、レビ記、そして新しく発見された「律法の書」に、やもめを保護する規定が載っているのと同時に、霊媒師を非難する文面も表われるという事実です（レビ記20:27、申命記18:9-14）。

　あなたはそもそも自分がヤハウェに忠実であると考えていました。バアルや他の神々は礼拝しませんでした。これらは、サウルが窮地に陥ったときに容認したにすぎない古代の宗教行為であったからです。しかも、この慣習はヒゼキヤの時代から非難の対象となってきました。あなたは、このような伝統的祭儀にあまり興味を持っていませんでしたが、霊媒師として迫害を受ける経験が増えるにつれて伝統主義者たちに徐々に同類相憐れむような感情を抱くようになりました。あなたは現在秘密裏に伝統的な宗教慣習を容認するグループ、つまり伝統主義者の集まりに参加しています。そしてその結果として、王と政府によって現在、熱心に進められている申命記的改革に反対する立場になりました。

　あなたは外交政策についてあまり詳しくありません。つまり、国際的な同盟関係についても、ユダの領土を北部にまで広げるべきかどうかに関しても、特定の意見を持っていません。あなたは王立会議で皆の意見を注意深く聞き、その中から最も理にかなうものを選び取ろうと思っています。

❖職務：

　あなたの第一の目標は、生き残ることです。**外交政策に関しては決めかねているため**、他人の主張や議論に耳を傾け、最も説得力のあるものに投票しなければなりません。コンヤフ将軍が主導する庶民分派の集会に参加するほか、あなたが秘密裏に所属している伝統派の人々とも関係を保つ必要があります。

❖ 勝利条件

◇ 第一級：生存、そして申命記的法令の否決あるいは占いと霊媒の許可
   1) 提案された申命記的法令が王立会議で否決される、あるいは申命記的法令から占い禁止と霊媒禁止の規定を削除する。
   2) エルサレムで生き残る。裁判にかけられないか、あるいはかけられても無罪放免される。

　　申命記的法令が王立会議で否決された場合、あなたは大きな勝利を得ます。ただ、阻止しなくても良い改革もいくつかあります。例えば、過越祭の祝典と貧しい人々のための救済措置は阻止しなくても良いでしょう。申命記的法令が承認されたとしても、占いや霊媒などの慣習を非難・禁止する規定が削除された状態で可決されれば、他の改革案を阻止することが出来なかったとしても、あなたは第一級の勝利を勝ち取ることになるでしょう。すべての改革が通ってしまった場合は紛れもない敗北です。あなたの最も重要な目標は生き残ることです。またそれはあなたの礼拝習慣を隠しておかなければならないということを意味します。エルサレムで生き残ることができたら、それは大きな勝利です。もし裁判にかけられたとしても、有罪判決を受けずに生き残れば、それもまたもう一つの第一級勝利です。

◇ 第二級：セフェル（保護状）の獲得
　　セフェル（保護状）を手に入れる。

　　あなたは、王立会議の第2ラウンドで議論される外交政策や王国拡大については特定の意見を持っていません。しかし、他人を手伝うことであなたの状況が有利になることがあるでしょう。権力を持つ人に支持を頼まれた場合、あなたの保護と恩恵を約束するセフェル（保護状）を書いてもらうとよいでしょう。それを壊れた壺の破片、つまりオストラ

コン（実際には3×5カード）に書いてもらいます。あるいは、ユダがタマルにしたように、「印鑑指輪」をお願いすることも一つの手です（創世記38章）。これと引き換えに、あなたは彼らの計画を支持することができます。もしあなたがこの文書（保護状）を手に入れれば、あなたは第二級の勝利を得ます。あなたがそれを使って自分の命を守ることができれば、それは何にも代え難いことでしょう。

❖戦略的アドバイス：

　　貧しい人々や、やもめについての聖書箇所を自分で探してまとめておくと良いでしょう。聖書検索のツールを使うと能率良く探せます。紀元前622年の時点で存在していた聖書箇所のみを使うように注意してください。ゲーム中に使用可能で引用可能な聖書箇所に関する指針については、学生用教本を参照してください。「やもめの嘆願」という聖書以外のテキストも活用してください。王室関係者に嘆願をする必要がある場合は、このテキストの文学様式に従ってください。

　　ヤハウェが平安をもってあなたがたを祝福されますように。あなた様のしもべのいうことをどうか私の主が聞いてくださいますように。私の夫は死にゆき、息子はいません。あなたがアマシャフに話していた遺産をどうか私のために譲ってください。ナアマの麦畑は彼の兄弟にもうあげてしまったでしょう。（やもめの嘆願、Hallo ＆ Younger 3, 2003:86-87より）

　　手紙の各部分は次のとおりです。（1）祝福（2）懇願（3）特定の要求（4）過去行動の確認
　　誰かがあなたに処刑されたゲームプレイヤーの霊を呼び出すように頼むかもしれません。しかし、霊媒術を皆の前で施すことは非常に危険です。後で告発され裁判にかけられる恐れがあるからです。もし

それでも霊媒を行う場合には、引き換えに何を手に入れられるかを確認して下さい。

　あなたが裁判にかけられた場合（より重要な標的が他にいるため、可能性は低いでしょうが）防衛戦略についてゲームマスターと相談して下さい。やもめであるあなたは、少なくとも王の憐れみに訴えることができます。その際には下記のことに心かけてください：

- 「やもめの嘆願」の文学様式を参考にする。
- サウルがやっていたことを持ち出し、占いや霊媒が昔は許されていたことを論じる。
- 王がやもめを助けるようにと、ヤハウェが求めておられることにプレイヤーの注意を喚起する。

　あなたはどのようにセフェルを使えるでしょうか。タマルが処刑の場に連れていかれていた時に、「印鑑指輪」の持ち主であるユダが彼女の命を救ったことを思い出してください。セフェルを書いた人は、良心のためにもあなたを守る義務と責任があります。さもなければ、罪悪感にさいなまれ自分の命も危うくなってしまうでしょう。

❖追加資料：

Hallo, William W. and K. Lawson Younger, Jr., eds. *The Context of Scripture*, vol. 3: *Archival Documents from the Biblical World*. Leiden; Boston: Brill; 2003. Hebrew letters and ostraca including letters from Lachish and a royal decree fragment. "The Widow's Plea," 86–87.

ナバル、キャラバン商人
（庶民派 － 伝統派 － バビロニア派）
❖

キャラバン商人として、あなたはヨセフを買いとり、エジプトで彼を売った人々とそれほど変わりません（創世記37:25-28, 36、39:1）。あなたは少し前までユダとエジプトをつなぐキャラバン商人として活躍していました。その時期にクンティレット・アジュルド（Kuntillet Ajrud）を通過しましたが、あなたはそこで「ヤハウェの配偶者、アシェラ」と書いてある碑文を見ました。それから何年後にあなたはしっかりと確立されたミディア人のキャラバンのせいで、エジプトでの貿易を放棄せざるを得ませんでした。その代わりにあなたは、現在南部メソポタミアで力を発揮しつつ、アッシリアに強く対抗している新星バビロニアとの取引を始めることを考えています。あなたはこのような理由から、先見の明がある人はバビロニアと同盟を組むように動くべきだと思っています。さらに、あなたは国際的な経験から、様々な宗教でそれぞれ異なる礼拝や崇拝の方法があることを知り、まだ確信とまでは言えないけれども、一つの方法のみを正当なものとして特別扱いすることはあまり好ましくないのではないかという考えを抱いています。ですから、あなたはアシュラやバアル、あるいはヤハウェ信仰の伝統的な慣習を支持するからではなく、外にはより大きな世界があるだろうという国際的な世界観に基づき、伝統派の一員として活動しています。

❖職務:

　あなたの一番の目標はこのゲームで最後まで生き残ることです。あなたは庶民分派の集会に参加すると同時に、密かに伝統主義者とも連絡を取り合っています。あなたがより強い忠誠の思いをもっているのは後者のグループです。そのうちの1人、王太后エディダはあなたの上顧客です。織物をする彼女は、あなたが海外から仕入れてくるカーテンが特にお気に入りです。彼女は最近、大祭司の衣服に使用されている混紡の生地、エジプトの上質な麻毛交織布を注文しました。彼女と常に連絡を取るようにしてください。そうすれば、あなたは彼女の秘密メッセージを他の伝統主義者たちに、そして特に牧場主アブネルにも伝えることができるかもしれません。

❖勝利条件

◇ 第一級:申命記的法令の否決と生存

  1) 提案された申命記的法令が王立会議で否決される。
  2) 生き残る。つまり裁判にかけられないか、あるいはかけられても無罪放免される。

　提案された申命記主義的法令が王立会議で却下されるよう参加者たちを説得できれば、あなたは大きな勝利を得ることができます。しかし、ある意味で、あなたはこれらの問題についてまだ確信が得られていません。申命記主義的改革が商売を妨げない限り、あなたは生き残ることができるからです。したがって、あなたにとってより重要なのは、あなたがまず誰からも告発されずに生存することです。もし裁判にかけられたとしても無罪判決を受けることです。

◇ **第二級：無罪放免と戦争反対**

　　1) あなたが陪審員に選ばれた裁判で起訴された被告が全て無罪放免
　　　される。

　　2) 申命記的法令に軍が永久に北へ進出しないという条文が含まれる。

　　あなたが陪審員に選ばれた場合、その裁判で告発された被告を全
て無罪にすることが出来れば、第二級の勝利条件を満たすことになりま
す。また、あなたは北方へ進出しそこで軍事・政治・宗教的ヘゲモニー
を行使するためのいかなる動きにも反対しています。あなたは基本的に
平和主義者なのです。申命記的法令に軍が永久に北へ進出しないという
条文が含まれれば、あなたはもう一つの第二級勝利を手に入れます。

◇ **第三級：バビロニアとの同盟**

　　1) バビロニアと同盟を結ぶことを命じる法令が会議で多数決によっ
　　　て承認される。

　　2) 完全な独立を目指す外交政策が否決される。

　　王立会議での投票の結果、バビロニアと同盟を結ぶことが承認さ
れ、宗主権条約（Suzerain-Vassal Treaty）を結ぶことになった場合、あな
たは第三級の勝利を手にします。また、完全な独立が否決された場合で
も、あなたは第三級の勝利を勝ち取ります。あなたはなんとかして、貿
易ルートを開いたままにしておきたいのです。ユダが完全な独立を掲げ
る国になってしまえば、せっかく開通された国際貿易ルートも強大国の
無関心と敵意によって簡単に閉ざされてしまうでしょう。

❖**戦略的アドバイス：**

　　「ヤハウェのみ」と主張する人に反論できるように、クンティレッ
ト・アジュルド（Kuntillet Ajrud）の碑文のコピーを探し用意しておくとよ

いでしょう。ヨシヤの改革において、この碑文がどのような意味を持っているかを考えてください。

　さらに、あなたには第二の利点があります。あなたは宿を経営する女商人アビガイルの友人です。彼女はヨシュア記2章に登場するラハブのような仕事をする人です。アビガイルは客とのやりとりを通じて様々な情報を耳にする機会が多いため、あなたは王室の動向や国際的な同盟についての最新情報を彼女から提供してもらい、またそれを伝統派の仲間たちに内密に回すことが出来ます。さらに、彼女はまた様々な人物の弱みについても情報を持っています。その情報を有効活用すれば迫害されている伝統派の一員として、あなたは自分に向けられた告発を未然に防ぐか、または告発される危険にさらされている仲間たちを助けることができるかもしれません。

　しかし、あなたの「普遍主義」、「平和主義」、そして「不可知論主義」はあなたを処罰対象にしかねません。あなたの第一の目標は、生き残ることであるということを覚えておきましょう。

❖追加資料:

Hallo, William W. and K. Lawson Younger, Jr., eds. *The Context of Scripture*, vol. 2: *Monumental Inscriptions from the Biblical World*. Leiden: Brill; 2003. "Kuntillet Ajrud Inscriptions," 171–72.

アサエル、オリーブとブドウの栽培者／ワイン醸造家
（庶民派 － 伝統派 － エジプト派）
❖

　あなたは、西エルサレム郊外の大海に面した山の斜面でオリーブを栽培し、ブドウ酒を売っています。首都の近くで暮らすあなたは、北部の首都サマリヤに住んでいたナボトのような人です（列王記上21章）。列王記上21章の物語からもわかるとおり、王はブドウ農家を狙いがちです。しかし、ヒルキヤは特にあなたのワインを高く評価し、毎年神殿の祭司たちが使うための品を買います。過越の祭りの3日目、祭司がヤハウェの前で大麦の束を振る初収穫の日に、供え物を準備するために油とワインが使われます（レビ記23:12-14）。エレミヤは、彼の有名な詩の中で、あなたの収穫を喜びと感謝を持って次のように表しました。

　　彼らは喜び歌いながらシオンの丘に来て／主の恵みに向かって流れをなして来る。彼らは穀物、酒、オリーブ油／羊、牛を受け／その魂は潤う園のようになり／再び衰えることはない。／そのとき、おとめは喜び祝って踊り／若者も老人も共に踊る。／わたしは彼らの嘆きを喜びに変え／彼らを慰め、悲しみに代えて喜び祝わせる。／祭司の命を髄をもって潤し／わたしの民を良い物で飽かせると／主は言われる。（エレミヤ書31:12-14）

　あなたは自然と接しながら作業をすることができる自分の仕事が好きです。そのせいか、あなたはヤハウェ信仰といくつかの古代の豊作祈

願の伝統を同一視しています。シュネム人は雅歌で（7:11-14）古代の豊作祈願の伝統を美しい歌の形で文学的に形象化しました。要するに、あなたは伝統主義者と協力はするものの、自分の宗教伝統とヤハウェ信仰との間にいかなる重大な対立も見いだしません。あなたにとってヤハウェ信仰はそもそも多神教的なものであり、豊作祈願的な要素を内包するものだからです。

　エジプトにも美しい豊作祈願の歌があることをあなたは聞いています。あなたはアッシリアによってユダに課せられた抑圧的な年貢にうんざりしています。農産物にも重い税金がかかっています。これ以上の増税は望みません。アッシリアは現在、弱体化しています。エジプトに頼るとさらに悪い事態になるでしょうか。エジプトも比較的弱いので、彼らには軽い年貢で済むのではないでしょうか。

❖ 職務:

　あなたは、コンヤフ将軍の指導のもとで庶民分派のメンバーたちと定期的に集まります。同時に、あなたは密かに伝統主義者たちとも協力しています。その内の一人である牧場主アブネルは、あなたの友人であり伝統派のリーダーです。

❖ 勝利条件

◇ 第一級:唯一神教的条文の削除と戦争反対、そして税金引き下げ

1) 申命記的法令から「ヤハウェのみ」というあらゆる唯一神教的条文を削除する。
2) 申命記的法令に軍が永久にエドム、アンモン、ペリシテなど近隣地を侵略・攻撃しないという条文が含まれる。
3) 申命記的法令に税金を引き下げるという条文が含まれる。

　伝統派でありながら、あなたの目標は申命記的法令自体を王立会

議で否決させることではありません。例えば、あなたは過越の祭りに関しては非常に肯定的です。エレミヤの詩は美しく、心に響くものがありました（また、この感動的な詩のおかげでワインとオリーブオイルの需要が高まるかもしれません）。あなたは伝統派ですが、エルサレム神殿でのみいけにえを献げることを許す政策を支持します。それがあなたに経済的な利益をもたらすからです。そして、あなたは十分の一税の中央集権化も支持します。献げものを購入するためにお金を持って来る巡礼者たちはあなたからそれを買うことになるからです。そうでなくとも、近くに住むあなたには神殿から購入依頼が来るでしょう。ですから、あなたが不満であるのは「ヤハウェのみ」という唯一神教的条文だけです。あなたにとってヤハウェ信仰はそもそも多神教的なものであり、豊作祈願的な要素を含むものだからです。申命記的法令の中から「ヤハウェのみ」というあらゆる唯一神教的条文を削除することに成功すれば、あなたは第一級の勝利を手に入れます。さらに、自然と農業を愛するあなたは戦争と増税には反対です。申命記的法令に軍が永久にエドム、アンモン、ペリシテなど近隣地を侵略・攻撃しないという条文が含まれれば、それもあなたの大勝利です。そして新しい法令に税金を引き下げるという条文まで含まれれば、それは錦上に花を添えることになるでしょう。要するに、あなたはいけにえと十分の一税をエルサレムに集中させることには賛成ですが、唯一神教的な宗教とそれに基づく世界観には反対です。

◇ 第二級：エジプトとの同盟と伝統派の無罪放免
　　1) エジプトと宗主権条約（Suzerain-Vassal Treaty）を結ぶことを命じる法令が会議で多数決によって承認される。
　　2) 裁判にかけられた伝統主義者を弁護し、彼らを無罪にさせる。

　あなたはエジプトと同盟を結ぶための呼びかけを支援します。アッ

シリアは弱く、不当な謀反者たちがアッシリアの中心部で内戦を行って王位を奪おうとしています。これは、アッシリアの支配と重税がやがてユダから取り除かれるという希望をあなたに抱かせます。エジプトと宗主権条約(Suzerain-Vassal Treaty)を結ぶことを命じる法令が会議で可決されれば、あなたは第二級の勝利を収めます。なお、申命記的法令が可決された場合、あなたには仲間である伝統主義者たちを弁護する義務が生じます。あなたが裁判にかけられた伝統主義者を弁護し、彼らを無罪にさせることができればあなたはもう一つの第二級勝利条件を満たすことになります。

❖戦略的アドバイス:

「律法の書」に基づく改革に関する王立会議での投票は接戦になりえます。妥協案を提案し、推進するための適切な時期を慎重に図りましょう。投票の行方を決定しなければいけない瞬間が近づけば近づくほど、勝利が不確実になり、その不確実さに不安を感じるプレイヤーにとってあなたの妥協案は魅力的なものに見える可能性があります。また予め票数を計算しておきましょう。できる限り多くのプレイヤーに票をどこに入れるつもりか聞いておくとよいでしょう。この情報は大変貴重です。ですから、政治的指導者があなたに何か聞いてきた場合には交渉をして、譲歩や利益を引き出すことを試してください。

ペリシテ人のワイン商人はあなたの商売上の競争相手かもしれませんが、地理的にはあなたが有利です。争わないことです。さもなければ、彼らの利益共同体とあなたの利益共同体とは緊張関係に陥てしまうでしょう。

❖追加資料:

McGovern, Patrick E. *Ancient Wine: The Search for the Origin of Viniculture*. Princeton: Princeton UP, 2003.

エグラ、田舎の乙女
（庶民派 – 申命記派 – アッシリア派）
❖

　あなたは田舎農夫の娘であり同じ村に住んでいるアディナの友だちでもあります。あなたは田舎で農業に携わる一般庶民の生活を誰よりも知っています。あなたはヨシヤ王が推進している宗教改革を心から賛成しています。申命記には田舎の農夫たちや下流階層の人々を保護するための様々な規定が存在するという噂を聞いたからです。申命記的法令が王立会議で国法として可決されれば、あなたは大勝利を勝ち取るでしょう。あなたにはそれを成し遂げるための秘められた力があります。あなたは誰がどう見ても誠実で、元気で、魅力的な人物ですから、あなたの言葉と信念は人々の心を引き付けます。

❖職務:

　田舎の乙女であるあなたは村の農夫や庶民たちと会う機会があります。それは大きな利点です。王立会議の参加者たちは皆、農夫や庶民の本音を知りたがるからです。あなたは周りの人に農夫や庶民が直面している実際の生活を伝えることによって、王立会議に影響を及ぼすことが出来ます。

❖勝利条件

◇ 第一級：「律法の書」の承認と伝統主義者保護

　　1) 「律法の書」を国の法律であると宣言する法令が会議で多数決に
　　　　よって承認される。

　　2) 申命記的法律のゆえに、裁判にかけられた伝統主義者を弁護し、
　　　　彼らを無罪にさせることによって、ユダの一致団結を図る。

　　したがって、申命記的法令を王立会議で可決させ、国法として守ら
れるようにしなければなりません。もう一方で新しい法令が可決される
と、あなたには伝統主義者たちを弁護する義務があります。多くの伝統
主義者があなたと同じく庶民であるからです。誰かが偶像崇拝などで新
しく可決された法律に違反したとして裁判にかけられた場合、あなたは
まず告発者にその証拠を求めるべきです。たとえ本当に法令に違反した
としても、身分が低く教育を受けていない人々は、伝統的な礼拝や祭儀
の問題点を十分に理解することができなかったかもしれません。彼らは
教育や理解の足りなさのゆえに処罰されるべきでしょうか。告発された
伝統主義者が貧民でないとしても、新しい法令のゆえに誰かを裁判にか
け処罰することは、ユダ全体の和をなすための良策ではありません。

◇ 第二級：アッシリアとの同盟

　　アッシリアと同盟を結ぶことを命じる法令が会議で多数決によって
承認される。

　　あなたは、アッシリアとの緩い同盟関係になんの不満もありませ
ん。国際関係に関する具体的な情勢はあまり知りませんが、同盟が継続
されればユダにおける庶民たちの生活もこれ以上に悪くなることはない
のではないかと予測しています。

❖戦略上のアドバイス:

　　庶民分派の多数派は伝統派であり申命記派であるあなたは、庶民分派の中で少数派です。そのことについて申命記派の仲間たちと話し合って下さい。あなたは庶民分派の動きを報告することによって、申命記派の勝利に貢献できるかもしれません。

❖追加資料:

Dever, William G. *The Lives of Ordinary People in Ancient Israel: Where Archaeology and the Bible Intersect*. Leiden/Grand Rapids: Brill/Eerdmans, 2012.

アディナ、田舎の乙女
（庶民派 − 未確定 − 独立派）
❖❖

　あなたは田舎農夫の娘であり、同じ村に住んでいるエグラの友だちでもあります。あなたは田舎で農業に携わる一般庶民の生活を誰よりも知っています。ユダが神に祝福されることを心から願いますが、申命記的改革が田舎の人々にもたらすかもしれない経済的な不利益にも敏感にならなければならないと思っています。ですから、あなたは申命記的改革について悩んでいます。まだ賛成も、反対も出来ず、確信を持っていません。しかし、外交政策に関してははっきりした信念を持っています。ユダはこれ以上屈辱的な宗主権条約（Suzerain–Vassal Treaty）に甘んじるべきではありません。神を信じて一日も早く完全な独立の道に進まなければなりません。あなたには自分の信念を現実化するための秘められた力があります。あなたは誰がどう見ても誠実で、元気で、魅力的な人物ですから、あなたの言葉と信念には人々の心を引き付けるものがあるのです。

❖職務:

　田舎の乙女であるあなたは村の農夫や庶民たちと会う機会があります。それは大きな利点です。王立会議の参加者たちは皆、農夫や庶民など、一般国民の声を聞きたがるからです。あなたは周りの人に農夫や庶民が直面している実際の暮らしを伝えることで王立会議に影響を及ぼすことが出来ます。

❖ 勝利条件

◇ 第一級：ユダの独立を実現

　ユダの独立を命じる法令が会議で多数決によって承認される。

　あなたの第一級の勝利条件は、王立会議でヤハウェがユダの独立を求めておられると説き伏せ、ユダの独立を命じる法令が多数決によって承認されることです。あなたは下記のような論拠を用いて3つの外国勢力すべてに反対することができます。

　アッシリア： 内戦に巻き込まれました。神はその力を終わらせることを宣言しました。

　バビロニア： 信頼できない味方/宗主国です。ヒゼキヤはバビロニアと同盟を結ぼうとしましたが（列王記下20:12–19参照）、バビロニアは裏切ってアッシリア人がエルサレム以外のユダの町を破壊し、首都を包囲するのを許しました（列王記下18:13参照）。[1]

　エジプト： 信頼できない味方/宗主国です。ユダとの関係はいつも良好ではありませんでした。シシャク王はヤロブアムをかくまい、それによってエルサレムの支配からイスラエル人が離れることが進みました（列王記上11:40、12:1–20）。同じ王は神殿を略奪しました（列王記上14:25–28）。またエジプト人はアッシリアの侵略に対してヒゼキヤを支援しませんでした（列王記下18:21）。

1　聖書に記録されているヒゼキヤ治世の出来事の順序/年表はおそらく間違っています。たとえば、聖書の著者がそれをヒゼキヤ治世の最後に置いたとしても、ヒゼキヤがバビロニアへ使者を派遣したのはアッシリアの侵略の前に起こったに違いありません。詳しくは、HarperCollins Study BibleやOxford Annotated Bible、その他の学術研究用の聖書脚注をご覧ください。

つまり、いかなる強大国も信頼できません。

　神は奇跡を行う方であり、もし私たちが真の信仰を持つならば、神は私たちを救い出して下さいます。イザヤが預言した通りに、神はヒゼキヤを病気から救い出し、ユダはアッシリア人による全滅の危機から救い出されたのではないでしょうか。

◇ 第二級：伝統主義者保護
　申命記的法律のゆえに裁判にかけられた伝統主義者を弁護し、彼らを無罪にさせることによってユダの一致団結を図る。

　もし新しい法令が可決されれば、あなたには伝統主義者たちを弁護する義務が生じます。多くの伝統主義者があなたと同じく庶民であるからです。誰かが偶像崇拝などにより、新しく可決された法律に違反したとして裁判にかけられた場合、あなたはまず告発者にその証拠を求めるべきです。たとえ本当に法令に違反したとしても、身分が低く教育を受けていない人々は、伝統的な礼拝や祭儀の問題点を十分に理解することができなかったかもしれません。彼らは教育や理解の足りなさのゆえに処罰されるべきでしょうか。告発された伝統主義者が貧民でないとしても、新しい法令のゆえに誰かを裁判にかけ処罰することは、ユダ全体の和をなすための良策ではありません。

❖戦略上のアドバイス：
　教育熱心な母親のおかげで、あなたは文字を読めるという大切な能力を身につけました。せっかく手に入れた識字能力ですから、聖書の該当箇所を注意深く読んだ上で、どちらかと同盟を結ぶことの虚しさや無用さをよく理解してから議論に参加することをお勧めします。勝利するためには、ユダが自分の力で完全に独立することを推進すべきというあ

なたの立場に同調する者を、未確定者の中から見つけなければなりません。諸同盟派の中からも彼ら自身の外交政策が失敗で終わるという絶望の中で、最終的にあなたに接近して来る人もいるかもしれません。

❖ **追加資料**:

Dever, William G. *The Lives of Ordinary People in Ancient Israel: Where Archaeology and the Bible Intersect*. Leiden/Grand Rapids: Brill/Eerdmans, 2012.

ヤイル、ペリシテ人のワイン製造者かつワイン商人
（投票権なし、伝統派寄り、バビロニア派寄り、
周囲には秘密だが、バアル神の預言者でもある。
預言分派とは無関係）

❖

　あなたは、エルサレムから35マイル、ペリシテとユダの国境近く
にあるエクロンという町の外に住んでいるペリシテ人の預言者でありワ
イン生産者です。あなたは商売をするためにエルサレムにやって来た
ので、女商人／宿屋のところに滞在しています。あなたの民族は、先
祖の壮大な旅、つまりどのようにしてバアルと動物を愛する母なる女神
Ptgyh（発音：PatGl–yah。先祖はPOT-ni-ahと呼んでいたらしい）が自分
たちの先祖を導き、冒険と試練の後、カナンの約束の地に連れて来てく
れたのかを熱心に語り、それを誇りに思います。ユダヤ人預言者アモス
は、ヤハウェの名によって今や滅亡してしまったイスラエル王国に向か
って次のように宣言しました。

　　イスラエルの人々よ。／わたしにとってお前たちは／クシュの人々
　　と変わりがないではないかと／主は言われる。／わたしはイスラエ
　　ルをエジプトの地から／ペリシテ人をカフトルから／アラム人をキ
　　ルから、導き上ったではないか。（アモス書9:7）

　あなたは他のペリシテ人と同様、ペリシテの優れた芸術と豊かな文
化を誇りにしており、エーゲ海や小アジアの南部沿岸（リュキア、キリ
キア）とのつながりを楽しんでいます。そして、あなたは亡き王アキシ
ュについての話も覚えています。ペリシテ人の祭司であったあなたの父

親は、Ptgyh神に捧げられた神殿の最も聖なる場所に置かれていた、ある碑文について教えてくれました。そこには、有名なエクロン王の一人であったヤイルの名前も刻まれていて、あなたはその王の名前にちなんで名づけられたようです。

エクロンの支配者ヤイルの子、アダの子、イスデ(Ysd)の子、パディの子、kys（アキシュ、イカウス）が彼の女神Ptgyhのために建てた神殿。彼女が彼を祝福し、守り、彼の日を延ばし、そして彼の土地を祝福するように。

エクロンは国境の町なので、ユダとペリシテはその支配権をめぐって戦ってきました。ユダの王ヒゼキヤがエクロンを支配していましたが、アッシリア人が侵入してエルサレムを除くユダのすべての都市を破壊し、ヒゼキヤを包囲したことによって、エクロンはその自由を取り戻しました。アッシリア人は供え物を要求してはきたものの、それらを払っている限りは、エクロンを放っておいてくれました。（しかし、紀元前712年にサルゴン二世がエクロンを包囲したときには少し苦労しましたが…）。また、アッシリア人は、地域間の戦争を許さずにペリシテとレバントに平和をもたらしました。

この「アッシリアの平和」（Pax Assyriaca）の時、ペリシテ人は多くの馬を貢物としてアッシリアに払わなければならなかったのですが、同時にエクロンは繁栄して成長することができました（Kalach letter in Hallo & Younger 3, 2003:245）。エクロンは、ぶどうを踏み、プレスし、それを加工して良質のワインを生産する産業の中心地へと発展しました。エクロンにとって、アッシリアの支配は実に良いものでした。ペリシテの港、アシュケロンで新しいタイプの店が現われたことを聞いたことがあります。ウガリトの古代都市にあったような飲み屋、つまりマルゼアク（mar-ZEY-akh）のようなワイン店やワインバーです。あなたの父

は昔神々のためにワインの宴会を開いたイルという神の古い神話（イスラエル人の神エルとつながりがありそうな物語）を話してくれました。数年前、バアルゼブル（Ba'al-zebul、すなわち「王子バアル」）があなたを自分の言葉の器とすると啓示したため、あなたはバアルの預言者になりました。あなたはエクロンの人々にバアルを正しく礼拝するよう呼びかけ、外交政策についても王に助言したりもしましたが、最近は自分の本業に戻りぶどう園に専念しました。

　預言者の使命を果たすのは難しい仕事です。誰でも悪い知らせを聞くことは嫌いだからです。これは自分の経験からわかったことです。アッシリアで現在起きている混乱や、バビロニア人の間で行われている内乱で、人々は何をすべきかについてあなたにアドバイスを求めてくるようになりました。あなたはユダの若い王ヨシヤがアッシリアの弱みを利用し、昔アッシリア人がユダから奪った、エクロンや他の領地を取り戻そうとしているのを知っています。

　残念ながら、アッシリア、バビロニア、またエジプトに関してエクロンが何をすべきか、バアルはあなたに教えてくれません。その代わりに、バアルはあなたに、ユダの中心部、首都、エルサレムへと旅をするように命じたのです。バアルはイスラエルとユダで長い間崇拝されてきました。エルサレムの王や祭司たちは、長い間、バアルに奉納をし、バアルとアシュラ、また他の神々のために神殿を建てました。バアルと神々がユダを祝福したので、ユダはこれらの年の間に、肥沃な三日月地帯にある他の国のように繁栄したのです。あなたはまた、女神Ptgyhのもう一つの形態であるアシェラを崇拝している、エディダ王太后に連絡することを考えました。

　そして最近、ユダのある人たちが彼らに有利に働く「律法の書」を「発見」したということを耳にしました。彼らはそれを王の廷臣の妻に鑑定させ、それが本物であることが検証されたと宣伝しています。しかし彼らは、この文書を使ってバアル、アシェラ、そしてすべ

ての神々を攻撃するつもりなのです。さらに、ヤハウェ宗教の伝統的な礼拝儀式を実践する人々を罰することさえも提案しています。バアルはあなたにエルサレムの人々と王立会議のメンバーに警告するよう命じ、あなたを送り出しました。それは、ヨシヤ王と申命記派の人々が考えていることが、ヤハウェを含むすべての神々を怒らせているということを知らせるためです。

❖ 職務:

　　あなたは預言者ですが、**預言分派の一員ではありません**。むしろ、あなたは（秘密裏に）伝統派と連絡を取る必要があるでしょう。この派のリーダーが先にあなたに連絡するかもしれません。ゲームマスターは誰が伝統派のリーダーかを知っています。ゲームマスターに聞いてみると直ぐに教えてくれるでしょう。直接エディダに連絡できるかどうかはまだ定かではありません。この件についてもゲームマスターと相談してください。

　　王立会議のセッションが開始すれば、あなたは預言者として、神々の言葉に従うよう呼びかける義務を負います。街の門で（教室に入るときに）、屋上から（電子メールで）、または王立会議のセッションの中で、あなたのメッセージを発信してください。あなたは他の演説者を妨害して小さな説教をすることができます。ただ、危険もあると覚悟の上、振舞ってください。預言者は役人と衝突しがちですし（アモス書7:10–17）、逮捕され投獄される可能性もあります。例えば、エレミヤは生涯の終わり頃に水溜めに投げ込まれます（エレミヤ書38:6）。

❖ 預言者を演じることについて

　　預言者は聖書の中で、派手な人として描かれています。あなたは預言者を楽しく演じるべきです。預言者たちは激しい「預言状態」（サムエル記下10:10）となり、我を忘れて、時には楽器を用いて（サムエル記

下10:5）語りました。通常、預言者は詩文という文学形式で、またはそれを歌うことによって彼らの口論を宣言しました。

　　預言者は社会規範に反することも平気で行いました。例えば、彼らは自分の服を脱ぎ捨てたりしました（サムエル記下19:24）。イザヤはエルサレムを3年間裸で歩き回りました（イザヤ書20:2-3）。驚くには値しませんが、ある人々は彼らをぶつぶつしゃべる狂った男と見なしました（列王記下9:11）。しかし、イエフの周囲の人々がどれだけ真剣に預言を受け取ったかには注意して下さい（列王記下9:12-13）。

　　預言者たちはまた、預言を分かりやすく説明するために小道具を使いました。ゼデキヤは鉄の角をつくって、アハブの強力な軍事的勝利を預言しました（列王記上22:11）。エレミヤはくびき（エレミヤ書27:2）をつくり、エルサレムでそれを身に着けました。これはバビロニアの力とそれに服従する必要性を象徴していました。彼の対決相手であったハナンヤは、バビロニアを破壊するヤハウェの力を説明するためにくびきを打ち砕きました（エレミヤ書28:10）。

　　預言者として最新の小道具（今日神の圧倒的な力を象徴するものは何でしょうか）、珍しい服や行動、楽器などを自由に使ってください。しかし（聖書の預言者とは異なり）いかなる法律にも違反してはいけませんし（たとえば、裸で歩き回ることもなしです）、他の教室で行われている授業を混乱させてもいけません。預言者としての活動がどこまで許されるかについて質問があれば、ゲームマスターに相談してください。

　　何よりも大切なことは、ぜひ預言者としての役柄を楽しんでください。預言者の仕事はみじめなものであったかもしれませんが（権力に向かって真実を語ることは常に大変な業です）、しかしそれを表現するのは楽しいことでしょう。

❖勝利条件

◇ 第一級：申命記的法令の否決と生存

1) 提案された申命記的法令が王立会議で否決される。
2) 生き残り故郷エクロンに帰還する。つまり裁判にかけられない
   か、あるいはかけられても無罪放免される。

人々に申命記的法令を拒否するように説得することができれば、あ
なたは大きな勝利を手にします。

また、申命記的法令が成立したとしても、有罪判決を下されずにエ
クロンの家に帰ることができれば、もう一つの第一級勝利を収めます。

法令が成立したときには、あなたや仲間の伝統主義者たちは違法行
為で告発される可能性があります。あなたはこれに対する弁護の準備を
する必要があります。

一つの防衛策は、法令が可決される前には、伝統主義の宗教的慣行
は違法ではなかったと主張することでしょう。法令が可決される前のあ
なたの行動に対して、罪を問うのは公正ではないと。ヤハウェは遡及法
（事後法）を禁じていることも重要なポイントでしょう。神がイスラエ
ルを違法な宗教行為のために追放した理由を説明するにあたり、ヤハウ
ェはイスラエルに繰り返し、警告したと聖書は述べています。「すべて
の預言者、すべての先見者を通して」（列王記下17:13）と書いてある通
りです。

◇ 第二級：バビロニアとの同盟

バビロニアと宗主権条約 (Suzerain-Vassal Treaty) を結ぶことを命じる法
令が会議で多数決によって承認される。

バアルは、バビロニア人が弱ったアッシリアに取って代わるだろ
うとあなたに言いました。ですからユダとパレスチナのすべての国は

バアルの意志に従って、バビロニアに服従することが重要です。神の決断に逆らうことは、エクロン、ユダ、その他の諸国の荒廃をもたらすだけです。

　あなたは、王立会議でバビロニアの王であるナボポラッサルに従い、バビロニアに服従するよう他の参加者を説得する必要があります。王立会議でバビロニアとの宗主権条約締結が承認されれば、あなたは第二級の勝利条件を満たします。

❖戦略的アドバイス：

　あなたは、最初のうちはワイン製造者かつワイン商人であると自分を紹介した方が良いでしょう。バアルの預言者としての役割を明らかにするときは、十分注意する必要があります。あなたの預言的役割と他の神への忠誠がユダの特定の人々に知られたら、告発されかねないからです。誰に秘密を明かすのか、十分気を付けてください。また、あなたはイスラエル人の預言分派となんのかかわりもありません。最大の効果が得られる瞬間のために預言者としてあなたの「正体」は隠しておくべきです。またどの神かは明確にしないまま、「神」の名で預言するのも一つの手でしょう。

　あなたが申命記的法令に反対して主張するのは、
a）ヤハウェが多くの神々の中の一人であり、
b）他の神々も預言者を通して話す

ということです。あなたがユダヤ人の神聖な文書から論拠を形成すれば、あなたの主張は強力になるでしょう。ユダヤ人の聖典があなたの立場を支えているのですから。

　聖書には神聖なる存在たちへの言及がたくさんあります。ヤハウェはおそらく、多くの神々で構成されている会議を主導していると読み取

れます（詩編82:1、89:5,8、ヨブ記1:6）。創世記1章で神が人間を造られた時、神は「我々にかたどり、我々に似せて、人を造ろう」と言われました。偉大な預言者モーセは、「主よ、神々の中にあなたのような方が誰かあるでしょうか（出エジプト記15:11）」と歌っています。申命記でも、他国の神々への言及がたくさんあります（申命記4:7,34など）。第一の戒めは「あなたには、わたしをおいてほかに神があってはならない」（申命記5:7）ですが、それは他の神々の存在を前提にした命令のように聞こえます。

　要するに、ユダヤ人は他の神が存在することを知っていると容易に主張することができます。もちろん、バアルの預言者として、あなたはヤハウェがバアルに勝っていることには同意しないでしょう。ただエルサレムにいる間は、その考えを隠しておいた方が賢明です。

　他の神々も預言者を通して話すことはエレミヤ書から明らかであり、そこでエレミヤはパレスチナの諸国にいる様々な神託の仲裁者などを挙げています。エレミヤはエドム、モアブ、アンモン、ティルス、そしてシドンの指導者たち（27:3）に向かって、彼らの預言者、占い師、幻視者、魔術師のいうことを聞かないように忠告しています（27:9）。しかし、エレミヤはこれら神託仲裁者たちの正当性や彼らが信じる神々の存在自体を否定していません。むしろ、エレミヤは彼らが「うそを預言している」と言っており、それはヤハウェがアハブに送ったメッセージと似ているように思われます（列王記上22章）。

　また、ワイン生産者およびワイン商人として、あなたは商品の話を通して様々な人々と交友関係を結ぶことができることも忘れないでください。

❖ **裁判での弁護:**

　あなたは外国の預言者なので、国外追放を言い渡される可能性があります。イスラエル人とユダヤ人の預言者は他国を自由に旅し、他国

で説教することが許されていたことを思い出させるべきです（列王記上17:8-24、列王記下8:7-15）。さらに申命記では、寄留者（10:19）、外国人（5:14、24:17-20）、また「在留異国人」にも憐れみをもって接することが求められています。

　　第二の防衛策は、国際政治に関するあなたの立場を知らせることです。あなたはユダがバビロニアとの宗主権条約（Suzerain-Vassal Treaty）を受け入れることを望んでいるので、宗教的には敵である人々も、外交政策的にはあなたの支持を得るために我慢をするかもしれません。太古の昔から、ギブアンドテイクは政治的な営みの基本ルールでした。

❖追加資料：

　　バラムは、聖書がその存在を証言する非イスラエル人預言者、つまり異邦人預言者です。民数記22-24章を読み、彼がイスラエルの民および非イスラエルの依頼人と同時にどのようにやりとりを行っているかを確認してください。

Demsky, Aaron. "The Name of the Goddess of Ekron: A New Reading." *Journal of the Ancient Near Eastern Society* 25 (1997): 1-5.

Freedman, David Noel, ed. *Anchor Bible Dictionary*. S.v. "Baal in the OT" by John Day. New York: Doubleday, 1992.

Hallo, William W. and K. Lawson Younger, Jr., eds. *The Context of Scripture*, vol. 3: *Archival Documents from the Biblical World*. Leiden; Boston: Brill; 2003. Kalach letter, 245.

Hanson, K. C. "The Ekron Inscription." *K.C. Hanson's Collection of West Semitic Inscriptions*. 2 Apr 2007. 20 Aug 2008. <http://www.kchanson.com/ANCDOCS/westsem/ekron.html>.

Israel Ministry of Foreign Affairs. "Ekron: A Philistine City." 23 Nov 1999. 20 Aug 2008. <http://www.mfa.gov.il/MFA/History/Early%20History%20-%20Archaeology/Ekron%20-%20A%20Philistine%20City>.

McGovern, Patrick E. *Ancient Wine: The Search for the Origin of Viniculture*. Princeton: UP, 2003.

Pardee, Dennis, trans. "Ilu on a Toot (RS 24.258)." *The Context of Scripture*, vol. 1: *Canonical Compositions from the Biblical World*. Eds. William W. Hallo and K. Lawson Younger,

Jr. Leiden; Boston: Brill; 2003. pp. 302–05.

Toorn, Karel van der, Bob Becking, and Pieter W. van der Horst, Editors. *Dictionary of Deities and Demons in the Bible*. S.v. "Baal" by W. Herrmann, 132-39. 2nd extensively revised ed. Leiden/Grand Rapids: Brill/Eerdmans, 1999.

Zevit, Ziony. *The Religions of Ancient Israel: A Synthesis of Parallactic Approaches*. London & New York: Continuum, 2001. Philistine cult site in Ekron, pp. 132–42.

ミカヤの子アクボル、年代記著者かつ書記
（投票権なし、列王記下に偏向、
王政派寄り、エジプト派寄り）

❖

　あなたはミカヤの子アクボル、**書記としての役割**を担っています。これ
は列王記下22:14に記載されていますが、歴代誌下34:20には書かれてい
ません。おそらくあなたはヨシヤ王時代の申命記主義的歴史家です。あ
なたが語る物語は、歴代誌下の物語と詳細が異なることは明らかです。
あなたは歴史をより正確に記録しようとしていたでしょう。いずれにせ
よ、シャファンの一味に所属していたあなたは、望むなら**王政分派の集会
に参加**することができます。

　古代イスラエルの書記は、古代エジプトの教育カリキュラムの伝統
を受け継いでいました（Mettinger, 1971:140–45）。このため、あなたはエ
ジプトとの将来的な同盟という選択肢にわずかながらも好感をもってい
ます。

❖職務:

　ゲームセッションの間、**あなたは時間を分単位で記録し**、ゲームマスター
ーの助けを借りながら、それを年代記に載せるのです。あなたは一つの
ゲームセッションの終了後24時間以内に、その日のゲームで起こった出
来事を要約および整理して書き記し、その記録を電子メールや電子掲示
板などを通して公開しなければなりません。年代記著者はあなた以外に
も何人かいるはずですが、毎回すべての著者が年代記をそれぞれ執筆す
るか、あるいは当番を決めてそれを回すことにするかはゲームマスター

と相談してください。このように、あなたは一種の歴史家としてこのゲームに参加しているのです。言うまでもなく年代記にはあなたの観点や見解が入っています。ゲームで起きる出来事について中立的、客観的である必要はありません。あなたは歴史の全てが神の目的や意志を示していると信じます。あなたは特に、神が恵みによって善人を栄えらせる反面、もう一方では悪人をその怒りで滅びらせる方であるという神学に基づく歴史観を持っています。あなたの年代記もそのような歴史観に影響を受けることでしょう。年代記を書き続ければ、ゲームのためのステートメントの課題を終えたことになるはずです。ですから年代記の量は最終的に10–12ページ、または8000–10000字ほどになるようにしてください。

　王室の書記として、あなたは王立会議の年代記を記録するだけでなく、**法令草案の準備を助ける機会があるでしょう**。あなたは申命記的改革を支持しつつ、ヒルキヤが長い間、礼拝儀式の多様性を容認し過ぎた問題のある人物だと考えます。あなたの年代記には、これについて若干、あなたの意見を載せた方が良いかもしれません。また、あなたが得た情報を、大祭司職に上る熱望を抱いているエルサレム神殿の祭司アザルヤに渡すこともできます。

❖ 勝利条件

◇ 第一級：年代記の執筆と出版

　毎回ゲームセッションで起こった出来事を年代記として記録し、それを電子メールや電子掲示板などを通して出版する。

　あなたの最も大切な目標は、年代記の作成とその出版です。他のプレイヤーがその記録を議論の中で提示する証拠資料として使うことも可能でしょう。ゲームセッション後、約24時間以内に、自分の記録を電子メールや電子掲示板などを通して、全てのゲームプレイヤーに発信してください。その発信方法についてはゲームマスターに相談してくださ

い。あなたが担当したゲームセッションの年代記を誠実に執筆し、また
それを出版することに成功すれば、あなたは第一級の勝利を収めます。

　年代記についてですが、ただメモを取るだけでは不十分です。物
語として書いてください。「年代記」がどのようなものかを理解するた
めに、アッシリアとバビロニアの年代記、そして列王記下を調べること
をお勧めします。あなたの記録は完全に客観的でなくてもかまいませ
ん。つまり、あなたの様々な視点と考えを多少含めて書いてください。
また、記録に含まれていない出来事は、起こらなかった事と等しいとう
ことを覚えておいて下さい。ゲームプレイヤーは、自分の主張を進めた
り、他人の見解を退けたりするためにあなたの記録を使用します。ゲー
ムの目的に適した記録にするために、どの程度詳細に書けば良いかにつ
いてゲームマスターに相談してください。

◇ 第二級：シャファン家による大祭司職の継承

　ヒルキヤの代わりにシャファン家の者が大祭司職を受け継ぐ。

　あなたはヒルキヤを大祭司から引き下ろして、別の者、できればシ
ャファン家の誰かに交代させるため、秘密計画に関わっています。この
ため、あなたは同じ野心を持っているアザルヤ（ツァドク家）と連絡を
取り合っています。しかし、彼はあなたの中で理想の候補者ではなく、
事を進めるための駒に過ぎません。ヒルキヤをシャファン家の者に置き
換えることに成功すれば、あなたは第二級の勝利を得るでしょう。

❖ 戦略的アドバイス：

　あなたはシャファン家、すなわちシャファン本人と彼の息子、アヒ
カムと連絡を取るべきです。彼らは大祭司になりたいと思っているでし
ょうか。ツァドク家の大祭司職へのつながりを断ち切ることに興味を持
っている人は他にいるでしょうか。

あなたには投票する権利はありませんが、物事を動かす方法が三つ
あります。自分の記録と、派閥の間を行ったり来たりしながら情報を運
ぶこと、そして会議での発言です。つまり、あなたの識字力と文章力、
そしてそれによって得られる膨大な情報を存分に活用して下さい。

❖追加資料：

Barrick, W. Boyd. "Dynastic Politics, Priestly Succession, and Josiah's Eighth Year." *Zeitschrift für die alttestamentliche Wissenschaft* 112 no. 4 (2000): 564–82.

Droge, Arthur J. "'The Lying Pen of the Scribes': of Holy Books and Pious Frauds." *Method and Theory in the Study of Religion* 15, no.2 (2003): 117–47.

Hallo, William W. and K. Lawson Younger, Jr., eds. *The Context of Scripture*, vol. 1: *Canonical Compositions from the Biblical World.* Leiden; Boston: Brill; 2003. "The Babylonian Chronicle," 467–68.

_____. *The Context of Scripture*, vol. 2: *Monumental Inscriptions from the Biblical World.* Leiden: Brill; 2003. "Sennacherib's Siege of Jerusalem," 302–05; "Sennacherib's Capture and Destruction of Babylon," 305.

Handy, Lowell K. "Historical Probability and the Narrative of Josiah's Reform in 2 Kings." *The Pitcher is Broken: Memorial Essays for Gösta W. Ahlström.* JSOTSup. 190. Sheffield: Sheffield Academic Press, 1995. pp. 252–75.

Mettinger, Tryggve N. D. *Solomonic State Officials: A Study of the Civil Government Officials of the Israelite Monarchy.* Lund, Sweden: CWK Gleerup, 1971. Royal scribes pp. 34-41; Egyptian influence on scribal school pp. 140–47.

Römer, Thomas C. "Transformations in Deuteronomistic and Biblical Historiography." *Zeitschrift für die alttestamentliche Wissenschaft* 109 no. 1 (1997): 1–11.

ミカの子アブドン、年代記著者かつ書記
（投票権なし、歴代誌下に偏向、
祭司派寄り、エジプト派寄り）
❖

あなたはミカの子アブドン、**書記としての役割を担っています**。歴代誌下34:20にはあなたの名前が出ていますが、列王記下22:14には書かれていません。まさにこの理由から人々はあなたを歴代誌上下の著者だと推測しています。あなたが語る物語は、列王記下の物語と詳細が異なります。あなたは歴史をより忠実に執筆しようとしていたでしょう。祭司とレビ人の役割についての話があなたの書物の中でよく出てくるため、人々はこれがあなたの属する派閥であるとも考えています。あなたは祭司的視点から見たヨシヤ改革の話をしているのでしょうか。そのため、**望むならあなたは祭司分派の集会に参加することができます**。

歴代誌下の記事で、あなたはフルダに送られた代表団の一員であると記されています。ですから、あなたとヒルキヤは両者ともに、彼女が「律法の書」を鑑定するのを直接見たはずです。あなたは「律法の書」について大祭司から何か情報を得ていませんか。

古代イスラエルの書記は、古代エジプトの教育カリキュラムの伝統を受け継いでいました（Mettinger, 1971:140–45）。このため、あなたはエジプトとの将来的な同盟という選択肢にわずかながらも好感をもっています。

❖職務：

ゲームセッションの間、**あなたは時間を分単位で記録し**、ゲームマスタ

一の助けを借りながら、それを年代記に載せるのです。あなたは一つの
ゲームセッションの終了後24時間以内に、その日のゲームで起こった出
来事を要約および整理して書き記し、その記録を電子メールや電子掲示
板などを通して公開しなければなりません。年代記著者はあなた以外に
も何人かいるはずですが、毎回すべての著者が年代記をそれぞれ執筆す
るか、あるいは当番を決めてそれを回すことにするかはゲームマスター
と相談してください。このように、あなたは一種の歴史家としてこのゲ
ームに参加しているのです。言うまでもなく年代記にはあなたの観点や
見解が入っています。ゲームで起きる出来事について中立的、客観的で
ある必要はありません。あなたは歴史の全てが神の目的や意志を示して
いると信じます。あなたの年代記もそのような歴史観に影響を受けるこ
とでしょう。年代記を書き続ければ、ゲームのためのステートメントの
課題を終えたことになるはずです。ですから年代記の量は最終的に10–12
ページ、または8000–10000字ほどになるようにして下さい。

　書記として、あなたは王立会議の年代記を記録するだけでなく、祭
司派集会の議事録を取ることもできます。申命記的改革にあまり納得し
ていないため、**あなたは自分が得た情報をアザルヤに渡しています**。アザルヤは
エルサレム神殿に勤める祭司で、申命記的改革を推進しているヒルキヤ
に代わって自分が大祭司になることを夢見ています。

❖ 勝利条件

◇ 第一級：年代記の執筆と出版

　毎回ゲームセッションで起こった出来事を年代記として記録し、そ
れを電子メールや電子掲示板などを通して出版する。

　あなたの最も大切な目標は、年代記の作成とその出版です。他の
プレイヤーがその記録を議論の中で提示する証拠資料として使うことも
可能でしょう。ゲームセッション後、約24時間以内に、自分の記録を電

子メールや電子掲示板などを通して、全てのゲームプレイヤーに発信してください。その発信方法についてはゲームマスターに相談してください。あなたが担当したゲームセッションの年代記を誠実に執筆し、またそれを出版することに成功すればあなたは第一級の勝利を収めます。

　年代記についてですが、ただメモを取るだけでは不十分です。物語として書いてください。「年代記」がどのようなものかを理解するために、アッシリアとバビロニアの年代記、そして歴代誌下を調べることをお勧めします。あなたの記録は完全に客観的でなくてもかまいません。つまり、あなたの様々な視点と考えを多少含めて書いて下さい。また、記録に含まれていない出来事は、起こらなかった事と等しいということを覚えておいて下さい。ゲームプレイヤーは、自分の主張を進めたり、他人の見解を退けたりするためにあなたの記録を使用します。ゲームの目的に適うためには、どれくらい詳細に書けばよいかは、ゲームマスターに相談してください。

◇ 第二級：ツァドク家による大祭司職の継承

　ヒルキヤの代わりにツァドク家の者が大祭司職を受け継ぐ。

　あなたはヒルキヤを大祭司から引き下ろして、別の者、できればツァドク家の誰かに交代させるため、秘密計画に関わっています。このため、あなたは大祭司職への野心を持っているアザルヤ（ツァドク家）と連絡を取り合っています。ヒルキヤをツァドク家の者に置き換えることに成功すれば、あなたは第二級の勝利を得るでしょう。

❖戦略的アドバイス：

　あなたはツァドク家、すなわちアザルヤとシャルムと連絡を取るべきです。彼らは本当に大祭司の座を引き受けたいと思っているでしょうか。また、それぞれの候補者の持っている強みと弱みは何でしょうか。

あなたには投票する権利はありませんが、物事を動かす方法が三つ
あります。自分の記録と、派閥の間を行ったり来たりしながら情報を運
ぶこと、そして会議での発言です。つまり、あなたの識字力と文章力、
そしてそれによって得られる膨大な情報を存分に活用して下さい。

❖追加資料:

Barrick, W. Boyd. "Dynastic Politics, Priestly Succession, and Josiah's Eighth Year." *Zeitschrift für die alttestamentliche Wissenschaft* 112 no. 4 (2000): 564–82.

Droge, Arthur J. "'The Lying Pen of the Scribes': of Holy Books and Pious Frauds." *Method and Theory in the Study of Religion* 15, no.2 (2003): 117–47.

Hallo, William W. and K. Lawson Younger, Jr., eds. *The Context of Scripture*, vol. 1: *Canonical Compositions from the Biblical World*. Leiden; Boston: Brill; 2003. "The Babylonian Chronicle," 467–68.

＿＿＿. *The Context of Scripture*, vol. 2: *Monumental Inscriptions from the Biblical World*. Leiden: Brill; 2003. "Sennacherib's Siege of Jerusalem," 302–05; "Sennacherib's Capture and Destruction of Babylon," 305.

Mettinger, Tryggve N. D. *Solomonic State Officials: A Study of the Civil Government Officials of the Israelite Monarchy*. Lund, Sweden: CWK Gleerup, 1971. Royal scribes pp. 34-41; Egyptian influence on scribal school pp. 140–47.

あなたの名前はハンナであり、**書記としての役割を果たしています**。一部の研究者たちは列王記に多くの女性が登場するのは、その書物を執筆した著者の一人であるあなたが女性であるからであると推測します。名前が知られていなかったサムエルの母にハンナという自分の名前を与えたのはあなただったでしょう。おそらくあなたはヨシヤ王時代の申命記主義的歴史家の一人です。あなたが語る物語は、歴代誌下の物語と詳細が異なることは明らかです。あなたは歴史をより正確に記録しようとしていたでしょう。預言分派の正式な構成員ではありませんが、あなたは**預言分派の集会に参加することができます**。

❖**職務**：

ゲームセッションの間、**あなたは時間を分単位で記録し、ゲームマスターの助けを借りながら、それを年代記に載せるのです**。あなたは一つのゲームセッションの終了後24時間以内に、その日のゲームで起こった出来事を要約および整理して書き記し、その記録を電子メールや電子掲示板などを通して出版しなければなりません。年代記著者はあなた以外にも何人かいるはずですが、毎回すべての著者が年代記をそれぞれ執筆するか、あるいは当番を決めてそれを回すことにするかはゲームマスターと相談してください。このように、あなたは一種の歴史家としてこのゲームに参加しているのです。言うまでもなく年代記にはあなたの観点や

見解が混ざっています。ゲームで起きる出来事について中立的、客観的である必要はありません。あなたは歴史の全てが神の目的や意志を示していると信じます。あなたは特に神が恵みによって善人を栄えさせ、もう一方では悪人をその怒りで滅びらせる方であるという神学に基づく歴史観を持っています。あなたの年代記もそのような歴史観に影響を受けることでしょう。年代記を書き続ければ、ゲームのためのステートメントの課題を終えたことになるはずです。ですから年代記の量は最終的に10–12ページ、または8000–10000字ほどになるようにして下さい。

　書記として、あなたは王立会議の年代記を記録するだけでなく、預言派集会の議事録を作成することもできます。

❖勝利条件

◇ 第一級：年代記の執筆と出版

　毎回ゲームセッションで起こった出来事を年代記として記録し、それを電子メールや電子掲示板などを通して出版する。

　あなたの最も大切な目標は、年代記の作成とその出版です。他のプレイヤーがその記録を議論の中で提示する証拠資料として使うことも可能でしょう。ゲームセッション終了後約24時間以内に、自分の記録を電子メールや電子掲示板などを通して、全てのゲームプレイヤーに発信して下さい。その発信方法についてはゲームマスターに相談してください。あなたが担当したゲームセッションの年代記を誠実に執筆し、またそれを出版することに成功すれば、あなたは第一級の勝利を収めます。

　年代記についてですが、ただメモを取るだけでは不十分です。物語として書いてください。「年代記」がどのようなものかを理解するために、アッシリアとバビロニアの年代記、そして列王記下を調べることをお勧めします。あなたの記録は完全に客観的でなくてもかまいません。つまり、あなたの様々な視点と考えを多少含めて書いて下さい。また、

記録に含まれていない出来事は、起こらなかった事と等しいことを覚え
ておいてください。ゲームプレイヤーは、自分の主張を進めたり、他人
の見解を退けたりするためにあなたの記録を使用します。ゲームの目的
に沿うために、どれくらい詳細に書けばよいかは、ゲームマスターに相
談してください。

◇ 第二級：男女平等の実現
　男女の平等を命じる法令が王立会議で可決される。

　あなたには投票権はありませんが会議で発言する権利はあります。
あなたの提案で、申命記的法令、あるいは別の法令に男女の平等を命じ
る条文が含まれることになり、尚且つそれが王立会議で承認されること
になればあなたは第二級の勝利条件を満たします。

❖ 戦略的アドバイス：

　あなたは他の年代記著者かつ書記たちと連絡を取るべきです。彼ら
とどこでお互いに協力できるか探りながら話し合いましょう。
　前述した通り、あなたには投票する権利はありませんが、物事を動
かす方法が三つあります。自分の記録と、派閥の間を行ったり来たりし
ながら情報を運ぶこと、そして会議での発言です。つまり、あなたの識
字力と文章力、そしてそれによって得られる膨大な情報を存分に活用し
てくださいね。

❖ 追加資料：

Droge, Arthur J. "'The Lying Pen of the Scribes': of Holy Books and Pious Frauds." *Method and Theory in the Study of Religion* 15, no.2 (2003): 117–47.

Hallo, William W. and K. Lawson Younger, Jr., eds. *The Context of Scripture*, vol. 1: *Canonical Compositions from the Biblical World*. Leiden; Boston: Brill; 2003. "The Babylonian Chronicle," 467–68.

_____. *The Context of Scripture*, vol. 2: *Monumental Inscriptions from the Biblical World*. Leiden: Brill; 2003. "Sennacherib's Siege of Jerusalem," 302–05; "Sennacherib's Capture and Destruction of Babylon," 305.

Handy, Lowell K. "Historical Probability and the Narrative of Josiah's Reform in 2 Kings." *The Pitcher is Broken: Memorial Essays for Gösta W. Ahlström*. JSOTSup. 190. Sheffield: Sheffield Academic Press, 1995. pp. 252–75.

Mettinger, Tryggve N. D. *Solomonic State Officials: A Study of the Civil Government Officials of the Israelite Monarchy*. Lund, Sweden: CWK Gleerup, 1971. Royal scribes pp. 34–41; Egyptian influence on scribal school pp. 140–47.

Römer, Thomas C. "Transformations in Deuteronomistic and Biblical Historiography." *Zeitschrift für die alttestamentliche Wissenschaft* 109 no. 1 (1997): 1–11.

タマル、年代記著者かつ書記
（投票権なし、歴代誌下に偏向、
庶民派寄り、アッシリア派寄り）
❖

あなたの名前はタマルであり、**書記としての役割を果たしています**。一部の研究者たちは歴代誌に多くの女性が登場するのはその書物を執筆した著者の一人であるあなたが女性であるからであると推測します。あなたが語る物語は、歴代誌下の物語と詳細が異なることは明らかです。あなたは歴史をより正確に記録しようとしていたでしょう。庶民分派の正式な構成員ではありませんが、あなたは**庶民分派の集会に参加する**ことができます。

❖職務：

　ゲームセッションの間、**あなたは時間を分単位で記録し**、ゲームマスターの助けを借りながら、それを年代記に載せるのです。あなたは一つのゲームセッションの終了後24時間以内に、その日のゲームで起こった出来事を要約および整理して書き記し、その記録を電子メールや電子掲示板などを通して出版しなければなりません。年代記著者はあなた以外にも何人かいるはずですが、毎回すべての著者が年代記をそれぞれ執筆するか、あるいは当番を決めてそれを回すことにするかはゲームマスターと相談してください。このように、あなたは一種の歴史家としてこのゲームに参加しているのです。言うまでもなく年代記にはあなたの観点や見解が入っています。ゲームで起きる出来事について中立的、客観的である必要はありません。あなたは歴史の全てが神の目的や意志を示して

いると信じます。あなたの年代記もそのような歴史観に影響を受けることでしょう。年代記を書き続ければ、ゲームのためのステートメントの課題を終えたことになるはずです。ですから年代記の量は最終的に10-12ページ、または8000-10000字ほどになるようにして下さい。

　書記として、あなたは王立会議の年代記を記録するだけでなく、庶民派集会の議事録を作成することもできます。

❖勝利条件

◇ 第一級：年代記の執筆と出版

　毎回ゲームセッションで起こった出来事を年代記として記録し、それを電子メールや電子掲示板などを通して出版する。

　あなたの最も大切な目標は、年代記の作成とその出版です。他のプレイヤーがその記録を議論の中で提示する証拠資料として使うことも可能でしょう。ゲームセッション後、約24時間以内に、自分の記録を電子メールや電子掲示板などを通して、全てのゲームプレイヤーに発信してください。その発信方法についてはゲームマスターに相談してください。あなたが担当したゲームセッションの年代記を誠実に執筆し、またそれを出版することに成功すれば、あなたは第一級の勝利を収めます。

　年代記についてですが、ただメモを取るだけでは不十分です。物語として書いてください。「年代記」がどのようなものかを理解するために、アッシリアとバビロニアの年代記、そして歴代誌下を調べることをお勧めします。あなたの記録は完全に客観的でなくてもかまいません。つまり、あなたの様々な視点と考えを多少含めて書いてください。また、記録に含まれていない出来事は、起こらなかった事と等しいことを覚えておいてください。ゲームプレイヤーは、自分の主張を進めたり、他人の見解を退けたりするためにあなたの記録を使用します。ゲームの

目的に沿うために、どれくらい詳細に書けばよいかは、ゲームマスターに相談してください。

◇ 第二級：男女平等の実現

男女の平等を命じる法令が王立会議で可決される。

あなたには投票権はありませんが会議で発言する権利はあります。あなたの提案で、申命記的法令、あるいは別の法令に男女の平等を命じる条文が含まれることになり、尚且つそれが王立会議で承認されることになれば、あなたは第二級の勝利条件を満たします。

❖ 戦略的アドバイス：

あなたは他の年代記著者かつ書記たちと連絡を取るべきです。彼らとどこでお互いに協力できるか探りながら話し合いましょう。

前述した通り、あなたには投票する権利はありませんが、物事を動かす方法が三つあります。自分の記録と、派閥の間を行ったり来たりしながら情報を運ぶこと、そして会議での発言です。つまり、あなたの識字力と文章力、そしてそれによって得られる膨大な情報を存分に活用してくださいね。

❖ 追加資料：

Droge, Arthur J. "'The Lying Pen of the Scribes': of Holy Books and Pious Frauds." *Method and Theory in the Study of Religion* 15, no.2 (2003): 117–47.

Hallo, William W. and K. Lawson Younger, Jr., eds. *The Context of Scripture*, vol. 1: *Canonical Compositions from the Biblical World*. Leiden; Boston: Brill; 2003. "The Babylonian Chronicle," 467–68.

_____. *The Context of Scripture*, vol. 2: *Monumental Inscriptions from the Biblical World*. Leiden: Brill; 2003. "Sennacherib's Siege of Jerusalem," 302–05; "Sennacherib's Capture and Destruction of Babylon," 305.

Mettinger, Tryggve N. D. *Solomonic State Officials: A Study of the Civil Government Officials of the Israelite Monarchy.* Lund, Sweden: CWK Gleerup, 1971. Royal scribes pp. 34-41; Egyptian influence on scribal school pp. 140–47.

魯 恩碩 （ろ・うんそく）

1971年韓国ソウル生まれ

1998-2002年ヴェストファーレン・ヴィルヘルム（ミュンスター）大学神学部（神学博士）

2007-08年フォーダム大学（ニューヨーク）非常勤講師

2010-12年アジアキリスト教大学連盟（Association of Christian Universities and Colleges in Asia）事務局長（General Secretary）

2017年クリスティアン・アルブレヒト（キール）大学神学部客員教授

現在、国際基督教大学教授

日本旧約学会・日本基督教学会・韓国旧約学会・全米聖書学会（SBL）会員

日本聖書学研究所所員

著書　*Die sogenannte, Armenfrömmigkeit* "*im nachexilischen Israel*（Walter de Gruyter, 2002）、*From Judah to Judaea: Socio-economic Structures and Processes in the Persian Period*（共著、Sheffield Phoenix Press, 2012）、*Poverty, Law, and Divine Justice in Persian and Hellenistic Judah*（SBL Press, 2018）、*Story and History: The Kings of Israel and Judah in Context*（共著、Mohr Siebeck, 2019）.

ヨシヤの改革：申命記とイスラエルの宗教（講師用）

初版発行 2020 年 8 月 25 日

著　　者　David Tabb Stewart・Adam L.Porter
編 訳 者　魯 恩碩
発 行 人　中嶋 啓太

発 行 所　博英社
　　　　　〒 370-0006 群馬県 高崎市 問屋町 4-5-9 SKYMAX-WEST
　　　　　TEL 027-381-8453 (営業、企画) / FAX 027-381-8457
　　　　　E·MAIL hakueisha@hakueishabook.com
　　　　　＊営業、企画に関するお問い合わせ

ISBN　　　978-4-910132-03-7

定　　価　本体 3,100 円+税